中国社会科学院创新工程学术出版资助项目

法治中国丛书

主　编　李　林　田　禾

副主编　吕艳滨

法治中国的地方经验：

广东样本

主　编　田　禾

副主编　吕艳滨

中国社会科学出版社

图书在版编目（CIP）数据

法治中国的地方经验：广东样本／田禾主编．—北京：中国社会科学出版社，2015．9
（法治中国丛书）
ISBN 978-7-5161-6504-1

Ⅰ．①法…　Ⅱ．①田…　Ⅲ．①社会主义法制—建设—研究—广东省　Ⅳ．①D927．65

中国版本图书馆 CIP 数据核字（2015）第 152641 号

出 版 人　赵剑英
责任编辑　王　茵
特约编辑　王　琪
责任校对　胡新芳
责任印制　王　超

出　　版　中国社会科学出版社
社　　址　北京鼓楼西大街甲 158 号
邮　　编　100720
网　　址　http://www.csspw.cn
发 行 部　010-84083685
门 市 部　010-84029450
经　　销　新华书店及其他书店

印刷装订　三河市君旺印务有限公司
版　　次　2015 年 9 月第 1 版
印　　次　2015 年 9 月第 1 次印刷

开　　本　710×1000　1/16
印　　张　22．5
插　　页　2
字　　数　320 千字
定　　价　80.00 元

课题组负责人： 田　禾

课 题 组 成 员： 陈欣新　陈志刚　吕艳滨　刘小妹
王小梅　周方冶　李　霞　栗燕杰
王帅一

目 录

导言 法治建设的广东经验 …………………………………………………… (1)

一 坚持党的领导，依法治省，法治广东建设为党委工作重点 … (2)

二 发挥人大在立法中的主导作用 ………………………………… (5)

三 全面推进法治政府建设…………………………………………… (13)

四 推进司法改革，确保司法公正为社会底线……………………… (21)

五 推进多层次多领域社会治理……………………………………… (34)

六 面临的挑战………………………………………………………… (52)

七 结语………………………………………………………………… (58)

第一章 依法执政与地方治理的广东经验…………………………… (59)

第一节 坚持“三个有机统一”，推进地方治理现代化 …………… (60)

一 党委制订规划，全面部署地方依法治理………………………… (60)

二 建立和完善各级党委总揽全局、协调各方的工作机制……… (61)

三 推进党委决策程序的法制化、制度化…………………………… (63)

四 积极探索协商民主的程序化、制度化…………………………… (64)

五 创造条件让人民群众畅所欲言…………………………………… (66)

第二节 提高党委依法执政的能力…………………………………… (67)

一 通过立法实现党的意志与人民利益的统一……………………… (68)

二 善于运用法治手段解决现实问题………………………………… (69)

三 推进依法行政，建设法治政府…………………………………… (70)

四　支持司法机关依法独立公正行使司法权…………………………（72）
第三节　有力有序推进党内民主建设……………………………………（76）
一　对领导干部实行民主测评……………………………………………（76）
二　党内民主与公众民主相得益彰………………………………………（78）
三　完善基层党内民主与基层政权建设有机结合………………………（79）
四　在地方治理过程中妥善处理党组织与政权组织的关系………（80）
第四节　积极落实党务公开………………………………………………（82）
一　完善党务公开的制度建设……………………………………………（83）
二　建设农村党风廉政信息公开平台……………………………………（84）
第五节　继续深化惩防体系建设…………………………………………（86）
一　突出党委主体责任，推动反腐倡廉建设……………………………（86）
二　强化纪委监督责任，加强对权力运行的监督制约…………………（87）
三　完善具有广东特色的开放、动态、创新的惩防体系建设工作 …（88）
四　发挥主要领导作用，切实履行好“第一责任人”职责 ……（90）
第六节　广东探索依法执政与地方治理的经验与启示…………………（92）
一　地方法治建设要从实际出发…………………………………………（93）
二　地方依法治理的三种状态……………………………………………（94）
三　广东经验对提升党委依法执政水平的启示…………………………（97）

第二章　加强和改进人大立法、提高立法质量 ……………………（100）
第一节　广东省人大立法概况 …………………………………………（100）
一　省人大立法概况 ……………………………………………………（100）
二　立法体制机制创新的广东经验 ……………………………………（103）
第二节　建立科学的立法工作机制，规范立法程序 …………………（108）
一　加强立项工作机制建设 ……………………………………………（108）
二　创新法规起草工作机制 ……………………………………………（113）

三　规范和完善审议机制 …………………………………… (115)
四　创建立法后评估制度 …………………………………… (116)
第三节　扩大立法参与，体现立法民主 ……………………… (119)
一　大力推进立法信息公开 ………………………………… (120)
二　健全立法公众参与制度 ………………………………… (121)
三　创新人大代表参与立法制度 …………………………… (125)
四　加强专家参与立法制度 ………………………………… (126)
第四节　探索先行性立法，发挥立法引领作用 …………… (127)
一　先行性立法应妥善处理的四点关系 ………………… (128)
二　近年来广东省地方立法先行先试的经验与成效 ……… (131)
第五节　突出重点领域立法，完善法律法规体系 ………… (134)
一　加强社会领域立法，改善民生 ………………………… (134)
二　注重经济领域立法，促进转型升级 …………………… (135)
三　加强生态环保领域立法 ………………………………… (136)
第六节　加强和改进立法工作的几点建议 ………………… (138)
一　进一步明晰各立法主体的立法权限 …………………… (138)
二　改进和完善立法工作机制 ……………………………… (141)
三　加强人大常委会的自身建设 …………………………… (143)

第三章　人大监督护航“法治广东” ……………………… (146)
第一节　广东人大监督的实践与发展 ……………………… (147)
一　推进工作监督 …………………………………………… (147)
二　探索法律监督 …………………………………………… (156)
三　强化财政监督 …………………………………………… (158)
第二节　广东人大监督的特色与经验 ……………………… (167)
一　选择好的监督角度 ……………………………………… (167)

二　加大监督力度 …………………………………………………………（176）
三　整合监督力量 …………………………………………………………（178）
四　建构监督制度 …………………………………………………………（181）

第四章　推动依法行政的创新与发展 ……………………………………（185）
第一节　行政审批制度改革 ………………………………………………（186）
一　取得成效 ………………………………………………………………（187）
二　面临障碍 ………………………………………………………………（192）
第二节　行政执法规范化 …………………………………………………（194）
一　通过编制权责清单正本清源 …………………………………………（194）
二　通过规范裁量权杜绝执法随意性 ……………………………………（195）
三　全方位实施行政执法标准化 …………………………………………（196）
四　完善执法资格考核与执法证件管理 …………………………………（198）
五　规范执法动作语言 ……………………………………………………（199）
六　落实行政执法评查责任制度 …………………………………………（199）
第三节　完善行政决策机制 ………………………………………………（200）
一　重视行政决策机制的制度化 …………………………………………（201）
二　通过社会稳定风险评估提升可接受度 ………………………………（202）
三　通过公开释明听证等机制与民众有效沟通 …………………………（202）
四　通过专家咨询论证提升决策科学性 …………………………………（204）
五　小结 ……………………………………………………………………（206）
第四节　推动政务公开 ……………………………………………………（208）
一　细化规则，实现规范化运行 …………………………………………（208）
二　以重点工作为抓手满足知情权利 ……………………………………（208）
三　强化考核机制，推动信息公开工作落实 ……………………………（210）
四　打造全省统一的政府信息公开平台 …………………………………（211）

五　展望 …………………………………………………………………………（211）
第五节　经验、启示与展望 ……………………………………………………（212）
一　强化顶层设计，确保统筹协调 ………………………………………（212）
二　依靠党的领导，确保正确方向 ………………………………………（213）
三　领导体制与工作机制是实施保障 ……………………………………（214）
四　惠及民生是法治政府的重要内容 ……………………………………（214）
五　在法律框架内进行探索是改革成功的重要因素 ……………………（214）
六　法治全面推进无死角 …………………………………………………（215）
七　通过法治指标考核推进制度精细化改造 ……………………………（216）

第五章　司法改革试点与顶层设计 …………………………………………（218）
第一节　广东司法改革概述 ……………………………………………………（218）
一　中国司法改革驶入深水区 ……………………………………………（218）
二　广东司法改革的早期探索 ……………………………………………（222）
三　广东近期关于司法改革的总体部署 …………………………………（223）
第二节　广东目前司法改革试点情况 …………………………………………（225）
一　司法人员分类管理和法官、检察官职业化改革 ……………………（225）
二　司法责任制改革 ………………………………………………………（234）
三　省以下地方司法机关人、财、物统一管理 …………………………（241）
第三节　广东司法改革启示：从试点经验到顶层设计 ………………………（243）
一　广东司法改革的经验与启示 …………………………………………（243）
二　广东试点透视和聚焦中国司法改革难题 ……………………………（247）
三　中国司法改革顶层设计展望 …………………………………………（251）

第六章　广东有序推进社会建设法治化 ……………………………………（257）
第一节　依法化解社会基层矛盾 ………………………………………………（257）

一　完善信访制度的矛盾化解功能 …………………………………（258）
二　提高基层法律意识与调解能力 …………………………………（267）
三　构建基层矛盾预防与发现机制 …………………………………（277）
第二节　依法推进社会保障体系建设 ………………………………（284）
一　社会保险制度 ……………………………………………………（284）
二　社会救助制度 ……………………………………………………（291）
三　广东社会保障制度建设的经验 …………………………………（307）
第三节　依法加强社会组织管理与培育 ……………………………（313）
一　社会组织登记与管理 ……………………………………………（314）
二　政府购买服务 ……………………………………………………（318）
三　培育社会组织 ……………………………………………………（321）

第七章　广东法治文化建构的经验与成效 ……………………………（325）
第一节　创新治理方式的文化分析 …………………………………（325）
一　推行网格化管理，提升社会治理能力 …………………………（326）
二　源头治理流动人口众多引发的社会问题 ………………………（328）
三　创新体制、改进方式，提升政法综合治理工作水平 …………（330）
第二节　通过普法宣传与学法培训的双向互动推广法治文化 ……（332）
一　覆盖面广：面向社会公众的普法宣传 …………………………（332）
二　重点明确：面向公务员群体的学法培训 ………………………（334）
第三节　动态中不断推进的法治文化建设 …………………………（336）
一　广东有序推进法治文化建设 ……………………………………（336）
二　文化传承：润物无声的秩序重构 ………………………………（341）

后　记 ……………………………………………………………………（347）

导　言

法治建设的广东经验

广东毗邻港澳，是中国最早对外开放的省份，是中国改革开放的前沿阵地。1980 年，中国设立了四个经济特区，有三个在广东省，分别是深圳、珠海和汕头。中国的很多改革措施都是在广东试验，然后推向全国。广东也是中国经济发展大省，其经济发达程度远超许多省份。但随着改革的深化，广东社会分化严重，利益冲突增多。广东省内各类企业众多，吸引了大量人力资源前往，是流动人口输入的大省，使得广东的社会管理面临巨大压力。为了使人民群众共享改革开放的成果，广东在依法治省方面做了许多有益的探索，并取得较好的成效。广东经验虽然与中央的授权和支持有关，但在复杂的社会经济形势下，广东人解放思想、大胆创新、敢于担当、开放包容、脚踏实地、锐意创新、勇于探索、永不服输的劲头，也是其成功的关键。

依法治省是广东省社会经济发展的历史选择，既是广东省委根据中央部署的积极作为，也有许多先行先试的创新之笔。从 1993 年广东省第七次党代会作出依法治省的决策，到 2014 年省委作出全面推进依法治省、加快法治广东建设的部署，历届广东省委坚持不懈推进依法治省工作，许多工作走在了全国的前列，在法治方面积累了大量可复制可推广的经验。

广东省地方性立法数量居全国之首，其中属于先行性、试验性、自主性的超过一半。在依法行政方面，根据国务院的部署，大力推进法治政府建设，取得良好成效。在司法方面，大力推进公正司法，维护社会公平正义，成功审理了许多要案、大案和新型案件。在建设法治社会方面，加大普法与基层民主建设，普法建设向纵深发展，全面推进基层民主建设，在民主选举、民主决策、民主管理、民主监督方面创新频现。总之，经过20多年的努力，广东省依法治省发展态势良好，效果显著，基本实现了预定的各项目标，适应了各界对法治的需求。可以说，依法治省是广东推动经济社会发展的根本路径。在广东省委的领导下，法治观念逐步深入人心，法律权威日渐彰显，立法、执法、司法、普法等各项工作都取得不俗成效。

一 坚持党的领导，依法治省，法治广东建设为党委工作重点

中国共产党十八届四中全会通过的《中共中央关于全面推进依法治国若干重大问题的决定》（以下简称《决定》）指出："党的领导是全面推进依法治国、加快建设社会主义法治国家的最根本的保证。必须加强和改进党对法治工作的领导，把党的领导贯彻到全面推进依法治国全过程。"党的领导是社会主义法治建设的一条基本经验，也是社会主义法治的根本要求。无论是从全面推进依法治国的全局性、系统性、繁重性、艰巨性，还是从复杂性和长期性来看，都要求坚持党的领导。党要领导立法，要保障执法，要支持司法，要带头守法。在依法治省过程中，广东省充分注意到了党委在依法治省中的地位，始终坚持党的领导。

1996年，广东省率先成立了依法治省工作领导小组，省委主要负责人任组长，成员由省委、人大、省政府、省政协、省法院、省检察院的主要领导组成，办公室设在省人大常委会。每年召开领导小组全体会议，研究制定依法治省工作要点。各市、县（区）也分别成立了依法治市、依法治县（区）工作领导小组。各级领导小组及其办公室的组建，形成了各方分工负责、齐抓共管的格局，使广东省在依法治省方面有了明确的工作体制、机制和抓手。中共中央十八届四中全会的《决定》要求，"健全党领导依

法治国的制度和工作机制，完善保证党确定依法治国方针政策和决策部署的工作机制和程序”。广东省依法治省这种体制架构与中国共产党十八届四中全会《决定》的精神非常吻合。

可以说，广东历届省委都高度重视依法治省的工作。上述体制机制建成后，更是依靠其积极进行规划和部署依法治省的各项工作，形成了推动法治的广东模式。

广东省各级党委非常重视依法执政实践，法治建设纳入省委常委会工作要点。

第一，要求领导干部学法用法。例如，广东省要求几套班子领导带头开展闭门读书活动，加强法律学习，提高法治素养。坚持每年组织党委（党组）中心组理论学习，加强各级领导班子的法律知识学习，提高领导干部的法治素养和依法执政能力。

第二，加强依法执政的制度建设。规范党委与人大、“一府两院”、政协及各人民团体的关系，建立健全决策权、执行权、监督权既相互制约又相互协调的权力结构和运行机制，切实做到依法管权、依法管事、依法管人。

第三，各级党委建立法律顾问制度，对重大事项决策进行法律审查，把各级党委和政府行政决策纳入规范化、制度化、法制化轨道。完善规范性文件、重大决策合法性审查机制，在确保法制统一的基础上，建立党委与政府规范性文件备案审查联动协作机制，落实法规、规章、规范性文件报备主体责任。

第四，加强党对地方立法工作的领导，贯彻落实立法为民的理念原则。改革开放以来，广东一直强调党对地方立法工作的领导，省委坚持对每届省人大常委会五年立法规划和每年立法计划进行审定批准，加快推进科学立法、民主立法工作。广东省委要求立法工作必须结合全省中心工作开展，加快民生领域、社会领域的立法，从法制上保证党的路线、方针、政策的贯彻落实，践行以人为本、立法为民的理念，把实现好、维护好、发展好人民群众的根本利益作为立法工作的出发点和落脚点。

第五，为提高各级党委依法执政的能力和水平，广东省还把法治评价建设纳入各地级以上市经济社会发展实绩考核评价指标体系，以及省直部门和各地级以上市领导班子年度考核民主测评。

第六，严格按照法定程序任用干部。为了探索加强党内民主，有效制约权力，中纪委明确提出，市县党政领导班子正职的拟任人选，分别由省、市党委常委会提名，党的委员会全体会议审议，进行无记名投票表决。这不仅是把地方党委常委会一部分决策权划给全委会的改革，而且是"票决制"，是最具实质意义的重大突破，把"三重一大"（即重要干部任免、重大决策、重大项目安排和大额度资金使用）中最关键的"重要干部任免"，交由全委会票决。另外的"两重一大"，也逐步交由全委会票决。广东省各地严格按照法定程序任用干部。例如，深圳市《关于深入贯彻落实加强党政正职监督暂行规定的若干实施意见》明确规定，在认真履行民主推荐、考察、酝酿等必经程序后，对党政正职的拟任（推荐）人选，由党委全委会（党工委会）审议，进行无记名投票表决。《深圳市市管单位领导集体决策重大问题议事规则（试行）》还规定，党政主要负责人不得擅自改变集体研究的事项，只对财务开支和人事工作进行审核和监督，不得在人事管理工作会议特别是干部任免会议上首先表态作导向发言，只能在议事中作末位表态。

第七，积极探索政治协商的程序化、制度化。政治协商是中国社会主义民主政治的特色和优势。但是在实际操作中，一些地方由于没有科学规范的程序设计，政治协商常常容易流于主观和随意，想协商就协商、不想协商就不协商，协商归协商、决策归决策，客观上削弱了政治协商的作用，使政治协商在一些人的观感中成为一种可有可无的形式。广东省委在法治建设中重视政治协商的作用，积极推进政治协商程序制度化。2009 年 9 月，广州率先制定出台《中共广州市委政治协商规程（试行）》，把政治协商纳入决策程序，探索完善社会主义协商民主的程序设计和制度保证。2010年5月，在广州试行的基础上，《中共广东省委政治协商规程（试行）》颁布实施，这是全国首部省级政治协商规程。《规程》的出台和落实，使广东实现了从“关心协商”到“必须协商”，从“可以协商”到“程序协商”，从“软办法”到“硬约束”，从制度建设到制度实践的重大跨越，使多党合作和政治协商工作逐步迈上制度化、规范化、程序化轨道，各项协商活动更加规范、更加常态、更加有效。

二 发挥人大在立法中的主导作用

自1979年12月广东省五届人大二次会议选举产生了省人大常委会算起，到2014年9月，省人大及其常委会先后制定地方性法规320多项①，现行有效的法规227项。与其他省、自治区、直辖市相比较，广东省地方立法全面、多样、丰富。广东的地方立法分为四类：一是省人大及其常委会立法（包括批准较大的市的法规）；二是民族自治县制定自治条例；三是经济特区立法；四是省和四个较大市人民政府制定政府规章。四个层次的地方立法，为广东的改革开放和现代化建设提供了有力的支持，也为国家的相关立法积累了经验。

《中共中央关于全面推进依法治国若干重大问题的决定》提出，加强党对立法工作的领导，健全有立法权的人大主导立法工作的体制机制，深入推进科学立法、民主立法。广东省注意发挥人大主导作用，在探索坚持党的领导、人民当家作主、依法治国有机统一的具体实现形式和运行机制中突出人大的重要地位。1996年7月，中共广东省委审议通过了《关于进一步加强依法治省工作的决定》后，广东省八届人大常委会根据省委决定的

① 《科学立法民主立法的积极探索与丰富实践》，《南方日报》2014年10月30日。

精神，通过了《关于在依法治省工作中充分发挥地方各级人大常委会作用的决议》，要求各级人大常委会认真履行宪法和法律赋予的职权，充分发挥人大常委会在依法治省工作中的主导作用，积极推进依法治省工作。[①] 依法治省，首先要有法可依。发挥人大的作用：有利于人大在保证宪法和法律的贯彻实施中履行法定职责；有利于人大在把握依法治省内涵的基础上发挥职能作用；有利于地方立法准确体现党的路线、方针、政策，与时俱进，同改革、发展、稳定的大局相结合，通过立法解决实际问题。广东省地方立法呈现以下几个特点：一是先行先试，创制性立法是其立法的重要形式；二是经济立法多，以适应改革前沿阵地、经济发展的需要；三是立法领域广，保障民生为其立法重点；四是强调立法的科学性和民主性。

（一）解放思想，立天下之先法

在省委的领导下，广东省人大积极探索地方立法，在立法中通过大量创制性立法，将“立法试验田”的作用发挥得淋漓尽致，对当地的社会经济发展和建设提供了很好的制度保障。1979 年 9 月，党中央、国务院在批转广东省委的报告中指出：“尽快制定一些必要的经济法令、条例和规章制度。除应由中央统一制定颁布的以外，属于地方职权范围内的，广东要抓紧制定并颁布实行。”1980 年 2 月 2 日，广东省人大常委会制定的《广东省人口与计划生育条例》，首开全国计划生育地方立法先河；1981 年制定的《深圳经济特区土地管理暂行规定》第一次将土地所有权和使用权分开；1992 年制定的《深圳经济特区房地产登记条例》和《深圳经济特区房屋租赁条例》，第一次将房地产纳入经济监管的领域；1995 年制定的《深圳经济特区律师条例》，是全国第一个有关律师行业的立法；1998 年制定的《深圳经济特区政府采购条例》，为 2002 年的《政府采购法》提供了宝贵的地方经验；2001 年制定的《广东省预算审批监督条例》，是全国第一个

① 广东省依法治省工作领导小组办公室编：《广东法治建设 30 年》，广东人民出版社 2008 年版，第 4 页。

省人民代表大会通过的预算审批的地方性法规；2002年制定的《广东省电子交易条例》，是国内第一部关于电子商务的条例，该法规确立了电子签名的效力，为全国的电子商务立法提供了宝贵的经验；2005年制定的《广东省政务公开条例》是中国第一部规范政务公开的地方立法。特别值得一提的是，2007年制定的《广东省食品安全条例》，在没有上位法参照的情况下，广东从法规起草，到公开征求意见，提交省人大常委会会议“四读”审议，为后来国家的食品安全立法提供了很好的地方经验。30多年来，在广东的地方立法中，属于创制性、先行性的立法占到了五成左右，而且，上述法规还根据经济社会发展进行了多次修改。[①]

广东立法机制也创新了多个“第一”。1999年9月，广东省人大常委会举行中国的首次立法听证会，听证《广东省建设工程招投标管理条例（修正）》；2001年8月7—8日，广东省人大常委会就电子商务立法举办了一次立法论坛；1993年通过的由专家学者起草草案的《广东省经纪人管理条例》，首开国内委托专家学者起草法规草案之先河；在全国率先将与人民群众利益密切相关的法规草案登报或在政府网站公布，公开征求意见；2000年9月，广东省人大常委会首次聘请了8位立法顾问；2003年11月开始，广东省人大常委会首次向省人大代表、有关行业协会、各地级以上市人大常委会书面征集立法项目和法规草案稿。这些“首次”表明了广东省人大及常委会的创新精神和敢为天下先的态度。

（二）立保障人民权益之法

广东各级立法机关高度关注民生，加强涉及民生问题解决的地方立法工作。在社会保障方面，广东省制定了《广东省社会保险基金监督条例》、《广东省工伤保险条例》等地方性法规；在推进社会事业发展方面，制定了《广东省爱国卫生工作条例》、《广东省医疗废物管理条例》等法规；在保

---

① 丁建庭：《广东当有“走在前列”的使命感》，2015年1月30日，南方网（http://reporter.southcn.com/r/2014-11/28/content_113152176.htm）。

障群众基本生活方面，制定了《广东省食品安全条例》、《广东省饮用水源水质保护条例》、《广东省工资支付条例》等法规；在特殊群体权益保护方面，制定了《广东省老年人权益保障条例》、《广东省实施〈中华人民共和国妇女权益保障法〉规定》、《广东省高等学校学生实习与毕业生就业见习条例》等法规；在促进社会组织发展方面，制定了《广东省行业协会条例》等法规；在加强社会管理方面，制定了《广东省突发公共卫生事件应急办法》、《广东省固体废物污染环境防治条例》、《广东省预防未成年人犯罪条例》、《广东省计算机信息系统安全保护条例》、《广东省粮食安全保障条例》等地方性法规。

特别要指出的是，广东省重点立法保护弱势群体的权益，如立法保护妇女儿童、未成年人、残疾人和老年人的权益。2000 年，广东省人大常委会制定了《广东省分散按比例安排残疾人就业办法》，以解决残疾人就业问题。2006 年，广东省人大常委会制定了《广东省预防未成年人犯罪条例》，这是中国第一部由未成年人参与起草的地方法规，在预防未成年人犯罪、保护未成年人权益以及落实《中华人民共和国预防未成年人犯罪法》等方面具有积极的推动作用。农村“外嫁女”的权益保障一直是困扰国内很多地区的难题，2007 年，广东省制定了《广东省实施〈中华人民共和国妇女权益保障法〉办法》，其最突出的特点就是首次以立法形式明确保护“外嫁女”的合法权益。尽管其实践仍有改进空间，但已迈出了以法治思维和法治手段解决问题的可喜一步。

劳动者权益保障是检验一个地区是否以人为本的重要标准，广东省在这方面也建树颇多。1993 年深圳市便制定了《深圳经济特区劳务工条例》，这是中国第一部以立法形式保障外来务工人员的法规。其后，为适应社会发展需要，深圳市人大常委会对此进行了多次修正。2005 年广东省制定了《广东省工资支付条例》，明确界定了工资、工作时间、拖欠和克扣工资的标准和界限。此外，还出台了《广东省劳动安全卫生条例》、《广东省劳动合同条例》、《广东省劳动监察条例》、《广东省厂务公开条例》等地方性法规。

（三）立促进经济发展之法

改革开放以来，经济建设一直是党和国家的中心工作，广东省也将经济立法作为立法工作的重中之重。截至 2014 年，现行有效的地方性法规 214 件，其中经济类立法超过一半。这些法规主要分为以下几类：一是规范市场主体行为的立法，涉及公司、合伙、股份合作社、个体工商户、私营企业等主体；二是维护市场秩序的立法，主要涉及产品质量、不正当竞争、消费者权益保护等方面；三是加强对专业市场的立法，如在房地产市场方面，制定了土地使用权出让、房地产等级、房地产租赁、房地产转让等一系列法规。

（四）立规范公权力之法

“将公权力关进制度笼子”不仅是公众的呼声，也是党和各级政府一直努力的方向。广东省在“将公权力关进制度笼子”这方面也做了很多有益的尝试。首先，广东省强力规范立法中的部门利益问题。立法中的部门利益主要体现在有利则争、无利则推、不利则阻、他利则拖、分利则拒等方面。[①] 为了规范公权力，克服部门利益，广东省制定了与公权力行使相关的一系列法规，涉及行政处罚、行政收费、统计管理、行政执法、政府采购、人大监督、人员编制、政务公开等各个方面。特别值得提出来的是 2005 年制定的《广东省政务公开条例》，不仅系广东省首创，而且对约束公权力有着重要意义，被其他地方纷纷仿效。

（五）科学立法、民主立法

广东省在立法体制、机制、流程的优化方面做了大量努力，科学立法、

① 参见广东省依法治省工作领导小组办公室编《广东法治建设 30 年》，广东省人民出版社 2008 年版，第 18 页。

民主立法的经验丰富。

在科学立法方面，第一，规范立法计划的编制制度。一是与改革、发展、稳定重大决策有关的项目优先；二是原有地方性法规与法律或国际规则不适应，需要修订的项目优先；三是地方迫切需要，且条件成熟的项目优先。第二，规范法规草案的起草制度，为此广东省制定了《广东省人民代表大会常务委员会立法技术和工作程序规范（试行）》，对起草的相关环节，如起草、论证、协调、修改等做出明确规定。第三，建立地方性法规草案指引制度，这也是广东省的创新之举。“指引制度”的目的是解决法规的合法性、必要性和可行性问题。第四，《广东省地方立法条例》规定了统一审议的“三审制度”，以解决越权立法、法规与法律相冲突、部门利益等问题。第五，成立法制工作委员会，使立法工作趋于专业化，具有稳定性和连续性，避免地方的立法机制、程序和人员受人大换届的影响。

民主立法可以防止立法的主观性、脱离实际、背离国情和省情。广东省人大立法时向社会公开立法全过程。2013 年以来，广东省人大常委会先后制定完善了《广东省人民代表大会常务委员会立法公开工作规定》、《广东省人民代表大会常务委员会立法论证工作规定》、《广东省人民代表大会常务委员会立法听证工作规则》、《广东省人民代表大会常务委员会立法咨询专家工作规定》、《广东省人民代表大会常务委员会立法评估工作规定（试行）》等五个立法公开制度，切实增加立法工作透明度，把立法全过程向社会公开。

拓展公民有序参与立法途径是广东省立法工作的一大亮点，开公众参与地方立法等诸多全国先河。如广东省人大常委会于 1998 年举行《广东省物业管理条例（征求意见稿）》座谈会；1999 年举行《广东省建设工程招标投标管理条例（修订草案）》听证会；2003 年向社会公开征集地方立法项目；2006 年邀请 12 名未成年人直接参与《广东省预防未成年人犯罪条例》起草工作；2008 年邀请 2 名市民全程参与《广东省第十一届人大常委会立法规划项目（2008—2012 年）（征求意见稿）》立项论证会等。这些做法走在全国前列。不仅如此，广东省还逐步健全公众参与地方立法程序规则，如深圳市 1999 年制定全国首部部门立法听证规则《深圳市人大计划预算委员会听证制度》、2001 年制定全国首部地方立法听证规则《深圳市人民代表大会常务委员会听证条例》。①

发挥人大代表的作用也是民主立法的重要体现。广东省人大代表参与立法的途径主要有以下几个方面：一是发挥代表在立法提出机制中的作用，代表提出立法议案、建议也是代表履行职责的重要体现。二是发挥人大代表在立法制定中的作用，使其在法规的起草、调研修改和审议阶段都能发挥作用。三是建立人大代表对法规实施的反馈机制。2013 年以来，广东省人大常委会坚持从多方面、多层次发挥代表在立法中的重要作用。每年年初将常委会当年的立法计划发给全体代表，由代表结合自身的工作和所关注的问题，选择报名参与具体的立法项目；每一件拟立法规的征求意见稿都会以电子邮件和信函的形式征求在粤全国人大代表和省人大代表意见；对代表的立法建议和议案进行认真研究，及时列入立法计划；邀请代表列席审议法规草案的会议。这些做法为人民代表参与立法提供了很好的平台。

广东省还充分利用人力资源优势，发挥广东专业人士的立法咨询作用。广东省人大组建了立法咨询基地、立法咨询专家库和立法评估中心。2013 年，广东省人大常委会与中山大学等九所高校合作建立广东省地方立法研究评估与咨询服务基地，并组建立法咨询专家库，聘请 66 名法律专业人士以及财政经济、城建环保、农业农村、科教文卫、民族宗教、语言文字等方面的专家作为立法咨询专家。2014 年 7 月，广东省人大常委会与省法学会、省青年联合会、省律师协会、省工商联等合作建立广东省立法社会参与和评估中心，使这些机构、中心实际参与广东省的立法活动。如 2013 年，广东省人大就将社会关注度高的立法委托给第三方起草。例如，《广东

① 姚小林：《论广东法治惠民工程的公众参与问题》，《广东行政学院学报》2011 年第 4 期。

省信访条例》委托给了中山大学、暨南大学、广东外语外贸大学地方立法研究评估与咨询服务基地分别起草，《广东省企业集体合同条例》与《广东省救灾条例》委托给了华南理工大学、广州大学起草。2014 年类似的委托立法实践更加丰富。[①] 委托第三方起草，有助于消除立法的部门利益，最大限度地保护公众权益。

（六）立法工作任重道远

尽管广东在地方性立法方面取得了不俗的成绩，但是也存在一些问题。广东省作为中国经济和社会改革发展的前沿阵地，与国内其他地区相比较，既面临相同的问题，也有极具个性化的问题。例如，广东经济发展一直名列前茅，但经济结构不合理，且省内地区间经济发展不平衡现象突出；社会发展滞后于经济发展现象明显，民生保障虽有进步但仍有待加速；环境保护和资源合理配置还需加强；流动人口管理必须创新等。从立法本身来看，也存在有的法规草案前瞻性、可操作性不够强，个别法规草案的条款与上位法相抵触，存在部门利益倾向，立法技术粗糙等问题。广东省虽然制定了相关规定，如《广东省地方立法条例》、《关于进一步加强立法协调工作的意见》、《关于进一步加强与较大的市地方立法协调工作的意见》、《广东省法规草案指引若干规定（试行）》，有助于解决地方性法规草案审议过程中存在的问题，建立科学的立法工作机制提高法规审议的效率和质量，但还需要进一步用好立法权，促进社会经济又好又快发展。特别是从前期的依法治省工作来看，广东省的各项工作都走在全国前列。但是，根据十八届四中全会的精神，除了继续巩固以往的成果，广东省立法还应该在建立第三方起草法规机制基础上，引入第三方评估机制，明确地方立法权限，推进立法精细化，建立重要条款单独表决机制，做好重点领域的立法工作等。

① 《科学立法民主立法的积极探索与丰富实践》，《南方日报》2014 年 10 月 30 日。

三　全面推进法治政府建设

“法治政府”的本质要求是“一切行政活动只能在法律的规范和制约下进行，从而保证行政权力的运用符合法律所集中体现的意志和利益，并防止行政权力的扩张和滥用，实现和保障公民、法人和其他组织的合法权益”。[①] 建设法治政府也是中国全面落实依法治国基本方略的重要内容。1999年国务院颁布《关于全面推进依法行政的决定》，2004年国务院又颁布《全面推进依法行政实施纲要》，明确了建设法治政府的目标，各级政府都需在法治的轨道上运行权力。十八届四中全会再次提出“三个共同推进”和“三个一体建设”。其中，依法行政和法治政府建设更是不可或缺的鼎立三足之一，关系到法治中国建设的安危和成败。

建设法治政府是全面建设社会主义法治体系的重要内容，是全面建成小康社会、全面深化改革的迫切需要，是维护人民群众合法权益、实现社会公平的制度保障。法治政府建设的主要内容有：依法全面履行政府职责，健全依法决策机制，深化行政体制改革，坚持严格规范公正文明执法，强调对行政权力的制约和监督，全面推进政务公开。广东省政府法制工作贯穿于改革开放和经济社会发展的全过程，始终围绕党委和政府各个时期的中心工作，服从并服务于改革开放和经济社会发展大局，确保正确的发展方向。30余年来，各级政府法制机构坚持从本省改革发展稳定大局出发，通过政府立法、层级监督，充分发挥政府法律顾问作用，为广东省改革开放和现代化建设提供了重要保障。

（一）注重依法行政机制建设

广东省作为改革先行地区，市场经济客观上要求政府依法行政。外因

① 马凯：《加快建设中国特色社会主义法治政府》，《求是》2012年第1期。

只是条件，内因才是关键。2011 年，广东省委发布《法治广东建设五年规划（2011—2015 年）》，明确了广东法治政府建设的目标。概括而言，就是将广东省各级政府建设成有限政府、责任政府、阳光政府和服务型政府。广东省依法行政推进思维明确、路径清晰，主要是注重健全法治政府建设的领导机制、以行政审批制度改革为切入点、加快政府职能的转变；建立健全科学、民主、依法决策的机制，规范政府立法工作；施行相对集中行政处罚权和综合行政执法工作；全面深化政务公开；加强行政复议和行政应诉工作；全面推行规范性文件审查制度；深化大部门体制改革和富县强镇改革，加快推进财政、投资、工商管理、价格管理等关键领域改革，加快推进行政执法体制改革等。

为了推动依法行政工作，广东省成立了省政府依法行政领导小组，并设立了办公室，日常工作由省法制办承担。全省市、县（区）政府和省直部门普遍建立了以主要领导负总责、分管领导具体负责的依法行政工作机制。依法行政领导小组对推进广东省依法行政、加快法治政府建设发挥了重要的作用，取得明显成效。2014 年，广东省政府印发了《2014 年广东省依法行政工作要点》，明确了全省依法行政的任务要求。省政府分别向国务院和省委、省人大常委会上报了《广东省 2013 年推进依法行政工作情况报告》。广东省推进依法行政的具体做法主要表现为以下几个方面。一是通过领导干部带头学法活动，强化依法行政意识，提高依法行政能力。二是制定并完善《广东省各地级以上市经济社会发展实绩考核评价指标体系》，在省直部门和各地级以上市领导班子年度考核民主测评中，设置法治评价项目，作为任免干部的重要条件。三是制度建设上新台阶。四是推进行政管理体制创新，政府服务能力明显提高。五是坚持规范和监督并举，加大合法性审查和层级监督的力度。六是发挥政府法律顾问的作用，不断提高政府决策的合法性水平。

（二）健全重大行政决策机制

行政决策是国家行政机关或行政人员发挥行政管理职能，做出处理国家公共事务的决定。[①] 重大决策机制的法治化是深入推进依法行政、加快法治政府建设的需要，是科学民主决策的必然要求，其可以维护人民权益、实现公平正义。重大行政决策主要是指以下几方面的内容：一是制定经济和社会发展重大政策措施；二是编制和修改各类经济、社会、文化发展和公共服务总体规划；三是使用重大财政资金，安排重大政府投资项目，处置重大国有资产；四是开发利用重大资源；五是制定城市建设、环境保护、土地管理、劳动就业、社会保障、文化卫生、科技教育、住房保障、交通管理政策；六是制定行政管理体制的重大措施；七是其他需要政府决定的重大行政管理事项；等等。行政决策科学与否直接关系到经济发展、社会稳定、人民幸福，因此，政府决策应当具有合法性、科学性、民主性、连续性。十八届四中全会《决定》特别指出，“把公众参与、专家论证、风险评估、合法性审查、集体讨论决定确定为重大决策法定程序，确保决策制度科学、程序正当、过程公开、责任明确。建立行政机关内部重大决策合法性审查机制，未经合法性审查或经审查不合法的，不得提交讨论”，要“建立重大决策终身责任追究制度及责任倒查机制”等。之所以要做这样的规定，是因为，从各地的实践来看，重大行政决策不科学、不民主、不具有连续性的情况并不鲜见。

从广东的实践来看，规范重大行政决策是广东省法治政府建设的重要内容。广东省在保证重大决策的科学化、民主化方面着重探索了以下几方面的工作：一是建立重大行政决策的事前约束机制，包括专家咨询机制、公众参与机制和合法性审查机制；二是建立重大行政决策事后监督机制，主要包括决策后评价机制、责任追究机制。

广东省注重行政决策中的公众参与，2006 年《广州市规章制定公众参与办法》是全国首部全面规范公众参与立法的地方政府规章。在此基础上，各级政府的民主决策与执法程序也在不断制度化、程序化，公告、听证会

① 朱勤军：《公共行政学》，上海教育出版社 2002 年版，第 153 页。

等程序成为民主行政的基本制度选择。

（三）行政审批制度改革稳、准、狠

行政审批是指法定有权行政机关因行政相对方的申请，依据法律或政策，经审查，以要式行为方式准予其从事特定活动，认可其资格资质，确立其特定主体资格、特定身份或统一其从事某一特定活动的行为。[①] 由于行政审批存在制约经济发展、以权谋私等问题，改革行政审批制度成为社会共识。《决定》指出，行政机关不得法外设定权力，没有法律法规依据不得做出减损公民、法人和其他组织合法权益或者增加其义务的规定。推进政府权力清单制度，坚持清除权力设租寻租的空间。从全国形势看，2001 年国务院全面部署和推进行政审批制度改革工作。2004 年国务院在《全面推进依法行政纲要》中，提出要“减少行政许可项目，规范行政行为，改革行政许可方式”。由于广东省处于改革开放前沿，市场发育程度较高，经济社会发展正全面进入转型期，深化行政审批制度改革、转变政府职能的需求十分紧迫。2012 年 8 月，国务院常务会议批准广东省在行政审批制度改革方面先行先试，对行政法规、国务院及部门文件设定的部分行政审批项目在本行政区域内停止实施或进行调整。在广东省进行改革试点，对于深化行政审批制度改革，推进行政管理体制改革，完善社会主义市场经济体制，具有重要示范意义。广东省痛下决心，先后对行政审批项目进行了多轮清理，基本摸清行政审批事项的家底，该取消的坚决取消。

为巩固改革成果，广东出台了《广东省行政审批管理监督办法》。其中明确规定，“设定行政许可必须符合行政许可法规定；法律、行政法规和国务院的决定只作出原则性的管理要求，没有规定设定行政许可的，不得设定行政许可”。

此外，在行政审批改革中，广东省还创新审批方式，在“一站式”服

---

① 朱维究：《行政许可法的实施与行政审批改革》，《国家行政学院学报》2004 年第 3 期。

务、网上审批、并联审批等审批流程优化方面也成效显著。截至2014年第一季度，省级分五批共调整行政审批500多项；至2015年年初，98%的省级行政审批事项可在网上办理。

（四）完善对规范性文件的监管

规范性文件没有明确的定义，其范围涵盖非常广，大致具有以下几个特征：一是规范性文件不是法规，但具有部分“法”的属性；二是规范性文件针对的是不特定人群，具有普遍约束力；三是规范性文件具有可重复适用的特性。规范性文件在中国的社会经济生活中具有非常重要的作用，也成为推进依法行政的焦点之一。为此，国务院《全面推进依法行政实施纲要》要求，规范性文件应“符合宪法和法律规定的权限和程序，充分反映客观规律和最广大人民的利益，为社会主义物质文明、政治文明和精神文明协调发展提供制度保障”。2008年《国务院关于加强市县政府依法行政的决定》和2010年《国务院关于加强法治政府建设的意见》等文件都反复要求建立健全规范性文件管理制度。从广东省规范性文件管理实践来看，其主要包括规范性文件制定的公众参与机制、草案审查机制、统一发布机制、文件评估机制和文件清理机制。

（五）规范行政处罚裁量权

行政执法是行政主体依法对行政相对人采取的具体直接影响其权利义务，或者对相对人权利的形式和义务的履行情况进行监督检查的具体行政行为，具体包括行政处罚、行政许可、行政强制、行政征收、行政征用、行政给付、行政检查等行政行为。行政执法是政府管理部门行使权力的直接体现，关系到经济发展、社会稳定、国计民生。国务院《全面推进依法行政实施纲要》明确要求各级政府“理顺行政执法体制，加快行政程序建设，规范行政执法行为”。广东省在《法治广东建设五年规划（2011—2015年）》中明确要求，各级政府应“深入推行行政执法责任制，推行行政执法体制改革，完善便民高效、制约有效的行政执法程序，提高行政执法能力。积极推进相对集中政府规章草拟权、行政许可权、行政处罚权、行政复议权、政府法律事务处理权工作，加强政府管理创新，提高行政效能”。行政执法体制改革是确保法律实施和依法行政的需要，法律的生命力在于实施，法律的权威也在于实施。执法得当可以保障人民群众的合法权益。从全国情况来看，行政执法还存在一些问题，执法不作为、执法乱作为、变通执法、选择性执法、裁量权放大的情况比较普遍，群众比较关心，也损害了法律的权威、党和政府的形象。长期以来，政府部门把较多的精力放在了行政审批上，重审批、轻监管，以批代管，导致政府职能错位、行政效率低下。

从近年来广东省的实践来看，行政执法工作取得明显成效，突出表现在规范行政处罚自由裁量权、行政审批制度改革和执法量化考核等方面。

行政处罚是国家行政机关或法律、法规授权的组织，为了实施行政管理在法定职权内依法对违反行政法律规范、尚未构成犯罪的行政管理相对人所实施的行政性的惩戒。[①] 一般而言，行政处罚必须遵循“法定原则”，避免行政权力的滥用。但是，由于法律不能穷尽对复杂社会现象的规定，自由裁量权在某种程度上具有存在的合理性，其可以提高行政处罚的效率和适应性，弥合法律法规与现实社会之间的裂隙。考虑到自由裁量权天然具有不受约束的扩张滥用倾向，因此对自由裁量权加以规范，使之在合理合法的范围内运行很有必要。2011 年广东省出台《广东省规范行政处罚自由裁量权的规定》，明确要求行政处罚自由裁量权是“行政处罚实施机关在法律、法规、规章规定的行政处罚范围内，对公民、法人或者其他组织违反行政管理秩序的行为决定是否给予行政处罚、给予何种行政处罚和给予何种幅度行政处罚的权限”。在实践中，广东省允许各地开展“行政处罚自由裁量权量化标准”活动。中山市人民政府出台《中山市规范行政处罚自由裁量权暂行规定》，为“行政处罚自由裁量权量化标准”提供了实施

① 刘新、肖斑：《行政处罚的含义、特征及基本原则》，《政府法制》1997 年第 1 期。

依据。

(六) 改革行政复议体制机制

行政复议是公民、法人或其他社会组织认为行政机关的行政行为侵犯其合法权益、依法向有复议权的行政机关申请复议、复审的法律制度。行政复议既是一种监督制度，也是一种救济制度，在解决行政争议方面具有重要作用。由于行政复议集诉求表达机制、利益协调机制、矛盾调处机制于一身，因此被寄予厚望。但现实中全国各地行政复议的效果却差强人意，关键在于行政复议机构在制度安排和效率上都缺乏合理性和吸引力。为了改变这种状况，广东省各地市积极探索开展行政复议体制机制的改革。广州市政府法制办开发了一套行政复议网上办案系统，从申请开始的立案环节，到案件开庭、审理环节全程录音录像，再到复议决定的对外公开，均实现全流程网上办案。中山市出台了一系列与行政复议委员会相关的规定，如《中山市人民政府行政复议委员会工作规则》、《中山市人民政府行政复议委员会办理行政复议案件暂行办法》、《中山市人民政府行政复议委员会非常任委员会遴选办法》等，通过集中行使行政复议权，优化了有限的行政资源，遴选社会人士参加行政复议委员会，提高行政复议机构的独立性，提高行政复议的公正性和吸引力。2013 年度广东各级行政机关共收到行政复议申请 17408 件，数量已连续多年居全国之首。①

(七) 推进政务公开，促进依法行政

政务公开是现代行政的基本制度，在经济社会事务管理方面具有重要作用。政务公开是法治政府建设的重点环节，是实现人民当家作主、发展社会主义民主法治的需要，是信息化条件下政府履职的需要，是构建开放型经济体制的需要，更是保障权力在阳光下运行、健全预防和惩治腐败体

① 辛均庆：《广东充分发挥法治重要作用，不断开创法治广东建设新局面》，《南方日报》2014 年 10 月 18 日。

系的需要。党的十八届四中全会《决定》指出，要“全面推进政务公开，坚持以公开为原则，不公开为例外的原则，推进决策公开、执行公开、管理公开、服务公开、结果公开。各级政府及其工作部门依据权力清单，向社会全面公开政府职能、法律依据、实施主体、职责权限、管理流程、监督方式等事项。重点推进财政预算、公共资源配置、重大建设项目批准和实施、社会公益事业建设等领域的政府信息公开”。得风气之先的广东在这方面依然走在前列，2002 年以来，广东省开始在全省全面推行政务公开，将政务公开作为法治政府的关键内容来抓，在拓展内容、丰富形式、完善机制等方面下大功夫，取得了显著成效。在内容上，行政处罚结果的公开是广东政务公开推进的重点之一，也是全国许多地方的薄弱环节。广州市工商局将下属分局的处罚信息按月分批公开上网，公开项目要素包括了当事人名称、营业执照号码、处罚决定书文号、违法行为类型、处罚依据、处罚结果、处罚机构、决定和送达日期等，对于违法行为起到强烈震慑效果。在形式上，广东省将政府网站建设作为首选。2006 年广东省政府网站改版后，不仅信息内容更加丰富、及时、全面，而且开通了“网上办事大厅”，使群众可以在网上便捷地咨询、申报办理事项，并及时跟进办理进展情况。在机制上重视互动公开。行政决策的预公开，通过专家咨询论证、公示、听证等方式，畅通民意表达渠道并听取各方意见，提升了行政决策的公众参与度和社会能见度。广东省出台了全国第一部系统规范政务公开的省级地方性法规——《广东省政务公开条例》，将政务公开的各项内容、要求、程序落实为刚性的法律规范。

广东省大力推进新闻发布制度和新闻发言人制度的建设，并率先进行了政务公开制度化的地方立法尝试。1999 年 5 月 6 日，广东省政府办公厅转发了《省政府新闻办公室关于建立广东省新闻发布制度的意见》，明确以“广东省人民政府新闻办公室情况介绍会”的形式，定期向境内外媒体发布广东社会经济发展最新信息，同时指定省政府直属 15 个主要涉外单位设立新闻发言人及新闻联络员。这标志着广东省的新闻发布制度走向制度化、规范化，同时也使广东成为中国最早正式建立新闻发言人制度的省份。

四　推进司法改革，确保司法公正为社会底线

2002年，党的十六大报告提出“推进司法体制改革”，要求完善司法机关的机构设置、职权划分和管理制度，完善诉讼程序并切实解决执行难问题，强调“从制度上保证审判机关和检察机关依法独立公正地行使审判权和检察权”，“逐步实现司法审判和检察同司法行政事务相分离”。2007年，党的十七大报告提出要“深化司法体制改革，优化司法职权配置，规范司法行为，建设公正高效权威的社会主义司法制度，保证审判机关、检察机关依法独立公正地行使审判权、检察权”。

此后，最高人民法院先后制定了四个“司法改革五年纲要”，确立了不同时期人民法院司法改革的基本任务和目标。《人民法院第四个五年改革纲要（2014—2018）》明确了改革的总体思路，即让人民群众在每一个司法案件中都感受到公平正义，坚持司法为民、公正司法为工作主线，着力解决影响司法公正和制约司法能力的深层次问题，确保人民法院依法独立公正行使审判权，加快建设公正、高效、权威的社会主义司法制度，着力推进国家治理体系和治理能力现代化。

当前，中国正处在经济、社会发生巨大变革的时期，经济发展大幅提升了人民的生活水平，社会利益逐渐分化，社会矛盾大幅增加。伴随着经济发展的，是人民的民主法治意识的增强，这便对司法机关提出了更高的要求。党的十八届四中全会《决定》中指出：“司法公正对社会有重要的引领作用，司法不公对社会有致命破坏作用。必须完善司法管理体制和司法权力运行机制，规范司法行为，加强对司法活动的监督，努力让人民群众在每一个司法案件中感受到公平正义。”

近年来，广东法院以开放的姿态和探索的精神，进行司法改革与创新，为“加快转型升级，建设幸福广东”提供司法保障和司法服务。2012 年，深圳市福田区法院探索审判长负责制，按照 1 名审判长、2 名普通法官、3 名法官助理、4 名其他辅助人员，组成“1+2+3+4”的合议制模式；以及 1 名审判长和若干名辅助人员，组成“1+N”独任制模式；进而组建以审判长为中心的审判团队。2014 年，广东省深圳市两级法院启动法官职业化改革，实行人员分类管理。将法院工作人员分为法官、审判辅助人员、司法行政人员三大职务类型。其法官序列与行政级别完全脱钩，按照法官单独职务序列管理。不同等级的法官之间没有行政隶属关系，法官待遇和法官等级挂钩，不与行政级别挂钩。

（一）创新审判机制，确保公正司法

广东作为经济强省，随着改革开放的纵深推进，法院受理的案件急剧增加，并涌现出许多新型案件。传统的审判模式由于诉讼程序烦琐、效率低下、专业化程度不高等特点，在应对海量和新型案件的审理时，捉襟见肘。审判是司法的核心，为了提高案件的审判效率和审判质量，确保公正司法，广东法院率先创新审判模式，积极进行案件管理改革，缩小审判裁量权，实行案件质量评查，完善民生案件、劳动争议案件和知识产权案件审判机制，走在了全国司法改革的前列。

第一，推行民生案件速裁机制。随着经济繁荣和交易活动增加，小额经济纠纷大量出现，如合同欠款、交通肇事赔偿、物管费缴纳等。2011 年最高人民法院印发《关于部分基层人民法院开展小额速裁试点工作的指导意见》，开始在北京、广东、甘肃、福建等 13 个省（市、自治区）的 90 个基层法院开展小额速裁试点。广东作为试点省份，2001 年在深圳市罗湖区设置了首个小额速裁法庭。罗湖区人民法院的“速裁法庭”于 2011 年 4 月被最高人民法院确定为试点法院。2012 年 4 月，广东省高级人民法院制定下发了《关于扩大小额速裁试点法院的通知》，将小额速裁试点工作扩大至

珠三角各市基层法院。通过速裁机制的实施，广东法院提升了司法的效率，满足了社会发展的需求。

第二，统一劳动争议案件的审判标准，妥善处理劳动争议案件。广东省劳动关系复杂、多变，群体性劳动纠纷不断增多。妥善处理好各类劳动矛盾纠纷，不仅关系到劳动者的切身利益和企业的健康发展，还关系到地方经济结构的调整和增长方式的转变，乃至整个社会的和谐稳定。为了及时公正处理劳动争议案件，广东省高级人民法院和广东省劳动争议仲裁委员会于2008年7月共同制定了《关于适用〈劳动争议调解仲裁法〉、〈劳动合同法〉若干问题的指导意见》，2011年广东省高级人民法院制定了《关于审理劳动争议案件若干问题的指导意见》，2012年广东省高级人民法院发布了《广东省高级人民法院关于进一步发挥司法能动作用为构建我省和谐稳定劳动关系提供司法保障的若干意见》。这一系列文件确立了劳动争议处理的平等原则，划定了劳动争议的范围，明晰了劳动争议仲裁与诉讼的关系，为保障劳动者的合法权益给出了指导意见。

统一审判标准，公平审理案件，纠正近年来饱受诟病的劳动争议案件中的“同案不同判”的问题。中山市中级人民法院于2011年9月出台了《审理劳动争议案件若干问题的参考意见》。该文件合理界定了劳动争议案件的受案范围，明确了诉讼主体资格，理清了仲裁与审判的衔接机制，并就工资、加班工资、双倍工资，经济补偿金、赔偿金、竞业限制和违约金，劳动合同签订、履行、变更、解除与终止等作出规定。该文件对于劳动者准确理解法律规定，帮助中山市两级法院准确掌握裁判尺度，公正高效地审理好劳动争议案件具有重要意义。2008年起，深圳市中级人民法院制定了《关于审理劳动争议案件程序性问题的指导意见》、《关于审理劳动争议案件实体性问题的指导意见》、《审理工伤损害赔偿纠纷案件相关法律适用问题的指导意见》、《关于审理人事争议案件相关法律适用问题的指导意见》等司法文件，基本形成了劳动争议案件的规范化办案指导意见体系。

为了便于法官掌握劳动争议案件的相关文件，深圳市中级人民法院编印《劳动人事争议办案手册》，并印发《劳动争议审判通讯》。

第三，提高审判的专业化程度。广东省高级人民法院在全省法院系统分层次推动劳动争议案件的专业化审判模式，如在劳动争议案件数量多、比例大的中级人民法院和基层人民法院，增设专门处理劳动争议的审判庭或组成专门合议庭；设在市区、劳动争议纠纷案件相对集中的人民法庭，则改设为劳动争议专业法庭；基层法院根据需要探索设立劳动争议巡回法庭，方便劳动者诉讼。深圳市中级人民法院于 2005 年 4 月成立了全国法院系统第一个专业化的劳动争议审判庭。2008 年，罗湖和福田两个区人民法院也相继成立了专门的劳动争议审判庭。中山市中级人民法院于 2011 年 4 月设立了专门审理劳动争议案件的民六庭。

广东省还大力推进知识产权专业化审判。知识产权制度是人类现代文明的象征，对知识产权提供司法保护是世界各个国家和地区的战略性选择。在激烈的市场竞争中，广东省企业之间有关知识产权的纠纷不断增多。广东省非常重视提升知识产权的司法保护力度。广东高院在最高法院的指导和广东省委的领导下积极开展广州知识产权法院筹建工作，并探索按照中央司法改革精神对广州知识产权法院成立后的机构设置、审判权运行等进行设计。2014 年 11 月 19 日，广州知识产权法院遴选委员会成立并启动主审法官遴选。广州知识产权法院按中级法院组建，以去行政化为建立原则，各审判庭不设行政级别，主审法官不设行政等级。

第四，规范法官的自由裁量权，建立案件评估机制。公正是司法的生命线，法官的自由裁量权，是人民法院审理案件，在法律规定范围内、法律规定不具体或在法律没有规定的情况下，对具体案件的程序和实体问题，酌情做出裁判的权力。当前裁判尺度不统一的问题多出现在劳动争议、道路交通事故、房屋拆迁和商品房买卖等民生相关领域。同案不同判的情况，损害当事人的权益，破坏法治统一性、确定性和可预期性，影响司法的公信力和权威性。为规范法官自由裁量权，努力实现统一裁判尺度，提高司法公信力，广东省高级人民法院于2009年3月出台了《关于规范民商事审判自由裁量权的意见（试行）》，对民商事审判自由裁量权的适用范围、原则、方法和程序以及要实现目的要求等各个方面作出了具体严格的规定，并确立了民商事案件案例指导制度。

案件质量监督管理是人民法院系统内部的管理机制。为建立科学有效的案件质量监督管理体系，2009年10月，广东省高级人民法院下发了《广东省法院案件质量监督管理办法》，对法院案件质量管理的主体、程序以及责任认定与承担等做出规定。2009年12月，为顺利开展案件质量评查工作，广东省高级人民法院制定了《广东省高级人民法院案件质量评查试行方案》。通过这一系列文件的出台实施，以着力提高审判质量和效率为出发点，以建立健全案件质量内部监督管理机制为依托，多层次协调统一的案件质量评查工作体系逐步建构起来并走向完善。

第五，延伸审判职能、提高服务水平。法院的审判职能不应随案结就事了，还应通过司法建议、案后沟通等方式向后延伸。司法建议是法院在案件审理结束后，为预防纠纷和犯罪的发生，针对案件中有关单位和管理部门在制度上、工作上存在的问题，提出改进和完善管理工作的建议。司法建议拓展和延伸了审判职能，是实现审判法律效果与社会效果有机统一的有效载体，是监督和促进依法行政、妥善化解矛盾纠纷的有效举措，还是人民法院依法裁判的必要补充。从广东的实践来看，司法建议范围不断拓宽。法院既可以针对个案中存在的问题提出司法建议，也可以就某一类案件或某一个阶段存在的突出问题提出系统性的司法建议。广东省还对司法建议的程序和形式进行了规范。司法建议的提出应遵循下列程序，审判人员根据合议庭意见或审判委员会意见撰写初稿，报业务庭领导、主管副院长或院长审批签发，由研究室统一编号、加盖法院公章，并交专门部门备案后发出。司法建议发出后三个月未反馈的，承办人员按规定必须督促，收到反馈材料后及时登记、归档。

发布审判白皮书，总结审判工作经验。审判白皮书是司法建议权制度化载体，将司法建议从个案层次提升到年度报告层次，有利于整体观察和系统总结相关领域的状况。目前这一制度已在全国各级法院展开，一些基层人民法院也出台了“白皮书”，广东的做法则更为精细。广东司法机关根据案件审判情况制作了知识产权审判白皮书、劳动争议审判白皮书，其中以中山市中级人民法院的劳动争议白皮书最为典型，其采取司法统计与案例分析的方法，集中反映特定时段劳动争议诉讼的基本情况，对具有代表性的案件进行类型化分析，分析劳动争议纠纷在法律适用、政府管理、裁审协调、规范用工以及劳动者维权等方面存在的问题，提出有针对性的改进建议。

（二）司法职能前移化解社会矛盾

随着各种经济利益冲突导致的社会矛盾日趋增多，涉访案件层出不穷，司法机关维稳压力较大。面对此种复杂形势，广东司法机关在司法职能前移、化解社会矛盾方面做了诸多尝试，其中诉前联调、司法惠民等工作机制颇具特色、成效显著。

诉前联调，即“诉讼之前的联动调解”，就是利用人民调解、行政调解、商事调解、行业调解等非诉讼纠纷解决方式，在诉讼之前化解矛盾纠纷，维护社会稳定。广东省的诉前联调是通过建立“党委领导、政府支持、政法委牵头、综治办协调、法院为主、多方参与”的联合调解平台，组织、协调相关的行政机关、事业单位、社会组织对矛盾纠纷进行调解。诉前联调坚持“调解优先”、“自愿”和“依法”三原则，使诉讼与人民调解、行政调解、商事调解、行业调解以及其他非诉讼纠纷解决方式之间建立起有效衔接，形成便民、高效、低成本的多元化纠纷解决机制，将矛盾纠纷化解在当地、化解在基层、化解在诉讼之前。

广东省的诉前联调有效缓解了法院民事案件快速增长，缓解了法院普遍面临的案多人少的压力。仅 2011 年 1—9 月，广东省共受理诉前联调 46440 件，经过调解达成协议 37435 件，调解成功率为 80.6%；其中向法院申请司法确认 31630 件，只有 1027 件需要强制执行，占司法确认数的 3.25%。广州中院确立了“以项目创新带动难题破解、以重点区域带动全局发展”的工作思路，将黄埔、花都、南沙、增城定为全市诉前联调工作示范区，并在天河、白云、黄埔、南沙、增城分别试点实施金融服务、商业贸易纠纷行业诉前协同调解，诉前调解与小额速裁、审前调解衔接机制等创新项目，其效果非常显著。广州市自 2011 年 6 月全面推行诉前联调工作以来，在基层法院立案部门、派出法庭建立诉前联调工作室 39 个，在各类职能部门、镇街综治信访维稳中心、村社建立联调工作站 104 个，形成“区县—镇街—村社”三级联调网络；与 430 家职能部门、调解组织、社会组织建立联调关系，建立起一支包括政法干警、热心市民、公益律师和社会工作者在内的 1300 余人的联调队伍，共调处矛盾纠纷 68183 件，调解成功 59143 件，涉及标的 19.3 亿元，当事人自动履行率高达 95.7%。①

广东一些地方积极探索高效便民的化解矛盾纠纷的司法工作机制，惠州市龙门县人民法院的司法惠民工作站最具代表性。龙门县山地居多，村镇分布离县城较为偏远，许多地方由于地理环境的限制没有设置法庭，村镇居民的纠纷解决的司法途径不畅。由于契约观念不强，农民往往信访不信法。龙门县人民法院的领导和法官认为，基于农村主要矛盾及其产生原因，提升农民的法律意识和契约精神至关重要。因此，决定在没有建立法庭的村镇设立司法惠民工作站，定期派驻法官并邀请当地镇人大副主席、村干部共同参与，协调处理当地纠纷、解答法律问题、进行法律宣传。司法惠民工作站的法官主动为老百姓提供法律咨询、诉前调解、巡回立案、巡回开庭、申请执行等“一站式”现场服务，使大量的涉法涉诉案件得到及时有效调解。司法惠民工作站设在基层，法院的工作重心明显下移，群

① 《广州集力建制形成诉前“联调”》，《法制日报》2014 年 8 月 25 日。

众有纠纷可以直接到工作站申请解决。这样一来，群众少跑路、少花钱、少误工，极大地方便了群众解决纠纷。司法惠民工作站更深层次的意义在于，司法机关借助司法惠民工作站在龙门县掀起了一场契约精神的乡村启蒙运动，有效提升了群众的法律意识，初步扭转了“信访不信法”的观念。

此外，司法惠民工作站还做到了几个结合，如与镇综治信访维稳中心相结合、与人大代表创建和谐责任区活动相结合、与开展“争创诚信守法先进户”活动相结合、与“四民主工作法”[①] 相结合、与党员“三先”[②]活动相结合。通过上述机制，使基层政权的稳固和基层社会的治理有机结合起来。

（三）多管齐下破解执行难

法院执行是人民法院依照法定程序运用国家强制力落实生效法律文书确定的权利义务，保护当事人合法权益的司法活动。司法公正不仅应体现在审判环节，更要落实在执行上。公正的审判如果最终得不到执行，不仅损害了当事人的合法权益，也直接损害了司法尊严和权威。近年来，司法判决执行难一直困扰着司法机关、案件当事人，是社会高度关注的热点问题，也是司法改革的重要内容。最高人民法院先后出台了《关于进一步加强和规范执行工作的若干意见》（法发〔2009〕43号）、《人民法院执行案件流程管理规则（试行）》和《关于建立和完善国家执行联动机制若干问题的意见》（法发〔2010〕15号）等规范性文件，希望破解执行难问题。

判决是加盖法院院印的具有强制效力的法律文书，是司法权的体现，如果得不到执行，践踏的是国家司法的尊严。执行权是人民法院依法采取各类执行措施以及对执行异议、复议、申诉等事项进行审查的权力。可见，

---

① “四民主工作法”的内容是民主提事、民主决事、民主理事、民主监事，其成功解决了涉及土地征收补偿、宅基地分配、道路修建、山林土地纠纷等农村热点、难点问题，使当地信访总量逐年呈下降趋势。

② 党员“三先”活动是基层党组织加强党员教育，发挥先锋模范作用和战斗堡垒作用。

执行权是一种复合权力，包括执行审查权和执行实施权。执行审查权其性质属于裁判权，具有自由裁量空间，需要法官中立客观地做出裁判。传统的执行权过度集中、执行机构的设立缺乏明确具体的规定、执行分权规定缺失、缺乏有效的监督制约机制，导致执行实践中职权配置错位，流程管理不当。执行权的合理配置对整个强制执行体制、机制以及方式的设计具有基础性的作用。

从广东的实践看，执行权的合理配置是破解执行难的关键。广东法院执行权配置包括执行权的横向配置、纵向配置以及立、审、执协调配合机制。执行权的横向配置，是指广东省各中级人民法院和基层人民法院执行局内设执行实施机构和执行审查机构，分别行使执行审查权和执行实施权。执行审查权应当由执行法官行使；执行实施权既可以由执行法官行使，也可由执行员、法警和其他执行人员行使。执行实施机构主要负责执行法律文书送达、查控、处置被执行财产、制定债权分配方案、办理执行款交付、采取强制措施、强制搬迁、财产保全、先予执行、财产刑执行、行政非诉案件和行政诉讼案件执行、执行协调等执行实施工作；执行审查机构主要负责审查执行异议、执行复议、案外人异议、部分变更和追加执行主体等申请的执行裁决事项。部分变更和追加执行主体、不予执行仲裁裁决和公证债权文书等实体性执行争议，由相关民事审判庭负责审查。执行权的纵向配置，则是指案件执行重心下移，省法院原则上不执行具体案件，其受理的执行实施案件指定由执行力量较强、对案件执行有利的中级法院或专门法院执行。

建立健全立、审、执协调配合的机制也十分关键。广东法院一是建立了立案登记制度。所有的执行案件，不论是执行异议、复议、监督案件，还是异议之诉案件，必须办理立案登记手续，由立案庭立案后移交相关执行和审判机构处理，便于统一管理和监督。二是实现执行立、审、执彻底分立。认真落实立、审、执分立原则，不断完善工作机制，执行异议、复议、监督、督促、协调等案件，一律由立案庭审查立案；在执行程序中追加、变更被执行人等涉及当事人和利害关系人实体问题的案件，一律由相关审判庭审理。

提高执行的透明度。阳光是最好的防腐剂，判决执行之所以滋生司法腐败，是因为执行过程不透明，为暗箱操作和权钱交易提供了空间。2005年广东省高级人民法院制定了《广东省高级人民法院关于完善执行公开的若干规定（试行）》。该文件规定了执行公开的范围和方式，并规定了人民法院在执行过程中的公开事项，如立案信息公开及权利告知、执行日志公开、曝光恶意被执行人、执行结果公开等。2009年出台的《广东省高级人民法院执行工作规范》，规定执行工作应增强公开性和透明度，进一步完善执行公开工作，依法保护当事人的合法权益，保障当事人、利害关系人对人民法院执行工作的知情权。

广东司法机关还建立了“主动执行”工作机制。“主动执行”是广东省高级人民法院主推的执行模式，是指对已经发生法律效力，债务人在规定的履行期限内没有自觉履行的民事判决书、裁定书、调解书以及支付令，在债权人事先同意的前提下，不需经债权人申请，而由人民法院直接移送立案执行。按照传统的执行模式，如果要启动案件执行程序，一般须在法律文书生效后，由案件的当事人在法律规定的时限内向法院申请强制执行，逾期将不予受理。实践中，经常出现由于当事人疏忽或被执行人故意拖延，造成错过最佳执行时机导致执行不能的情况。2010年3月，广东省高级人民法院在前期试点的基础上制定了《关于在全省法院实行主动执行制度的若干规定（试行）》。该文件于2010年5月1日起施行，同时废止了之前制定的《广东省高级人民法院关于实行主动执行制度的若干规定（试行）》。广东省高级人民法院确立了主动执行应遵循的四原则，即为民、便民、利民和高效的工作原则，并规定了主动执行的程序。

建立执行联动机制。案件执行难，主要难在法院缺乏有效的手段查清被执行人的财产状况，为此，法院必须依靠相关单位和部门的配合。2010年，最高人民法院、最高人民检察院、国家发展和改革委员会等联合印发了《关于建立和完善执行联动机制若干问题的意见》。广东省高级人民法院出台了相关司法文件，如2008年出台的《关于在执行工作中被执行人报告财产的若干规定（试行）》、《关于建立基层协助执行网络的若干意见》，2010年出台的《关于委托查询被执行人人民币银行结算账户开户银行名称的暂行规定》，2011年与广东省公安厅联合出台的《广东省高级人民法院、广东省公安厅关于查控被执行人及其车辆问题的若干规定》。为保证执行联动机制的顺利开展，广东省高级人民法院成立了执行联动机制工作领导小组及办公室，积极协调推动联动成员单位制定实施细则或工作办法，落实具体责任部门和责任人，建立和完善具体可操作的运行机制。执行联动机制分为跨行业联动和跨地区联动。

构建诚信体系，让当事人自觉履行法律义务。广东省高级人民法院在《法治广东建设五年规划（2011—2015年）》中提出，建立社会诚信体系，解决“执行难”的问题。为此，广东法院加强与公安、检察、纪检、国土、房管、工商、税务、银行等部门的协调，推动建立征信数据库。广东法院建立了功能强大的被执行人信息查询系统，如广东省高级人民法院执行指挥中心大厅建了被执行人信息查询系统，其包括16个子系统。此外，法院合理运用罚款、拘留、拒不执行生效裁判文书罪等强制性手段强化执行威慑力，增加“老赖”的失信成本。

（四）推动司法公开，提升司法公信力

司法公开具体是指，除涉及国家秘密、有关当事人商业秘密或者个人隐私以及可能影响法院正常审判秩序的事项外，法院的各项审判活动以及与审判活动有关的各类信息，均应向案件当事人和社会公众公开。司法公开对于方便公民行使诉权、落实和保障公民知情权和司法参与权、提升司法审判水平、维护司法权威和公信力、防止司法腐败、最终实现司法正义

具有重要作用。当然，在司法公开过程中，也需要防止泄露审判秘密，侵犯司法工作者和当事人的隐私权，更不能妨碍审判独立。

广东司法公开工作起步早，发展迅速，走在全国前列。为落实最高人民法院司法公开的要求，尤其是广东省内有五家法院被最高人民法院确定为司法公开示范法院之后，广东省高级人民法院制定了一系列有关司法公开的文件，分别是《广东省高级人民法院关于在全省法院进一步推进司法公开的意见》、《广东省高级人民法院关于推进庭审公开的实施办法》、《广东省高级人民法院关于推进听证公开的实施办法》、《广东省高级人民法院关于推进庭审直播的实施办法》、《广东省高级人民法院关于推进执行公开的实施办法》、《广东省高级人民法院关于推进审限公开的实施办法》等。

广东省高级人民法院于2011年制定了《广东省高级人民法院关于进一步推进司法公开的工作方案》，对司法公开的指导思想、工作目标和工作原则提出了总体要求。广东省高级人民法院成立了司法公开工作领导小组及其办公室，主要职责是研究司法公开工作中的重大事项，协调解决工作中存在的困难和问题，督促检查工作进展情况，全面落实司法公开的各项要求和措施。司法公开工作领导小组办公室负责领导小组的日常工作，确保工作到位、措施到位、责任到位。

为确保司法公开工作的顺利开展，广东省高级人民法院建立一系列工作机制，包括：建立司法公开的物质保障机制，加大对立案信访窗口、服务大厅、法院门户网站和其他信息公开平台的建设力度，切实改善司法公开的物质条件，不断提高司法公开的物质保障水平；建立司法公开考核评价机制，设定科学的考核分值，制定相关评分标准，对全省各级法院开展司法公开工作进行考评，并作为评价法院整体工作的一项重要指标；建立司法公开督促检查机制，上级法院对辖区内下级法院的司法公开工作进行指导，定期组织专项检查，通报检查结果；建立司法公开举报投诉机制，在法院门户网站和立案信访大厅设立举报投诉电话、信箱和电子邮箱，公布举报投诉的范围和方式，安排专人对当事人和社会公众反映的问题进行核查并反馈处理结果，对实名举报的，应给予书面回复；建立司法公开责任追究机制，对当事人、社会公众、媒体反映有关法院或者有关人员落实司法公开制度方面存在的问题应当进行核查，对于违反司法公开相关规定并损害当事人合法权益造成严重后果的，应当按照有关规定进行严肃查处。

网站是司法公开第一平台。广东省已经建成六大司法公开平台，有效拓宽了司法公开渠道。这六大司法公开平台分别是窗口公开平台、法庭公开平台、外网公开平台、微博公开平台、手机公开平台和执行无线视频移动指挥系统，其中外网公开平台已经成为司法公开的第一平台。外网公开平台是法院在互联网设立门户网站，全方位、实时公开法院各项工作和各类案件信息。中国社会科学院2012年《法治蓝皮书》发布了中国首个《司法透明度指数报告（2011）》。报告显示，广东省高级人民法院司法透明度在全国26个直辖市、省高级人民法院中跻身前三名；在全国43个较大的市的中级人民法院排名中，深圳市中级人民法院独占鳌头，广州市中级人民法院排名第六。

（五）检察工作强化监督

“强化法律监督，维护公平正义”一直是广东省检察院的工作重点。为了实现这一目标，检察机关坚持解放思想、大胆探索，进行了许多创新。首先，创立检察机关的自侦案件侦捕分开、侦诉分开的内部制约制度，加强内部监督制约确保案件质量，使侦查、预审、公诉工作更加专业化。其次，首创贪污贿赂罪案举报中心和举报制度。再次，在全国最早成立专门的反贪污贿赂机构——反贪污贿赂工作局。

广东省的检察工作有几个特点：一是坚持党对检察工作的领导。二是坚持检察机关依法独立行使职权，自觉接受人大和公众的监督，文明执法。三是充分发挥检察机关的监督功能，全面履行监督职责，拓宽监督渠道，确保办案质量，维护社会公平正义。

（六）司法改革的展望

广东法院积极推动司法公开透明，创新审判、执行机制，通过前移和延伸审判职能促进经济发展和社会稳定。一个地方进行司法改革的努力和突破固然可贵，但是现代司法制度的建立和完善，还有赖于从全国层面整体推进司法改革进程。在认真总结广东司法改革经验的同时，也应该从整体上对司法体制进行审视和反思。中央于2014年再次选定广东省为司法改革的试点省份，广东司法体制改革试点方案也于11月中旬获得中央政法委批复同意。11月，广东省司法体制改革试点工作正式启动，深圳、佛山、汕头、茂名成为首批试点市。广东获批的试点方案包括总方案《广东省司法体制改革试点方案》和六个子方案。“广东方案”，在司法官员额制、司法人员分类管理制、司法责任制以及司法官职业保障制度、司法机关人财物省级统一管理制等都做了周密的部署，且规定了五年的过渡期，以保证司法改革的平稳推进。

五　推进多层次多领域社会治理

党的十八届三中全会提出国家治理和社会治理的概念，使治理成为与改革、市场同等重要的关键词。习近平总书记指出：“治理和管理一字之差，体现的是系统治理、依法治理、源头治理、综合施策。”社会治理现代化，就是形成党委领导、政府负责、社会协同、公众参与、法治保障的社会治理体制，形成政府主导、覆盖城乡、可持续的基本公共服务体系，形成政社分开、权责明确、依法自治的现代社会组织体制，形成源头治理、动态管理、应急处置相结合的社会管理机制。① 强调法治在社会治理中的作用，是因为法治的程序性、具体性和规范性与社会治理的要求具有内在一

---

① 段华明：《解析社会治理新常态》，《南方日报》2014年9月16日。

致性。经过几十年的发展改革，中国社会分化为不同的社会阶层，具有差异的利益取向，产生矛盾纠纷不足为奇。社会发展变化伴随着人与人之间关系的变化，相对于传统的熟人社会，人际关系日渐疏远，信任程度逐渐降低，这实际是社会发展的一种正常现象。要想人际关系保持正常运转，社会信任保持良好状态，法治具有不可忽视的作用。法治规则明确、可操作，体现了多数人的意志，是解决利益纷争、明辨是非、平息冲突的有效机制，因此也是社会的最大公约数和社会不同利益群体的平衡器。各种社会力量依照法律方式，有序有效地参与公共生活，进行利益博弈，达成治理共识，实现社会关系的协调与平衡。因此，以法治的手段和法治的思维解决矛盾是当前社会治理的不二选择。

十八届四中全会提出，要推进多层次多领域依法治理，坚持系统治理、依法治理、综合治理、源头治理，提高社会治理的法治化水平。广东在担当经济改革先锋的同时，也加大社会建设与社会治理的力度。广东省推进社会管理创新，树立全社会的法律意识，加强社会综治信访维稳建设，推进基层民主自治管理，重点增强政府社会管理和公共服务职能、增强社区服务和管理网络、增强社会组织服务社会功能等，力求在社会福利、社会救助、医疗卫生、社区建设、社区矫正、养老服务、残疾人服务、政府购买服务、发展社会组织、加强社工和志愿者队伍建设等方面取得突破，促进社会事业蓬勃发展，保障市民享有各种基本权益，维护社会和谐稳定。

（一）创新法治宣传形式

维护社会稳定的过程，就是不断调节、规范社会关系、预防和化解社会矛盾的过程。普法可以提高群众学法、知法、用法、守法的自觉性，避免或减少社会矛盾和纠纷的发生，有效降低维稳成本，是维护社会稳定的治本之策。广东省在普法教育方面具有鲜明的特色。

一是建立普法教育的制度机制，保证普法教育有人抓，能抓好，落到实处。2006 年 12 月，广东省率先出台《广东省法制宣传教育条例》，实现了法制宣传教育的法制化、规范化，改变了法制宣传教育主要依靠行政手段实施的状况。广东省的法制宣传教育体现为政府主导，社会承担。《条例》要求各级人民政府将法制宣传教育工作纳入国民经济与社会发展的总体规划和年度计划，并组织实施。以中山市为例，中山市成立普法工作领导小组统筹全市普法工作，由市委副书记、政法委书记、社工委主任任组长，市政府分管副市长任副组长，各相关部门主要负责人为成员。印发了《中山市开展第六个法制宣传教育五年规划》，对“六五”普法工作进行全面部署，切实做到“普法有机构、总体有规划、年度有计划、工作有制度”，普法工作“人员、工作和经费”三落实。目前，每年市级普法经费达150万元，2011—2013年全市各镇区共投入普法经费2200余万元。同时，中山市充分利用社会资源，多渠道筹措经费，打造“全社会共同参与”的普法工作格局。“六五”普法以来，仅中国移动中山分公司赞助“送法下乡”、“与法同行”等大型普法活动的经费就已超过100万元。

二是根据法制教育的对象，有针对性地划分法制教育的内容。广东省强调各主要行政部门在法制宣传教育中的职责：各部门的工作人员，特别是有执法权的行政机关，通过学法，提高规范执法的水平；具有社会事务管理权的部门如公安、民政、劳动、文化、新闻、出版部门，结合本职工作对特定公众群体进行法制宣传教育；国有资产管理部门、工商部门要指导而不是强制企业对员工进行普法、学法。这些规定突出了行政部门及国有企业在法制教育中的对象性。在“六五”普法工作中，广东省普法教育着力加强对下列四类人群的普法教育：领导干部、青少年学生、村（居）民、外来务工人员。通过分类施教，全面提升了普法工作的覆盖面和感染力。①

在领导干部学法方面，广东省委组织部、宣传部等各部门特别联合制定了《关于加强公务员学法用法工作的实施意见》，对全省公务员学法的内

① 《广东打造六五普法“岭南模式”》，《法制日报》2013年10月26日第1版。

容、要求、考试考核、组织领导等做出明确规定。中山市加大培训力度，建立完善各级党委（党组）中心组学法、法律培训、学法考核登记、领导干部任前法律考试等系列规章制度，保障了这项工作的落实。每年举行全市领导干部（公务员）年度学法用法考试，并将法制教育内容纳入领导干部培训课程，每年市委组织部举办的初任公务员、科级干部、后备干部、市副处以上领导干部培训班均开设法制教育课程，并纳入年度考核内容。

在青少年普法方面，广东首创了法制副校长制度，即中小学校聘请兼职法制副校长，这项制度在全国得到了推广。在学校教育上，落实法制教育内容、课时、师资培训和考试考核；在社会教育方面建设青少年学生法制教育基地，如法院少年庭、青少年文化宫、中小学普法活动中心等，开展多种多样的青少年法制宣传教育活动。广东已建立青少年学生法制教育基地1000多个，每年轮训学生上千万人次，全省中心镇以上中小学校100%聘请法制副校长，各地中小学校按照计划、教材、课时、师资、考核“五落实”抓好青少年学生法制教育。中山市强化未成年人法制教育工作，把师生法制教育工作的实效性和控制中小学违法犯罪率作为镇区党政主要领导基础教育实绩考核、学校管理评估的重要指标。

在外来人口普法方面，广东有3000多万外来务工人员和外来流动人员，如何做好外来务工者的法制教育工作，提高他们遵纪守法的自觉性，对广东经济社会发展影响重大。广东多次组织召开外来工法制宣传教育工作会议和“法律进企业”推进会，形成了各职能部门齐抓共管的工作局面：普法办、综治办负责外来工学法辅导和培训；劳动部门结合岗前培训，对外来工进行劳动法律法规教育，实行持证上岗；公安局、外来人口管理办结合办理暂住证（现已改为“居住证”），组织外来工学习《广东省外来人口管理规定》和《治安管理处罚法》（2005年通过，2006年3月1日施行，2012年修正）；民政、计生、城管、卫生等部门也依据各自职能，对外来工实施相关的法律教育。同时，省普法办按照“谁主管、谁负责”、

“谁用工、谁负责”的原则，把外来人口的法制教育落实到单位、乡镇、街道、企业、工厂，形成级级有人抓、层层有人管的外来工普法教育网络。①

在村（居）民普法方面，广东按照法制宣传“六有”［有一个村（居）干部负责、有一个法制课室、有一个法制图书阅览室、有一个法制宣传栏、有一套法制宣传教育制度、有一支法制宣传骨干队伍］的要求扎实开展农村和社区普法工作。针对征地拆迁、山林纠纷、减负维权、禁毒禁赌、打击“六合彩”等热点问题，广东省普法办下发《关于加强农村法制宣传教育工作的意见》，整合律师、法律服务志愿者以及法律援助、公证等资源，开展形式多样的法律进乡村、进社区活动。在村（居）“两委”换届选举工作中，全省各地对镇村、社区基层干部进行学法轮训，村（居）民的法律意识不断增强。

三是创新普法教育的形式，使普法成为民众喜闻乐见的活动。通过法治公益广告宣传，典型案例巡回讲座，在大众传媒开辟案例普法栏目，创作系列法治文化产品，创作高质量的法制类漫画、歌曲、小品、相声等各种为群众喜闻乐见的法治文化产品，用微博、微信引导市民关注和参与法律热点问题讨论，采用法治文化书法大赛、“法治楹联”、“法治格言”、“法治诗词”以及法治节目下乡等形式，力求让群众能够听进去，并转化为一种自觉的行动。例如，深圳通过机场、口岸、市区主干道等重点区域户外立柱广告，电视、地铁、公交移动视讯黄金时段播放法治公益广告等形式，进行普法教育；“东莞普法”创办《法治东莞》专刊，建设“普法候车厅”、“香市法治公园”、“普法绿道”、“法治涂鸦长廊”等。

（二）建立社会诚信机制

随着人口流动节奏加快，新的社会关系建立，传统熟人社会的制约关系瓦解，社会诚信成为各地面临的新问题，使社会治理和社会的良性运转

① 《广东打造六五普法“岭南模式”》，《法制日报》2013年10月26日第1版。

受到很大的挑战。诚信覆盖政治、经济、社会、文化等各领域，涉及道德、法律、制度、管理、服务和信息等诸多方面，良好的信用是经济社会健康发展的前提。社会信用体系是市场体系的重要组成部分，对于降低交易成本、稳定市场预期、达成市场交易、优化资源配置具有重要意义。法治在社会信用体系建设中非常重要，建设社会信用体系离不开法治的支撑和保障。广东作为一个以外向型经济为主导地位的外商聚居地区，诚信原则在国际交往中具有更重要的作用。

社会信用体系的构建需要立法，2013 年 3 月 15 日《征信业管理条例》的施行奠定了信用体系立法的基础，使得失信行为，如市场经济中的制假售假、商业欺诈、销售有毒有害食品、不依法履行商业合同等有法可依。此外，政务诚信建设在诚信体系建设中十分重要，政务诚信对社会行为有着重要的引领和示范作用。

广东省对诚信社会建设高度重视，采取各种措施化解纠纷、维护社会稳定。在诚信体系建设方面，广东省以化解司法执行难为突破口，加快信用体系的建设。广东省于 2009 年建立执行指挥中心。该中心建立了五大工作系统，分别是远程指挥监控系统、被执行人信息查询系统、被执行人信息发布系统、执行要情系统和执行案件信息管理系统。其中，较为重要的两大系统是被执行人信息查询系统、被执行人信息发布系统。前者承担核查被执行人信息的功能，现已经建成了银行开户、户籍、车辆、社保、婚姻、工商、征信、组织机构代码、手机通话位置九个子系统，土地、房产、纳税、计生、证券、出入境信息查询子系统正在建设中。后者则负责公布被执行人不履行债务等失信信息，督促被执行人履行生效法律文书。在此基础上，广东法院还建立了执行联动机制。广东法院诉讼和执行案件信息通过省政务信息资源共享平台与联动单位共享后，联动单位一般无须法院再另行制作法律文书，即应自动启动执行联动程序，采取相应联动措施全面限制被执行人生产、经营、工作和生活。凭借执行信息系统和信息化手段，广东法院实现了信用信息共享，有效地提高了执行效率，财产查询工作量大幅减少，周期明显缩短，人力、物力成本极大降低，查询范围明显扩大。深圳法院在不增加一人一车的情况下，财产调查工作量减少80%，对财产、人员的控制效率提高60%以上，特别是对被执行人财产的排查覆盖能力由原来不足40%提升至90%以上，使被执行人财产无处遁形，被执行人难找、被执行财产难查的局面得到根本性扭转。

东莞还加大律师行业信用体系和市场监管体系建设力度，率先在全省建立“律师队伍诚信数据库”，并向社会公开。中山市则通过开展诚信守法示范企业创建活动，引导企业遵守国家法律法规，积极履行社会责任。

为贯彻落实十七届六中全会关于“社会诚信建设”的精神，广东郁南县率先尝试建设“农村信用体系”的做法，推出了以勿坦村为“试验田”的“信用村”试点。该县以“农户经济发展、守法信约、家庭文明”作为信用考评指标，以家庭为单位评定“优秀、较好、一般、较差”信用等级，农村信用社按农户信用等级发放不同额度的无抵押贷款。在创新社会管理实践中，该县的“社会诚信体系”提供了宝贵的参考样板。

（三）发挥基层组织作用，创新基层治理模式

基层法治意识的培育，是法治社会构建的重要内容。这里所说的基层，既包括乡镇政权机构和农村的村委会，也包括城市的街道和居委会及社区。广东省的基层法治建设主要体现在：实行“法制副主任”、实行村民自治、推行村务公开，用法治思维化解纠纷矛盾。基层政府的法治意识对社会依法治理至关重要。促进基层经济发展，维护基层社会稳定，是依法治理基层的根本目的。

建立“法制副主任”制度，创新社会治理模式。广东省惠州市从2009年开始，就积极探索加强基层民主法治建设，推行村（居）委聘任“法制副主任”制度。“法制副主任”的主要制度安排是，在党委统揽下，动员各方力量，整合法制资源，鼓励基层村（居）委会以自主自愿为前提，通

过聘任法律专业人员，开展法制教育，培育法治精神，解决基层法律问题，推动基层民主自治。“法制副主任”由有法学专业背景或有经验的法律工作者担任，非本村本土人，作为中立无直接利害关系的第三方，容易开展工作。此外，“法制副主任”免费为村（居）群众提供法律服务的公益性质，容易获得村（居）民的信任，在解决矛盾纠纷、维护社会稳定方面可发挥重要作用。村（居）委“法制副主任”制度满足了农村极度匮乏的法律资源需求，提供了农村获取法律资源的快捷方式，弥补了法律专业性与农村生活实践对接的知识空缺，架构了趋于专业和封闭的科层制政府治理与丰富多彩的农村社会现实的沟通桥梁，节约了因思维方式不对路所衍生的治理成本。[①] 同时，“法制副主任”制度有利于培育基层民主法治意识、化解基层矛盾纠纷、满足基层群众法律服务需求、营造学法守法用法氛围、调动多方参与社会治理的积极性。

加强基层民主法治建设，实行基层自治。深圳市完善社区居民代表会议制度、议事协商制度及各项工作制度，充分发挥居民委员会的自治组织功能。通过民主评议会、居民论坛、听证会等多种监督形式，积极拓展政府与居民的互动渠道，增强居委会的监督功能，实现政府行政管理与基层群众自治的有效衔接和良性互动。东莞全市共探索建立了39个社区政务服务中心，初步实现社区行政职能和自治职责的分离。以开展村（居）务公开民主管理示范村（居）创建活动为载体，完善落实“四民主、两公开”制度，不断提高村（居）民主自治水平。

村务公开制度是完善基层群众自治的主要举措，也是广东社会治理的关键。广东省鼓励村民按照农村自治规范管理和公开村务和财务，管好经济活动、管好钱。2012年，全省查处农村基层组织职务犯罪472人，占全部查处职务犯罪总数的14.8%。2013年，人数和比例分别上升到524人与

① 邓新建、章宁旦：《软法之治在惠州的乡土实践》，《法制日报》2014年12月3日。

18.6%，农村涉法涉诉案件也占较高比例。[①] 基层农村职务犯罪呈上升趋势，之所以如此，是因为村级干部缺乏监管，施政透明度不高，因此，亟须推进村务公开。2014 年，广东省人大常委会对《广东省村务公开条例（修订草案修改稿）》进行表决前评估。《广东省村务公开条例》的实施，必将有效防治基层腐败，推进基层民主决策、民主管理与民主监督。

依法治村增强基层政府用法治方式处理问题的能力。推进依法治村后，老百姓出现各种各样的纠纷时，比如权益的纠纷、邻里之间的纠纷，大都会尽量循法律的途径予以化解。以珠海斗门区乾务镇荔山村为例，过去老百姓一闹矛盾就堵路，对当地的交通影响很大。区和镇政府把这个村作为依法治村工作的一个重点，全面推进普法、发展经济、建立健全管理制度等工作。经过法治宣传和教育，村民们意识到堵路的办法是错误的，不仅影响公共交通，也影响本村的经济发展。因为堵路后，集装箱车进不去，村里的工厂无法开工，最终损害的是自己的利益。

（四）发挥社会组织作用，探索社会组织管理体制改革

社会组织是指由公民自发组成，为实现成员的共同宗旨，按照其内部章程开展活动，以便实现组织的目标的社会群体。社会管理是政府及社会组织对各类社会公共事务所实施的管理活动，管理的主体不仅包括政府，也包括具有一定公共管理职能的社会组织。自党的十七大以来就提出要重视社会组织建设和管理，强调并支持社会组织参与公共管理和社会服务。“党委领导、政府负责、社会协同、公众参与”的社会管理格局将是未来一段时间内中国社会管理的基本体制。党的十七大报告首次将社会组织放到全面推进社会主义经济建设、政治建设、文化建设、社会建设“四位一体”的高度。《中共中央关于全面推进依法治国若干重大问题的决定》也提到，要“发挥人民团体和社会组织在法治社会建设中的积极作用。建立健全社

---

① 章宁旦：《把村务监督委员会推到前台》，《法制日报》2014 年 11 月 14 日。

会组织参与社会事务、维护公共利益、救济困难群众、帮教特殊人群、预防违法犯罪的机制和制度化渠道。支持行业协会组织发挥行业自律和专业服务功能。发挥社会组织对其成员的行为引导、规则约束、权益维护作用”。

广东省社会组织发展较快，整体水平处于全国领先地位。截至 2014 年 6 月底，经各级民政部门依法登记成立的社会组织 43619 个。其中社会团体 19918 个、民办非企业单位 23217 个、基金会 484 个，分别占总数的 45.7%、53.2%、1.1%。①

广东省注意利用行业协会的力量，大力推进社会组织民间化，积极扶持和培育发展社会组织。2006 年，中共广东省委、广东省人民政府出台了《关于发挥行业协会商会作用的决定》；2006 年，广东省人大常委会颁布实施了《广东省行业协会条例》；2008 年，广东出台《中共广东省委办公厅、广东省人民政府办公厅关于发展和规范我省社会组织的意见》（粤办发〔2008〕13 号）；2009 年与 2013 年，广东省民政厅先后制定了《关于异地商会登记管理的暂行办法》（粤民民〔2009〕79 号）和《关于进一步促进公益服务类社会组织发展的若干规定》（粤民民〔2013〕111 号）。这些法规政策的出台使广东省逐步建立起与经济社会发展相适应的定位准确、功能齐全、作用显著的社会组织发展体系，形成党委领导、政府负责、社会协同、公众参与的社会管理格局和科学、有效、规范的社会组织监管体制机制，实现社会组织与经济社会协调发展。

广东在全国率先成立了中共广东省社会组织工作委员会，并在全省有条件的社会公益组织中建立党的基层组织，中共广东省社会组织党工委的成立被国家民间组织管理局列为 2009 年全国社会组织管理创新的十件大事

---

① 孙春宁：《先行先试，推进现代社会组织体制建设》，《中国社会组织》2014 年第 11 期。

之一。①

依托社会组织承接政府服务、协助推进政府职能转变。2012 年，广东省政府印发了两批《广东省人民政府 2012 年行政审批制度改革事项目录》，取消、转移和下放行政审批事项 197 项、56 项和 125 项。广东省财政厅出台《2012 年省级政府向社会组织购买服务目录》，共有五大类 262 项事项被纳入其中。多数地市下发了承接政府职能转移和购买服务的资质目录，省级社会组织先后印发三批目录清单，列入目录的全省性社会组织有 716 个。②

如东莞创新社会组织服务管理，加强社会组织培育发展。建立社会组织孵化基地和社会组织培育中心，率先放开社会组织准入门槛，取消 83 项登记注册前置审批，率先实行异地商会、社区社会组织、公益慈善类和工商经济类社会组织直接登记制度。在全省率先开展在异地商会内部建立异地务工人员服务组织。探索成立东莞社会建设研究院，启动实施市级社会创新观察项目，推进社会组织党建工作全覆盖，93%的社会组织建立了党组织。

汕头市作为经济特区，出台了《汕头经济特区社会组织登记管理办法》，颁布实施了《关于进一步加强社会组织监管工作的意见》、《汕头市具备承接政府职能转移和购买服务资质的社会组织目录管理办法（试行）》等一系列政策法规，初步形成了立足汕头特区实际并具有鲜明特色的社会组织工作的政策法规体系，为汕头市社会组织改革创新工作提供重要的法治保障。

（五）重视舆论监督和群众监督，实现公众与管理者的良性互动

拓宽舆论监督和群众监督渠道，支持新闻媒体客观曝光各类违法违纪

---

① 王世国：《广东社会组织发展问题的思考》，《社团管理研究》2011 年第 3 期。

② 孙春宁：《先行先试，推进现代社会组织体制建设》，《中国社会组织》2014 年第 11 期。

行为。引导和规范群众监督的途径和方式，对群众检举、新闻媒体曝光以及网络反映的问题及时依法处理并公布处理结果。

1996 年 8 月，广东省委在《关于进一步加强依法治省工作的决定》中提出要建立舆论监督与党内监督、法律监督、群众监督相结合的强有力的监督体系，将舆论监督工作提到依法治省的高度来审视，尝试将舆论监督制度化。1999 年 5 月 11 日，珠海市在全国率先出台了一项地方性的舆论监督管理办法，即《珠海市新闻舆论监督办法（试行）》。该办法对新闻舆论监督的指导思想、总体目标、范围和内容、基本原则、社会要求、组织领导以及检查和监督等方面的内容做出了规定。2000 年 2 月，珠海市又制定了《珠海市新闻舆论监督采访报道的若干规定》，进一步明确、细化了舆论监督的相关内容。该规定还进一步放宽了珠海市新闻舆论监督的采访范围，指出："只要不涉及国家安全、国家机密及军事机密的……在履行新闻舆论监督职能时，任何单位、部门尤其是公务人员都有责任接受采访，并与之密切配合，如实反映情况和问题，不得以任何借口拒绝、抵制、回避、推诿，或进行人身攻击和打击报复。"

改革开放 30 多年来，广东推进舆论监督工作的丰富实践为全国舆论监督工作提供了宝贵的经验和深刻的启示。首先，必须在改革与稳定的前提下逐步推进舆论监督工作。改革开放极大地促进了广东市场经济和传媒市场的发展，给广东民主法治建设带来了长足进步，为广东新闻媒体创造了一个宽松而富有活力的生存环境，使舆论监督工作得以不断向纵深发展。

广东在积极推动新闻改革和舆论监督的同时，始终把"坚持党管意识形态，牢牢把握领导权"作为建设文化大省的一条基本原则，在以一种宽容的姿态对待新闻媒体的同时，紧紧把握住正确的舆论导向，使新闻舆论监督与社会、政治、经济发展相协调。广东新闻媒体始终立足全局，围绕广东的中心工作来开展舆论监督。无论是进行批评报道，还是组织协商对话，广东媒体都能秉持建设性的立场，正确处理和协调政府与公众的矛盾，使舆论监督有利于问题的解决，有利于全局，有利于稳定。

此外，各级党委注重保护媒体舆论监督的积极性，并把舆论监督纳入民主法治体系，推动舆论监督由“人治”走向“法治”。一般而言，舆论监督普遍面临的一大难题，即对权力的监督容易导致媒体与政府关系紧张。在这一问题上，广东新闻舆论监督的状况相对理想。除了广东省各级政府采取开明的政策和广东新闻媒体注意舆论监督艺术外，主要还是广东省对舆论监督角色和功能有一个准确的认识和定位。目前，广东省舆论监督工作已逐步由“人治”走向“法治”，并有望在地方新闻立法方面在全国率先取得突破。这些舆论监督长效保障机制的确立，较好地保障了新闻媒体的知情权、表达权和监督权。

（六）加强社会治安综合治理，维护社会安全、稳定

《中共中央关于全面推进依法治国若干重大问题的决定》明确规定，“深入推进社会治安综合治理，健全落实领导责任制”。社会治安综合治理是指在各级党委、政府的统一领导下，各有关部门充分发挥职能作用，依靠广大人民群众的参与和支持，通过运用政治、法律、教育等综合手段，预防和打击违法犯罪，治理社会治安秩序，化解社会矛盾纠纷，维护社会稳定的一项系统工程。①

经过30多年的改革开放，广东省的经济社会发展取得了巨大成就，但随着利益分化和矛盾凸显，社会呈现一些不稳定因素，有的地方甚至出现了犯罪高发状态，黑社会犯罪也时有发生，对人民群众的生命财产和社会秩序造成威胁。维护人民群众生命和财产的安全，是各级政权最重要的民生工程之一，广东省各级公安机关在维护全省社会治安大局稳定方面做了大量工作。

首先，建立社会治安综合治理的体制机制。为在10年内将广东建成最

① 华乃强：《社会治安综合治理概念源头考》，《公安学刊》2009年第1期。

安全地区，广东省委、省政府 2012 年出台了《创建平安广东行动计划（2012—2022 年）》，该计划要求分“四步走”，力争经过 5 —10 年的努力，使广东省成为全国社会管理创新的排头兵、社会和谐稳定的示范区、人民群众安居乐业的法治省。各级综治组织健全落实综治领导责任制、部门责任制和目标管理责任制、督查督办机制，促进深化平安建设各项任务落实到各部门、各单位和责任人，切实提高执行力。县（市、区）通过下抓一级、分台阶实施等方法解决综治领导责任制特别是一票否决制实施难的问题，即每年综合各县（市、区）命案发案、重特大案事件、八类严重暴力犯罪案件等十多项指标的考评情况，对社会治安问题严重、尚不够一票否决的县（市、区）进行重点管理，通过定期通报、约谈、挂牌督办等办法限期整改，整改无效的再依法实行一票否决制，收到了很好的效果。

其次，不间断地组织严打专项斗争，依法严厉打击突出刑事犯罪。30 余年来，全省刑事犯罪总量呈现从“跳跃式上升”变为“稳步下降”的总体趋势，年立案总量从改革开放初期的 3 万余起跃升至最高点的 50 余万起以后，近年来进入了一个犯罪总量相对平稳的常态阶段。

再次，广东省大力加强治安防控网络建设，用技术手段推进社会治安综合治理。为适应动态环境社会治安防控的需要，广东省公安机关积极探索创新接、处警机制。1986 年广州市公安局在全国率先建立起“110”报警台，1996 年前后普及全省各地。自 20 世纪 90 年代中期以来，抓住安全文明小区这一社会治安综合治理的有效载体，不断强化小区治安整治，落实群防群治，促进小区安全防范工作。至 2006 年，全省创建安全文明小区 6 万多个，覆盖城市面积 80% 以上。2002 年以来，广东省全面构建以“五张网络”（社会面、重点部位和特种行业、机关和企事业单位、社区、各种边缘地区的防控网络）为核心的社会治安防控体系。

根据《南方日报》发布的《攻坚——珠三角竞争力 2012 年度报告》，东莞市在社会治理方面名列第一。东莞每年将治安工作列为“十件民生实事”之首，其主要做法如下：石龙镇的“智能天网”工程建设和企业风险预警系统建设、南城街道基层警务运行机制改革、厚街镇“视频+门禁”出租屋智能化管理、中堂镇江南社区“平安社区”建设经验。东莞还推广“网格化”管理模式，推动警务前移、警力下沉，提升治安防控能力和警务工作效率。此外，还全面推进“平安细胞”创建活动，积极创建“平安公交”、“平安社区”、“平安校园”、“平安企业”，推进社会治安持续好转，提升群众对社会治安的满意度。

（七）建设完备的法律服务体系

法律服务是法律专业人士为社会提供的法律专业服务，包括咨询、普法、公证、法律援助等活动的总称。构建公益法律服务体系有利于提升全民的法律意识，为法治中国的建设打下坚实的基础。公共法律服务体系是一个政府主导和高度参与的活动，也是多元主体共同参与和协商的活动，政府、社会组织以及专业机构应该根据各自优势和不同阶段的要求进行分工协作。[①] 为落实党的十八大及十八届二中、三中全会精神，2014 年 2 月司法部出台《关于推进公共法律服务体系建设的意见》，指出公共法律服务体系建设的目的就是要努力推进平安中国、法治中国建设，维护社会和谐稳定，同时明确提出了推进公共法律服务体系建设的六个方面的主要任务。

基层法律服务具有公益性、基层性、便民性。[②] 公益性体现在，基层法律服务的对象是农村居民、城市下岗职工、农民工等低收入或弱势群体，使其不因贫困而丧失基本权利；基层性体现在，基层法律服务立足于广大农村乡镇和城市街道；便民性体现在，基层法律服务工作者扎根基层，随时随地为公众提供法律服务。从国家层面看，公共法律体系构建的重点在于建立法律服务网络，完善法律顾问制度。具体而言，相对于城市，建立

---

① 徐尚昆：《推进公共法律服务体系建设的理论探讨》，《中国特色社会主义研究》2014 年第 5 期。

② 胡晓军：《我国基层法律服务的定位与发展研究》，《中国司法》2014 年第 7 期。

农村社区公共法律服务体系，满足社区村民的法律服务需求，是法治社会建设的重要基础。

广东省在为社会提供法律服务方面有许多亮点和经验，值得分析和推广。广东省的社会服务范围基本覆盖了社区、农村乡镇，收费低廉，甚至免费，就近为群众提供了较好的法律服务，其业务总量及服务受众面逐年增长。此外，特别重要的是，基层法律服务在协助基层政府推进依法治理、化解基层矛盾、普及法律常识、整治涉法热点问题等方面扮演了越来越重要的角色，成为政法基层基础工作的重要辅助力量。

1. 实行“一村（社区）一法律顾问”

律师作为专业群体，在解决一些社会问题中具有不可替代的作用。广东省从 2005 年就开始组织律师到农村和社区中开展普法活动，帮助化解村（居）邻里纠纷；2007 年组织农村维稳律师服务团下乡入村（居）；2012 年组织律师事务所与镇街司法所“所所结对”，律师到乡村和街道社区开展公益法律服务。近年来，广东省进一步将法律的触角延伸到基层，探索法律顾问进村（居）的治理模式。广东省委、省政府于 2014 年 5 月联合发文，推行“一村（社区）一法律顾问”制度，让执业律师担任村（社区）法律顾问。“一村（社区）一法律顾问”制度引导群众依法解决问题，取得了很好的成效。在基层社区和农村，发生利益冲突、矛盾纠纷时，很多人都放弃了传统的“暴力相向”、纠缠不休的方式，转而求助驻村（社区）法律顾问，逐步实现矛盾就地解决。

“一村（社区）一法律顾问”完善了农村地区的法律服务，是法治广东建设的基础性工作。从全国的情况来看，城乡法律服务资源配置普遍不均衡，法律服务机构和人员集中在城市，在农村乡镇的执业律师数量稀少，相对于城市居民，农民在承担市场法律服务方面处于劣势。广东省在全省推行的这项制度，使广大农民就近、快捷、低价获取法律服务，偏远、交通不便、法律服务成本高的地区的民众尤其受益巨大。

2. 建立纠纷化解机制

广东经济社会发展先行全国一步，社会矛盾早发多发。影响广东稳定的社会矛盾类型多样，不仅历史积累的各种深层次社会矛盾日益凸显，而且不断涌现新的矛盾和问题。据中国社会科学院法学研究所《2014 年中国法治发展报告》统计，在所有群体性事件中维权类的比例居首位，达到了 55% 之多。2008 年以来，群体性事件更是呈显著增长之势。因此，用法治思维化解纠纷矛盾成为广东省面临的重大任务。2014 年，广东省委部署开展“社会矛盾化解年”工作，开展以涉农问题、涉劳资纠纷、涉环保问题、涉医患纠纷和信访积案等五大领域为重点的专项治理，把化解矛盾纳入法治轨道。2014 年上半年，省、市、县三级信访总量同比下降 1.6%，群体性事件数量同比下降 1.5%，遏制了社会矛盾上升势头，取得了阶段性成效。①

广东省在用法治思维化解矛盾和促进社会稳定方面有许多创新。首先，广东省、市、县三级均建立维稳形势分析研判制度、逐月滚动更新的台账管理机制，定期分析社会矛盾总体状况，准确掌握基层矛盾纠纷动态和特点，为党委政府处置各类群体性事件提供第一手信息，并有针对性的对策措施。

其次，健全基层矛盾化解机制。广东完善多元化纠纷解决机制，开展诉前联调工作，搭建县（市、区）、镇（街）、村（居）三级工作平台，稳固社区调解基础；整合人民调解、行政调解、司法调解三大调解手段，突出加强医患纠纷、劳动关系、征地拆迁等重点领域的专门调解机制建设。注重人民调解的专业性，重点推进大型集贸市场、劳动争议、交通事故、物业管理、消费者权益保护等领域行业性、专业性人民调解组织建设，发挥律师在矛盾化解中的专业作用。如深圳推广人民调解“福田模式”，建立人民调解专家库，动员组织法律工作者和其他专业人士积极参与矛盾纠纷

① 《广东将社会矛盾化解纳入法治轨道》，《南方日报》2014 年 10 月 22 日。

化解。总结推广龙岗区“人民调解进企业”工作经验，探索在不依赖政府资金支持的情况下，推动规模以上企业建立劳动争议调解组织。拓展人民调解工作领域，加强对医疗、交通等领域的人民调解，在部分海岸线、机场等区域新建一批人民调解工作室。东莞全面推广“法官工作室”、“社区法官”、“社区法官助理”、“检察工作联络室”等做法。全市共设立24个诉前联调工作室，建立33个镇街（园区）综治信访维稳中心、597个村（社区）工作站、132个企业工作室。建成网上信访、手机信访、电话信访三位一体的“东莞市网上信访大厅”，在全省率先实现视频信访系统覆盖到镇街。

再次，改革信访工作制度，严格规范信访准入和办理流程。建立信访事项复查复核机制，健全复查复核和终结工作制度。

广东省以法治思维化解矛盾的经验主要为：坚持抓早抓小深入基层，依靠社会力量，强化信法不信访的意识。抓早抓小，明确市县是社会矛盾的集中爆发点，也是解决矛盾纠纷、协调利益关系的关节点和着力点。在化解矛盾的工作中，广东要求基层党委、政府守土有责，基层党委、政府明确主体责任，做到矛盾不上交、不转移、不扩大。坚持抓早抓小抓苗头，最大限度地把矛盾化解在萌芽状态、化解在基层。

依靠社会力量治理社会矛盾既可以发挥基层自治的作用，也可以减轻政府的压力，突破了政府事事都得冲在第一线的困境。广东省鼓励支持社会组织积极参与化解社会矛盾纠纷。目前，全省共建立基层人民调解组织2.6万多个，医患纠纷调解委、交通事故纠纷调解委等各类行业性、专业性调解组织5800多个。

用法治思维和法治手段化解矛盾是维护社会稳定的根本保障。《广东省信访条例》于2014年7月实施，将信访工作纳入法治轨道，规范了信访秩序，维护了信访人的合法权益。通过诉访分离制度的完善，涉法涉诉问题到省上访人次从2013年的第2位下降到第8位，涉法涉诉信访事项逐步退出普通的信访领域。

引导群众树立法治思维，遇事找法、解决问题靠法，逐步强化信法不信访的意识。广东省组织律师到基层乡村和城镇社区担任村（居）委法律顾问，开展法律咨询、法制宣传教育、人民调解、法律援助和提供法律意见等服务，为矛盾化解工作提供法律服务保障。组织律师担任政府法律顾问，参与各级党委、政府及有关部门开展的信访接待、领导接访、基层下访和案件评查等活动。组建专项律师服务团，开展巡回法律讲座、法律体检、法律咨询、法律顾问等多种形式的法律服务专项活动。

六 面临的挑战

改革开放以来，广东在30多年时间内长期扮演试点先锋的角色，在很多领域中不仅为自身的发展探索道路，也成为其他地方的表率。从长远来看，广东的法治建设依然任重道远，面临严峻挑战。

（一）经济发展和法治建设应并重

改革开放以来，广东经济一直保持高速增长的势头，GDP连续25年位居全国之首，国税、地税收入总量连续20年居全国首位。近年来，别的省份不甘示弱，急追猛赶，与广东经济总量差距不断缩小，广东省的经济大省地位受到挑战。2014年，广东、江苏经济总量分列全国第一位和第二位，且差距有不断缩小之势。

目前广东到了发展的三岔路口。这表现为：低劳动力成本的发展模式难以为继；过去追求GDP增长的单一发展模式受到严峻挑战：经济总量大，发展方式粗放，自主创新能力不足，可持续发展堪忧；经济发展快，但社会事业和社会治理相对滞后，民生问题相对突出，省内地区发展失衡。改革开放以前，广东的相当一部分地区工业基础薄弱，经济底子差。改革开放之后，以珠三角地区为代表的部分地域在比较短的时间内通过自身的努力，加上中央和地方的政策扶持迅速发展起来，积累了较为雄厚的经济基础，与此同时也拉大了与粤北、粤东、粤西部分贫困地区的差距，各种社会矛盾和社会冲突凸显，从而加大了社会治理的难度。

要解决这些问题，需要发展经济，同时，法治建设也不可忽视。法治软实力、软环境是推动经济社会发展的制度保障，体制机制创新是实现科学发展效益最好、成本最低的措施。要以抓经济发展的气魄和力度，全面推进广东的民主法治建设，不断提高法治软实力、软环境的竞争力。依法行政和加快经济社会发展应相辅相成，因为，良好的法治环境是实现经济社会持续、健康、快速发展的保障，也是项目建设和招商引资的第一竞争力。总之，广东省需要进一步通过法治和社会主义民主政治妥善协调和化解此类矛盾，在保持一定发展速度的基础上完善利益分配机制，缩小地域和人群之间的发展差距，让最广大人民群众成为改革开放最大的受益者，实现共同富裕。

（二）在先行先试中，坚持法律底线

首先，在改革开放中，一些人尤其是领导干部的头脑中容易产生错误认识，即只要是为了改革开放，不按照仍然有效的法律法规做事也不要紧，只要出发点和结果好就行。无形当中，改革开放试点就变成了突破法律法规的借口，这不利于法治观念的形成和普及。其次，一些具有尝试性和探索性的措施，往往是以位阶较低的规范性法律文件或具有普遍约束力的决定命令为依据的。当这些文件与相关的法律法规不一致时，实际得到执行的往往是这些效力位阶低的文件，长此以往，就形成了“大法不如小法，小法不如文件，文件不如讲话”的实用主义意识。再次，极少数地方领导干部存在打着试点旗号为小团体甚至个别人谋取不法利益的腐败现象。这些人往往把自己的不法行为包装在所谓的改革措施之中，利用先行先试的授权，以权谋私，造成了民众对先行先试的不满甚至反感。

无论在空间上还是时间上，法治本质上都是一种“地方性知识”，制度

是一种具有地方性和时代性的公共产品，手段与目标相匹配是必须首先面对的问题。因此，作为地方立法，地方性法规、政府规章一定要结合地方的实际，要有地方独特的切入点和目标理念，避免大而空和缺乏适用性的问题。地方立法的目标、理念必须与社会现实相契合，既不能过高，也不能过低，并且能够随着现实的发展适时调整。不切实际的目标和理念，无论是过度超前还是明显滞后，都容易产生新的矛盾和冲突，于是原本用于解决问题的手段反倒成为诱发新的社会问题的根源。地方立法应当着力统筹目标理念和社会现实两个方面，从社会现实的可接受性出发，向可能的目标推进。①

（三）解决流动人口输入大省面临的社会综合管理难题

改革开放30多年来，广东不仅扮演了改革开放先锋、先行先试探路者的角色，而且因其善于提供自由发展空间、灵活运用中央政策、不拘一格使用人才，吸引了全国各地的不同层次、不同类型的人员，近年来因不少城市的开放、宜居等特点，还吸引了大量的境外人员。大量的外来人口、境外人口进入广东，并在这里寻求自己的发展空间，对广东的发展起到了推动作用、注入了新的思想和活力，但也为广东的社会治理带来了各种各样新的问题。在广东定居、工作的人群差异之大、社会分层之复杂，就全国范围而言无出其右者，这既使广东省面临着空前复杂的局面，也造成广东地域发展不平衡，社会收入差距较大，给广东的社会治理带来了很多难题。因此，广东在社会治理创新方面需要创出一条新路，突破现有困境，使外来人口、境外人口尽快融入本地社会，使本地人口尽快认同外来人口的贡献，从而共享改革发展的成果。

（四）构建有效的公众参与制度，用法治手段化解矛盾

社会矛盾和纠纷多发仍然是广东省发展的拦路虎。广东省在依法化解

① 刘振刚：《地方立法理念与方法的若干思考》，《行政法学研究》2013年第4期。

纠纷方面有了很多探索，但仍然应探索更有效的途径，其中公众有序参与是较为有效的制度。

从全国的情况来看，公民参与的程度不高、配套机制缺失，一些具体的参与实施制度和环节还不够健全和完善，公众参与的运行程序还不健全、不成熟，一些参与制度大多时候只是停留在空泛的原则上而难以具体实施。广东应该在公众参与方面迈出更大的步伐，包括建立和完善公众参与的相关配套制度及程序，对公众参与的主体范围、参与的程序、方式等做出具体而细致的规定，使公众参与落到实处。听证会是民众参与社会管理的重要载体，广东应当在完善行政听证制度方面更进一步，用制度保证听证会的独立性、公正性和透明度。

另外，在保障公民的知情权方面应有大的突破。政府的所有重大决策过程、结果都需要信息公开，以确保公民的知情权。如果公民对决策活动毫不知情，无论决策多么符合公众的利益，都难以获取民众的信任。公众不知情往往是群体性事件发生的重要导因。此外，政府处理危机的能力也是考验其执政水平的重要标尺，在突发事件爆发后应积极主动与社会公众进行有效的沟通，避免谣言满天，造成社会恐慌，进而对执政合法性造成威胁。

（五）培育和发展表达团体性诉求的民间组织

广东社会组织较多，但由于社会组织、团体还未真正成为政府职能转移的有效载体，社会的自主性及自我组织能力不够强，其参与社会治理的作用尚未得到充分发挥，社会组织的发育和人民群众参与度也与形势发展的要求存在较大的差距。社会组织发展还存在一些问题和困难。例如，政策法规体系不健全、区域发展不平衡、社会组织自身治理结构还不够健全、政府监管体系不顺畅、监管力量不足。随着网络的普及，出现网上结社，如网络非法组织、虚拟组织等“隐形组织”大量出现，给政府监管带来了新的挑战。

广东应及时修订管理法规，适应新形势需要，让社会组织成为社会治理的重要力量。目前，中国社会组织登记管理的中央立法主要是国务院发布的三个条例：《社会团体登记管理条例》、《民办非企业单位登记管理暂行条例》和《基金会管理条例》。其中，《社会团体登记管理条例》、《民办非企业单位登记管理暂行条例》均出台于1998年，内容早已过时，难以适用。国务院应尽快修订社会组织的法规，改进治理观念并增强可操作性。广东省政府也应结合社会组织参与社会管理工作中涌现出的新问题、新情况，加快《广东省社会组织条例》的立法进程，将社会组织发展全面纳入法制化轨道，促进广东社会组织的进一步解放与发展。

在政府职能让渡和服务购买方面，广东需要完善购买社会组织服务管理的规范，推进政府职能转移和购买服务落实到位；出台社会组织专职人员权益保障政策，制定社会组织专职工作人员管理办法，促进社会组织人才队伍职业化和专业化；完善社会组织等级评估考核标准和考核办法，实现政府及社会向社会组织购买服务资质评判标准化等。通过建立和健全社会组织相关机制和制度，为社会组织的健康有序发展提供有力的法律保障，为社会治理提供一支生力军。

（六）加快社会立法，保障各界共享改革成果

广东虽然是经济发展的领头羊，但局部地区重经济增长、忽视社会管理，出现“一条腿长（经济建设）、一条腿短（社会建设）”的状况，教育、科技、文化、医疗卫生、环境保护等社会领域的发展仍然滞后于经济发展。社会治理方面的法规存在空白、漏洞，社会治理的领导体制、考核机制、维稳预警机制及法制保障等亟待完善。

加强社会治理方面的立法。首先，要立社会救助、保险之法，这是实现和保护公民基本人权所必需的基本法律。其次，要立社会事业和管理之法，打破行政机关与专家对管理社会事业和事务的垄断。最后，适时制定矛盾纠纷调解之法，使社会矛盾纠纷调解有据。

完善法律援助基金机制，以满足法律援助制度的需要。2003 年 9 月 1 日实施的国务院《法律援助条例》规定，“法律援助是政府的责任，县级以上人民政府应当采取积极措施推动法律援助工作，为法律援助提供财政支持”。但单一的财政保障机制具有明显的缺陷，财政预算经费标准较低，不能满足法律援助的需要。为了适应新形势下法律援助工作发展的要求，广东省应尝试设立法律援助基金，实行多元化经费保障机制，推动法律服务均等化。

此外，坚持以维权促维稳，努力构建和谐劳动关系也十分重要。广东是工业大省，劳动关系十分复杂。虽然相关部门在劳动关系立法方面有所建树，如出台了《广东省企业集体合同条例》、《广东省人力资源和社会保障厅关于做好企业转型升级过程中劳资纠纷预防处理工作的意见》、《广东省劳资纠纷风险预警办法》、《广东省总工会处置群体性劳资纠纷突发事件应急制度》，但这些法规政策的实施还需要落到实处。

（七）树立科学的政府绩效观，构建完善的评价体系

政府在中国的治理结构中处于强势地位，政绩在部分官员的升迁中有很重要的作用，因此出政绩便成了一些官员追求的目标，遑论政绩的实效或真假。一方面，中国政府官员其政绩、行为的评价还没有形成一个科学、公开和统一的标准体系；另一方面，政策方针常常会因官员职务的变迁失去延续性，一个地方、一个单位换一任领导就换一个思路，政策的不连贯导致了政府在群众中的信任危机。为此，应改革政绩评价制度，强调一个地方经济社会发展的可持续性，并实现领导干部评价的科学化、社会化、公开化，避免一任领导为一己政绩而推翻前一任领导的正确决策，并造成极大浪费的现象。在考核标准上，依法行政应当是评价体系的重要内容，领导干部应用法治思维和法治手段依法治政和行政，法治应具有一票否决的作用；在考核体制上，应引入第三方评价机制，并发挥人大制度和人大代表的作用。广东省作为中国改革的排头兵，有条件也有理由在科学评价

政府绩效方面再做先行者。

七　结语

一个国家要强大，不仅要有强大的硬实力，也要有强大的软实力。一个地区也是如此。法治是软实力的一种，提升法治软实力，有助于推进治理体系和治理能力现代化，必须意识到，法治就是国家治理体系和治理能力的有机组成部分。全面推进依法治国、依法治省需要身体力行，需要跳出陈旧的束缚我们的桎梏和教条，在制度建构和落实上多下功夫。正如习近平同志指出的那样，法律的生命力在于实施，法律的权威也在于实施。目前，制度的构建之于广东省已不是什么问题，其面临的更重要任务则是法律的实施，则在于执法和司法。不仅仅是广东，就全国而言，法律要得到有效实施可以说仍然任重道远。

第一章

依法执政与地方治理的广东经验

习近平同志指出，法治是治国理政的基本方式。法治建设是中国共产党科学执政、民主执政、依法执政的根本要求。推进法治建设就是要更好地强化党的执政意识、政权意识，从制度上、法律上保证中国共产党的领导地位。依法治国是中国共产党领导人民治理国家的基本方略，党既领导人民创制宪法和法律，也领导人民实施宪法和法律，还必须在宪法法律范围内活动，维护中国特色社会主义法治是坚持党的领导的重要体现。坚持中国共产党的领导是建设中国特色社会主义法治国家的根本保证，是依法治国的前提条件，是社会主义民主的内在要求，只有坚持党的领导，才能不断推进和完善社会主义民主和法治。因此，在各地方推进法治建设的过程中也必须加强而不是削弱党对法治建设的领导。

近代以来，广东处于中国社会变革的前沿，引领革新自强之先声。从鸦片战争到辛亥革命再到北伐战争，广东最早受世界发展大势的影响，见证了中国 100 多年来的风云激荡。改革开放以来，广东再次站在了时代发展的前沿，发挥着中国特色社会主义示范区的作用。广东地处改革开放前沿，毗邻港澳，各种社会矛盾和问题暴露得比内地省份更早、更充分。因此，广东在探索法治建设上也走在全国其他省份的前面，率先推行依法治省。广东省在推进法治广东建设的过程中，以提升依法执政的水平为基本出发点，不断加强和改善各级党委在法治条件下的领导能力。广东推进法治建设的经验无疑可以为其他地区提供借鉴和参考。

第一节 坚持“三个有机统一”，推进地方治理现代化

坚持党的领导、人民当家作主、依法治国有机统一，贯穿于社会主义民主政治建设的全过程和各个方面。只有在实践中坚持三者统一，才能坚持社会主义政治制度的特点和优势，从制度和法律上保证党的理论、路线、方针、政策的贯彻实施，不断推进社会主义民主政治制度化、规范化、程序化，实现社会主义政治制度的自我完善和发展，为党和国家的长治久安提供政治和法律保障。近年来，广东各级党委通过完善体制机制，切实发挥党委统筹和协调作用，将党委决策通过各级人民代表大会等民主程序转化为人民意志，实现党委决策讲效率，民主程序依法律，充分发挥党委在协调三者有机统一中的作用，在探索如何实现三者有机统一方面探索了一些新途径、新办法，取得了一定的效果。

一 党委制订规划，全面部署地方依法治理

广东省委在加快法治广东建设过程中，狠抓依法治省工作的贯彻落实，全省法治建设发展态势良好。1996 年，广东省委出台《关于进一步加强依法治省工作的决定》，首次对依法治省工作进行全面部署，提出到 2010 年建立起比较完备的依法治省体制。2008 年 6 月，广东省委十届三次全会做出“全面推进依法治省，加快法治广东建设”的战略部署，从全省经济社会发展的高度，对法治广东建设提出了更高的目标要求。2011 年 1 月，广东省委召开十届八次全会，将法治发展与经济发展摆在同等重要的位置，一并审议通过了《法治广东建设五年规划（2011—2015 年）》（以下简称

《规划》）与《广东省委关于制定国民经济和社会发展第十二个五年规划的建议》。《规划》提出，到 2015 年，广东省将初步建成“地方立法完善、执法严格高效、司法公正、法治氛围良好、社会和谐稳定的法治省”。

《规划》是广东省开展依法治省工作的纲领性文件，其各项规定集中体现了党的领导在开展依法治省工作中的作用与地位。根据《规划》，广东省依法治省领导小组要求，各级党委（党组）要切实发挥在依法治省工作中的领导作用，党委（党组）书记是组织实施《规划》的第一责任人。《规划》提出，要把实施《规划》列入当前和今后一个时期党委常委会的重点工作，每年做出部署安排，定期研究《规划》实施中遇到的重大问题，确保《规划》顺利实施。①

十八大召开以后，广东省委深入贯彻党的十八大，十八届二中、三中全会和习近平总书记系列重要讲话，特别是视察广东重要讲话精神，全面推动实施《规划》。广东省委明确提出要紧紧围绕推进国家治理体系和治理能力现代化的要求，立足运用法治思维和法治方式深化改革、促进发展、化解矛盾、维护稳定，以依法执政为核心，以依法行政、公正司法为重点，积极推进科学立法、严格执法、公正司法、全民守法进程，加快建设法治社会，为广东省全面深化改革、增创发展新优势，实现“三个定位，两个率先”② 的目标提供有力的法治保障。

二 建立和完善各级党委总揽全局、协调各方的工作机制

依法治国基本方略的落实是一项系统工程，涉及方方面面、各个部门，

---

① 参见广东省依法治省工作领导小组发布的《法治广东建设五年规划（2011—2015年）实施方案》。

② “三个定位，两个率先”是习近平总书记在 2012 年末视察广东时，对广东提出的期望，即广东要努力成为发展中国特色社会主义的排头兵、深化改革开放的先行地、探索科学发展的试验区，为率先全面建成小康社会、率先基本实现社会主义现代化而奋斗。

完善的领导体制和工作机制是推进依法治省的制度保证。坚持依法治国只有加强和改善党的领导，坚持党委总揽全局的方针。实践证明，凡是党委重视的、支持的地方，法治工作就会推进得顺畅有序。“总揽全局、协调各方”是党的十五大在阐述依法治国基本方略的时候提出的改革和完善党的领导方式和执政方式所必须遵循的基本原则和基本要求。在2001年9月召开的党的十五届六中全会上，中央第一次明确地把“总揽全局、协调各方”提到空前高度，将其作为中央和地方各级党委在同级各种组织中发挥核心领导作用的“基本原则”。党的十六大进一步把“总揽全局、协调各方”提升为中央和地方各级党委在处理与人大、政府、政协以及人民团体和其他各种组织之间相互关系的过程中正确执行民主集中制的基本要求。

从课题组调研的各地党委机构设置来看，各级党委普遍建立了协调机构。1996年，广东省委成立广东省依法治省工作领导小组，省委书记任组长，省人大常委会主任任常务副组长。领导小组的常设办事机构设在省人大常委会，形成党委发挥领导作用、人大发挥主导作用、“一府两院”发挥执法主体作用、政协发挥民主监督作用的工作机制。与此相衔接，市、县（区）统一成立依法治市、依法治县（区）领导小组，其成员由党委、人大常委会、政府、政协以及法院、检察院的主要领导组成；日常工作由各级人大常委会负责，经费由各级财政划拨，形成了党委统揽全局、协调各方的工作机制。这种工作机制的最大特点是省委统揽法治工作全局，将法治工作放在经济社会发展全局中进行部署，并通过民主程序将党委各项决策法定化、制度化。

领导小组成立以来，广东省委一直做到“三个坚持”：坚持由中央政治局委员、省委书记任领导小组组长；坚持每年召开1—2次领导小组会议，部署当年依法治省工作，以省委办公厅文件印发年度工作要点；坚持依法治省的领导体制，在依法治省工作中充分发挥党委的领导作用、人大的主导作用、“一府两院”的执法主体作用、政协的民主监督作用和人民群众的有序政治参与作用。

广东的“三个坚持”既切实保障了党委“总揽全局、协调各方”的方针，又深入坚持了党的领导、依法治国和人民当家作主的统一，保证了依法治省工作的顺利有序推进。这一机制充分体现了坚持党的领导、人民当家作主、依法治国有机统一的要求，有利于强化省委和各级党委对依法治省（市、县、区）工作的领导，紧密结合常委会的立法、执法监督工作，协调推进“一府两院”依法行政和公正司法，接受人民政协及群众的民主监督，充分调动全省人民有序参与法治建设的积极性，从而在组织制度上为深化依法治省工作提供保证。

三　推进党委决策程序的法制化、制度化

党领导人民制定了宪法和法律，党的路线、方针、政策通过国家权力机关制定成法律，形成国家的意志，以国家的名义在全国范围内施行。国家法律代表了党的主张，体现了全国人民的利益，是保障社会主义现代化建设顺利进行的强大武器，因此，党必须在法律的框架内活动。广东省各级党委高度重视通过民主立法程序将党委决策转化为普遍适用的法律规范，确立了党委对年度立法项目进行审批、法规草案及时报送省委研究审批等制度，确保党委决策与法律制度建设衔接和保持一致。

为了提高各级党委决策的能力和水平，广东在总结实践试点经验的基础上，根据十八届三中全会精神，普遍推行重大事项决策法律顾问制度。以各级党委法规部门、政府法制机构为平台全面设立法律顾问室，探索引入法律助理制度，对重大事项决策进行法律审查，把各级党委和政府行政决策纳入规范化、制度化、法制化轨道。完善规范性文件、重大决策合法性审查机制，在确保法制统一的基础上，建立党委与政府规范性文件备案审查联动协作机制，落实法规、规章、规范性文件报备主体责任。制定

《广东省党内法规制定规则》，扎实做好党内法规和规范性文件的制定、备案、清理工作。

此外，各级党委还不断完善重大决策的规则和程序，建立健全公众参与、专家论证和决策机构决定的机制。凡属于党组织工作中的重大事项，广泛听取广大党员的意见；凡涉及经济社会发展全局的重大事项，广泛听取社会各界的意见；凡涉及公民法人或者其他组织切身利益的重大问题，向社会公告和听证；凡涉及专业性技术性强的事项，认真听取专家意见或经专门研究机构充分论证。推行和扩大决策的投票表决制，落实决策责任追究制。按照决策执行和监督相互协调、相互制约的要求，建立健全决策讲科学讲民主、执行讲效率讲效益、监督讲到位讲实效的各项措施。

四　积极探索协商民主的程序化、制度化

协商民主是中国特色社会主义民主的重要组成部分。我国选举民主与协商民主两种民主形式有着相辅相成的作用。实现两种民主形式的有机结合，是社会主义民主的特点和优势所在，也是发展社会主义民主政治的重要内容。与选举民主不同，我国的协商民主主要通过两条渠道来进行：一是政党之间的协商。共产党作为执政党，经常就国家重大问题直接与参政的民主党派和无党派协商对话，充分听取他们的意见，这些协商意见被吸收到执政党提交给全国人民代表大会的建议中，作为人民代表大会决策和立法的基础。二是政协会议的协商。政协是历史形成的专门进行政治协商的组织。在政治协商会议上，共产党和各民主党派、人民团体、无党派人士及社会各界的代表人士，就国家重大问题进行协商讨论。党的十七大明确提出，要把政治协商纳入决策程序，从而进一步推进了我国两种民主形式的结合，使党和国家的重大决策建立在充分政治协商的基础上，从程序上实现了我国根本政治制度与基本政治制度的成功对接，不但扩大了公民

的政治参与，拓展了民主的社会基础，而且增强了决策的科学性，提高了决策水平，从根本上克服了单纯实行选举民主所难以避免的缺陷。

中国共产党领导下的多党合作与政治协商是我国社会主义民主政治的特色和优势。但在实际操作中，一些地方由于没有科学规范的程序设计，政治协商常常流于主观和随意，想协商就协商、不想协商就不协商，协商归协商、决策归决策。这在客观上削弱了政治协商的作用，甚至使政治协商在一些人的观感中沦为一种可有可无的形式。有鉴于此，2009 年 9 月，广州率先制定出台《中共广州市委政治协商规程（试行）》，把政治协商纳入决策程序，探索完善社会主义协商民主的程序设计和制度保证。2010 年 5 月，在广州试行的基础上，全国首部省级政治协商规程《中共广东省委政治协商规程（试行）》颁布实施；2011 年 8 月，在总结试行经验的基础上，在全国率先制定实施《中共广东省委政治协商规程》（以下简称《规程》），完善政治协商的内容、形式和主要程序，推进协商民主广泛多层制度化发展，拓宽国家政权机关、政协组织、党派团体、基层组织、社会组织的协商渠道。深圳、汕头、梅州、揭阳等九市的规程也相继颁发。

《规程》明确规定，对规定协商的事项，协商必须在党委决策之前、人大通过之前、政府实施之前。各级党委要切实增强政治协商的自觉性、主动性和计划性，发挥在政治协商中的主导作用。在重大决策前的谋划、调研、咨询论证阶段，把听取政协的意见和建议作为重要环节；在党委全委会议、常委会议和政府全体会议、常务会议讨论、研究、决定阶段，把政协的意见和建议作为重要参考；在贯彻实施阶段，把政协的意见和建议作为完善决策的重要依据。《规程》还把“是否重视政治协商”列入广东各级党政领导政绩清单的重点考察内容，有力地推动了各级领导干部的工作程序和方法创新。《规程》的出台和落实，使广东实现了从“关心协商”到“必须协商”，从“可以协商”到“程序协商”，从“软办法”到“硬约束”，从制度建设到制度实践的重大跨越，使多党合作和政治协商工作逐步迈上制度化、规范化、程序化轨道，各项协商活动更加规范、更加常态、更加有效。

五　创造条件让人民群众畅所欲言

广东省创造条件让人民群众广泛参与国家和社会事务的管理，不断扩大公民有序政治参与的渠道，保障人民群众的知情权、参与权、表达权、监督权。

舆论监督普遍面临的一大难题就是容易导致媒体与政府关系紧张。在这一问题上，广东新闻舆论监督的状况相对理想。这其中的原因，除了广东省各级政府采取开明的政策和广东新闻媒体注意舆论监督艺术外，主要还是广东省对舆论监督的角色和功能有一个准确的认识和定位。目前，广东省舆论监督工作已逐步由“人治”走向“法治”，并有望在地方新闻立法方面在全国率先取得突破。这些舆论监督长效保障机制的确立，极大地保障了新闻媒体的知情权、表达权和监督权。这同时也说明一个道理：建立制度化、法制化的配套保障机制，是新闻舆论监督达到“长治”效果的必由之路。

随着信息技术的普及，网络逐渐成为民主法治建设和人民群众发布意见的重要渠道。广东省率先发展网络问政，运用信息技术更快更广泛地反映群众诉求，加快推进领导干部与群众在线交流，就重大决策部署、重大公共事件和自然灾害等网民关心、关注的问题进行在线回复，解疑释惑。同时，推广建立网络民智收集、吸纳机制，组织开展网民网上建言献策活动和网民代表座谈会，向群众广泛征求意见，取得明显成效。

◇第二节　提高党委依法执政的能力

法治是社会主义政治文明的基本标志。改革开放以来，中国共产党围绕着“用什么样的方式治理好国家，如何更好地维护和实现最广大人民的根本利益”这一重大的理论和实践问题，进行了不断的探索，提出并切实贯彻依法治国的基本方略，实现了治国方式“从人治到法治”、“从法制到法治”的巨大转变。

中国共产党是中国特色社会主义事业的领导核心，实行依法治国，核心在于中国共产党自身坚持依法执政。依法执政是当今政党执政的普遍规律和基本的执政方式。所谓依法执政，就是指一个政党依照法律进入国家政权并在其中处于主导地位，且依照法律从事管理活动。坚持依法执政，是全面提高党的建设科学化水平的基本途径。法律是党领导国家权力机关制定的，是党的主张和人民意志的共同体现，是人民权利的制度化、法律化。只有坚持依法执政，才可以有效地避免人治，从法律上保证党的路线、方针、政策的实行，从制度程序上落实立党为公、执政为民的理念，最大限度地维护和保障广大人民的利益，夯实党执政的合法性基础。

为此，中国共产党十六届四中全会专门通过了《中共中央关于加强党的执政能力建设的决定》，强调党的执政能力，就是党提出和运用正确的理论、路线、方针、政策和策略，领导制定和实施宪法和法律，采取科学的领导制度和领导方式，动员和组织人民依法管理国家和社会事务、经济和文化事业，有效治党、治国、治军。党的执政分为三个要素，即科学执政、民主执政、依法执政。其核心要义就是要结合中国实际不断探索和遵循共产党执政规律、社会主义建设规律，领导立法，保证执法，带头守法，支持司法，不断推进国家经济、政治、文化、社会生活的法制化、规范化，使党的领导方式和执政方式不断完善。

一　通过立法实现党的意志与人民利益的统一

依法执政意味着党通过制定大政方针、提出立法建议、推荐重要干部等执政权力的行使，使党的主张经过法定程序变成国家意志，支持和保证人大、政府、司法机关依法履行职能，不断推进国家经济、政治、文化、社会生活的法制化、规范化，从制度上、法律上保证党的路线方针政策的贯彻实施，使这种制度和法律不因领导人的改变而改变，不因领导人看法和注意力的改变而改变，最终实现党的正确领导。

改革开放以来，广东省委高度重视立法工作，加强党对地方立法工作的领导，贯彻落实立法为民的原则，积极探索科学立法、民主立法的机制。广东省依法治省工作领导小组提出立法要良，就是坚持以科学发展观指导地方立法，坚持以人为本、立法为民，立良法、立善法，突出立法重点，创新立法机制，切实将科学发展、维护社会公平正义、实现人民群众根本利益的工作纳入法制轨道，最大限度地保护人民群众的利益，调动人民群众推动科学发展的积极性、主动性和创造性。

广东省委坚持对每届省人大常委会五年立法规划和每年立法计划进行审定批准，加快推进科学立法、民主立法工作。省委强调，立法工作必须结合全省中心工作来开展，加快民生领域、社会领域的立法，从法制上保证党的路线、方针、政策的贯彻落实，坚持以人为本、立法为民的理念，把实现好、维护好、发展好人民群众的根本利益作为立法工作的出发点和落脚点；要适应全面深化改革的需要，加快地方性法规的立、改、废工作，重点抓好深化行政体制改革等方面的立法；要着眼于广东发展的阶段性特征，有效增强立法的针对性；要重视发挥高校和专家学者的智力、专业资源和优势，成立立法咨询专家库；要以提高立法质量为重点，加大立法调研力度，落实立法公开、立法论证、立法听证、立法评估、立法咨询五项制度，发挥地方立法研究评估与咨询服务基地的作用，拓展公民有序参与立法的途径。

二　善于运用法治手段解决现实问题

广东省委强调民主法治是落实科学发展的根本保障，着力运用法治手段解决发展面临的现实问题。省委从全局出发，采取多种措施，将地方立法工作纳入经济社会发展的总体部署，科学规划地方立法总体目标，提出切实可行的保障措施，运用法治手段调整社会关系、解决社会矛盾、规范社会行为，引导推动和保障改革发展的顺利进行。为了推动和保障科学发展，在省委的统一部署下，通过完善和细化相关法律制度，各地区各部门依法放宽市场准入，积极培育各类市场主体，增强市场经济活力，积极做好劳资纠纷调解，出台政府垫支工资款项政策，协调企业破产与厂房租赁纠纷，及时化解国际金融危机背景下部分企业倒闭裁员欠薪引发的社会矛盾和纠纷。

为了落实中央提高各级领导干部依法执政能力的要求，广东省委高度重视提高各级党委依法执政的能力和水平，坚持把法治建设纳入省委常委会工作要点。省委重视不断提升领导干部依法办事的能力，将依法办事作为民主测评和群众满意度评价的重要考核指标。要求各级领导干部把握好法律底线，不断强化法治思维，提高运用法治方式解决社会矛盾的能力。

从实践来看，党委领导干部的人选和任命很关键。为了探索加强党内民主，有效制约权力，十六大前，经中央同意，中央纪委明确提出：地县党政领导班子正职的拟任人选，分别由省、市党委常委会提名，党的委员会全体会议审议，进行无记名投票表决。这不仅是把地方党委常委会一部分决策权划给全委会的改革，而且是“票决制”最具实质意义的重大突破。

把“三重一大”中最关键的一重即“重要干部任免”，交由全委会票决。另外的“两重一大”，即重大决策、重大项目安排和大额度资金使用，也正在逐步交由全委会票决。广东省在这方面先行先试，希望在用人方面探出一条道路。例如，深圳市《党政领导干部选拔任用工作条例》和《规范领导干部初始提名试行办法》明确规定，在认真履行民主推荐、考察、酝酿等必经程序后，对党政正职的拟任（推荐）人选，由党委全委会（党工委会）审议，进行无记名投票表决。《深圳市市管单位领导集体决策重大问题议事规则（试行）》还规定，党政主要负责人不得擅自改变集体研究的事项，只对财务开支和人事工作进行审核和监督，不得在人事管理工作会议特别是干部任免会议上首先表态作导向发言，只能在议事中作末位表态。

三　推进依法行政，建设法治政府

对立法的领导只是党的工作的一部分，更重要的是要将法律付诸实施，而各级政府是法律实施的主体。广东政府法制工作贯穿于改革开放和经济社会发展的全过程，始终围绕党委和政府每一时期的中心工作，服从并服务于改革开放和经济社会发展大局，确保正确的发展方向。30余年来，各级政府法制机构坚持从本省改革发展稳定的大局出发，通过政府立法、政府层级监督，充分发挥政府法律顾问的作用，为广东省改革开放和现代化建设提供了重要保障，政府法制事业也从中得到了长足发展。从民主法治发展的趋势看，进一步完善依法治省的“广东模式”。积极探索法治广东建设的新路子，率先构建起符合省情、充满活力、富有特色的社会主义民主法治环境，为广东的科学发展提供强大的法治保障，是摆在广东面前的重大使命。广东省委以抓经济发展的气魄和力度，全面推进广东的民主法治建设，不断提高法治软实力、软环境的竞争力。从经济发展来看，政府是经济发展的主导力量，法治软实力、软环境是推动经济社会发展的制度保障，体制机制创新是实现科学发展效益最好、成本最低的措施。

广东省委、省政府面对新形势，要充分发挥创新精神，促进法治建设稳步发展，推动经济社会持续发展，不断满足人民群众对建设“法治政府”、“责任政府”和“为民政府”的要求。针对有些人把依法行政和加快经济社会发展对立起来，认为抓项目、抓产值，就可以暂时搁置、忽略法治政府建设，以及少数地方招商引资后，由于法治环境不好，企业没法生存，撤资都撤不走，造成“热情迎商，关门宰商”的恶果，广东省委、省政府明确提出，如果没有良好的法治环境做保障，就不可能实现经济社会持续、健康、快速发展，良好的发展环境是项目建设和招商引资的第一竞争力。法治建设出生产力是广东发展实践得出的重要经验。

法治的核心是依法办事，依法治国理政，保稳定、求和谐、促发展。法治的最终目标是推进经济社会又好又快地发展，更好地安邦定国，维护推进社会与人的全面、和谐与可持续发展。当今世界衡量财富多寡的标准已发生重要变化，形成了以非物质无形资产为主的财富观。法治水平是无形资产的重要组成部分，从某种意义上讲，在主要发达国家和地区，法治建设已与直接创造财富的生产力密不可分。长期以来，人们只看到法治作为上层建筑的组成部分，能间接促进生产力的发展，即通过调整生产关系来推动生产力，却不认为法治能直接作用于生产力。而从科学发展观的角度分析，我们应当认识到法治建设也出生产力，而且是经济、政治、文化和社会建设与发展的重要推动力量，具有规范、引领、评价、保障的重要作用。

广东省坚持以推进依法行政、建设法治政府为己任。政府法制工作是政府工作的有机组成部分，是整个政府工作的重要基础。政府法制工作的根本目标和价值取向，就是实现政府工作的规范化和法制化。30余年来，广东省各级政府法制机构正是围绕这一目标，大胆开拓，积极进取，认真履行在推进依法行政中的统筹规划、部署落实、督促检查、协调指导等职责，扎实推进法治政府建设不断进步和发展。

政府法治是一项发展中的事业。在推进法治政府建设过程中，广东省各级政府适应改革开放和现代化建设的迫切需要，抓住机遇、开拓创新、不断进步、快速发展。广东省各级政府紧紧抓住《行政诉讼法》、《国家赔偿法》、《行政处罚法》、《行政复议法》、《行政许可法》、《行政强制法》和国务院《全面推进依法行政实施纲要》颁布实施的良好契机，创新机制，开拓思路，改进方法，使广东省政府法制建设不断取得新的成效，依法行政工作一直走在全国前列。

广东省还积极探索政府治理体系和治理能力现代化。为了深入推进依法行政，加快法治政府建设，省政府制定了《广东省法治政府建设指标体系》和《广东省依法行政考评办法》，在全省范围内开展依法行政考评工作。广东省委不仅把法治广东建设列为省委常委会重点工作，省委带头依法执政，还加强对各级政府依法行政的领导。在广东省委的领导下，广东省还制定并完善了《广东省各地级以上市经济社会发展实绩考核评价指标体系》，在省直部门和各地级以上市领导班子年度考核民主测评中，设置法治评价项目。

四　支持司法机关依法独立公正行使司法权

中国正处在经济、社会发生巨大变革的时期。30余年来经济的高速发展，推动了社会的巨大变革，大幅提升了人民生活的现代化水平，民众的民主、法律意识也随之不断提高。在社会持续转型过程中，各种各样的社会矛盾层出不穷。这些矛盾解决不好，势必会影响商贸活动安全和经济发展，最终影响社会稳定和谐。社会变革出现的这些现实问题对司法机关提出的要求也越来越高。但司法机关一方面因为其固有的消极性、被动性以及司法人员编制有限、司法程序严格、时间成本高等原因，面临如何应对社会转型期矛盾纠纷凸显的问题；另一方面又面临司法人员素质水平参差不齐、司法腐败尚未根除、司法判决难以有效执行等诸多课题。这些是中国当前及今后一段时期司法改革面临的任务，也是地方司法机关面临的难题和创新的着力点。广东省委对司法工作的领导集中体现在如下几个方面。

首先，加强党委对司法工作的政策性领导。司法是专业性很强的工作，司法公正是司法的核心。如何处理党的领导和司法独立性的关系是广东省各级党委高度重视的问题。广东省委非常明确，党委只能对司法工作提供政策性支持，而不能对司法活动进行干预。

广东省委对司法工作的政策性支持集中体现在《法治广东建设五年规划（2011—2015年）》，其中主要包括：深入推进公正司法；积极稳妥地推进司法体制和工作机制改革，努力建设公正、高效、权威的社会主义司法制度，不断增强司法工作的公信力、权威性，提高人民群众的满意度；规范法官自由裁量权的行使，促进上下级法院裁判标准统一；深入开展量刑规范化试点工作，探索推进量刑制度改革；严格执行案件审理期限制度，积极探索繁简分流和速裁机制，研究建立轻微刑事案件快速审理制度，提高司法效率，降低诉讼成本；加强执行工作，建立健全执行威慑机制和执行联动长效机制，制裁违法规避执行行为；加强公安、检察业务建设，依法严厉打击各种危害国家安全和社会稳定的刑事犯罪活动，积极查办和预防职务犯罪；积极推进阳光审判、阳光执行、阳光检务、阳光警务、阳光狱（所）务制度建设，增强司法透明度；切实维护人民群众的司法知情权、参与权和监督权，保障人民群众的合法权益；加强依法独立公正行使审判权、检察权的保障机制建设；完善法律援助和司法救助制度，健全司法为民长效机制。

其次，党委支持司法机关独立开展司法活动。在广东省委的领导下，广东法院以开放的姿态和探索的精神，大力推进司法改革与司法创新，为完成省委提出的“加快转型升级，建设幸福广东”目标提供司法保障和司法服务。

审判是司法的核心。为了不断提升审判质量，在党委的领导下，广东法院积极进行审判模式创新。广东作为经济强省，随着改革开放的纵深推进，法院受理的案件急剧膨胀，并且涌现出各种新型案件，传统的审判模式由于诉讼程序烦琐、效率低下、专业化程度不高等特点，在应对海量和新型案件的审理时，捉襟见肘。为了提高案件的审判效率，确保公正司法，广东法院率先创新审判模式，包括构建民生案件速裁机制、妥善处理劳动争议案件、促进知识产权案件专业化审判等。

公正是司法的生命线。为了维护司法公正，广东法院加强对法官自由裁量权的限制和规范，完善案件质量的事后评估机制，力求严格审判管理。民商事审判法官的自由裁量权，是指人民法院审理民商事案件，在法律规定范围内、法律规定不具体或在法律没有规定的情况下，对具体案件的程序和实体问题，酌情作出裁判的权力。当前发生裁判尺度不统一的问题多出现在劳动争议、道路交通事故、房屋拆迁和商品房买卖等一些民生案件中。同案不同判会损害当事人的权益，破坏法治统一性、确定性和可预期性，进而影响司法的公信力和权威性。为规范法官自由裁量权，努力实现统一裁判尺度，提高司法公信力，广东省高级人民法院于2009年3月出台了《关于规范民商事审判自由裁量权的意见（试行）》，对民商事审判自由裁量权的适用范围、原则、方法、程序以及目的要求等各个方面作出了具体严格的规定，并确立了民商事案件案例指导制度。

广东省委发布的《法治广东建设五年规划（2011—2015年）》对法院建立社会诚信体系提出了宏观要求。为落实省委要求，广东法院加强了与公安、检察、纪检、国土、房管、工商、税务、银行等部门的协调，推动建立征信数据库，并通过合理运用罚款、拘留、拒不执行生效裁判文书罪等强制性手段强化执行威慑力，增加“老赖”的失信成本。

再次，以党的政策作为诉前联调的政策指导依据。诉前联调，即“诉讼之前的联动调解”，就是利用人民调解、行政调解、商事调解、行业调解等非诉讼纠纷解决方式，在诉讼之前化解矛盾纠纷，促进社会和谐。

诉前联调的政策依据主要有：（1）中共中央办公厅、国务院办公厅转发的《中央政法委员会、中央维护稳定工作领导小组关于深入推进社会矛盾化解、社会管理创新、公正廉洁执法的意见》；（2）中央综治委等16部委联合制定的《关于深入推进矛盾纠纷大调解工作的指导意见》。在实践中，广东诉前联调通过建立“党委领导、政府支持、政法委牵头、综治办协调、法院为主、多方参与”的联合调解平台，组织、协调相关的行政机关、事业单位、社会组织对矛盾纠纷进行调解，将矛盾纠纷调处化解在诉讼之前。广东诉前联调坚持“调解优先”、“自愿”和“依法”三原则，加强诉讼与人民调解、行政调解、商事调解、行业调解以及其他非诉讼纠纷解决方式之间的有效衔接，形成便民、高效、低成本的多元化纠纷解决机制，将矛盾纠纷化解在当地、化解在基层、化解在诉讼之前，为建设幸福广东创造良好的社会环境。

根据广东省社会治安综合治理委员会《关于建立诉前联调工作机制的意见》的要求，广东省各县（市、区）成立了诉前联调工作联席会议制度，各县（市、区）党委政法委书记为联席会议召集人，联席会议成员应由各县（市、区）法院、检察院、公安、司法、劳动、卫生、国土、房管等机关和妇联、工商联以及有关的行业协会、商会、消委会、律师协会等单位的主管领导担任，具体成员单位可由各县（市、区）社会治安综合治理委员会根据本地矛盾纠纷的实际予以确定。诉前联调工作联席会议的主要职责是研究制定和组织实施诉前联调工作规划，协调解决工作中存在的困难和问题，督促检查工作进展情况，全面落实开展诉前联调的各项要求和措施，组织安排调解员的教育培训，为诉前联调工作提供组织保障和经费保障。

广东省开展的诉前联调工作有效遏制了法院民事案件快速增长的态势，

缓解了法院普遍面临的案多人少的压力。2011 年 1—9 月，广东省共受理诉前联调 46440 件，经过调解达成协议 37435 件，调解成功率为 80.6%；其中向法院申请司法确认 31630 件，只有 1027 件需要强制执行，占司法确认数的 3.25%。

◈第三节 有力有序推进党内民主建设

广东省委认识到，加强党委对法治建设的领导必须有序推进党内民主建设，完善对各级党委及其主要领导干部进行党内民主监督的体系机制。为此，广东省委提出，以健全各级党委会议事规则和决策程序为突破口，完善党委讨论决定重大问题和任用重要干部票决制，进一步落实常委会向全委会定期报告工作并接受监督制度。与此同时，还要按照民主集中制原则，着力完善党的代表大会代表任期制，建立健全代表提案、例会、述职评议等制度，健全市、县（市、区）两级党代表联络服务机构，全面推行乡镇党的代表大会常任制。在有条件的地方开展县（市、区）党的代表大会常任制试点。广东省还积极研究制定基层党内民主建设的实施意见，积极推进基层党内民主建设示范工程。健全党内民主议事决策机制，推行党员首议制、提案制、票决制，拓宽党员参与民主决策的途径。

一 对领导干部实行民主测评

鉴于领导干部在依法执政中处于至关重要的地位，广东省出台了《广东省市厅级党政领导班子和领导干部落实科学发展观评价指标体系及考核评价办法（试行）》。该办法适用于省管的地级以上市（以下简称市）党政领导班子和领导干部；市法院院长、市检察院检察长，省委、省政府工作部门及省法院、省检察院（以下简称“省直部门”）领导班子和领导干部的年度考核。对市党政领导班子和领导干部的考核评价包括实绩考核、民主测评和群众满意度；对省直部门领导班子和领导干部的考核评价主要是机关工作效能考评。考核评价工作在省委统一领导下进行。由省考核评价工作领导小组及其办公室承担考核评价的组织实施、综合协调、管理指导等工作。省考核评价工作领导小组办公室（以下简称“省考评办”）设在省委组织部。市党政领导班子民主测评内容按照思想政治建设、领导能力、工作实绩、党风廉政建设四个类别设置。市领导干部民主测评内容包括共同项目和类别项目。共同项目为政治素质和思想道德修养、开拓创新能力、廉洁自律等情况；类别项目按六组职位（市委书记，市长，市委副书记，市委常委、副市长，市法院院长，市检察院检察长）相应设置。市党政领导班子和领导干部的民主测评，结合向市委全委会报告年度工作进行。参加人员一般为：（1）市委委员；（2）市人大、市政府、市政协领导班子成员；（3）市纪委领导班子成员；（4）市中级人民法院，市人民检察院，市委、市政府工作部门，人民团体及市管企事业单位的主要领导成员；（5）县（市、区）党政主要领导成员；（6）其他需要参加的人员。领导班子和领导干部的考核评价工作按以下程序进行：（1）领导班子和领导干部自评，形成自评报告。（2）按程序开展实绩考核、民主测评、群众满意度和机关工作效能评价。（3）征求意见。对各市的考核评价，征求省纪检监察、审计以及相关部门（主要是有“一票否决”权力的部门）意见；对省直部门的考核评价，征求分管省领导及相关部门意见。（4）提出考核等次意见。根据考核评价得分，结合有关情况，省考核评价工作领导小组研究提出考核等次意见。其中领导班子及正职拟评为良好（称职）之外等次的，报省委审定。（5）向考核对象书面反馈考核评价结果。考核对象如有异议的，可在接到考核评价结果通知之日起10个工作日内向省考评办申请复核。省考评办应及时复核，反馈结果。

从处理法治与民主的辩证关系出发，《广东省市厅级党政领导班子和领导干部落实科学发展观评价指标体系及考核评价办法（试行）》规定，考核期内出现下列情形之一的，领导班子、党政正职及分管副职当年不能评为优秀等次：（1）市辖责任范围内发生两次重大或者一次特大安全责任事故的；（2）市辖责任范围内（或部门工作职责范围内）发生重大群体性事件，处置不力，并对社会稳定造成严重影响的；（3）领导班子成员中有受到撤销职务以上处分的；（4）受党中央、国务院或省委、省政府通报批评的；（5）有其他严重问题的。

二 党内民主与公众民主相得益彰

广东省对市厅级领导干部的民主测评机制中还引入了群众满意度指标，以体现党内民主与群众民主的有机结合。群众满意度是指社会各界对市党政领导班子和领导干部工作成效和公众形象的定性评价。对市党政领导班子和领导干部群众满意度的评价，一般在年初市人大、市政协召开例会期间进行。参加评价的人员包括来自基层的、未参加民主测评会议的党代会代表、人大代表、政协委员和科学发展观监督员及其他群众代表。按一定比例确定参评人员，人数不少于300人。根据实际情况，省考评办可委托有关部门或社会中介组织采取入户调查、发放问卷调查表、政府网站评议等多种方式，在社会各阶层干部群众中开展群众满意度评价。

市领导班子群众满意度评价内容包括依法办事、政务公开，基层民主政治建设，机关服务水平和效能建设，群众性文体活动开展，公民道德教育，创建文明城市（村镇）、单位，扩大就业和社会保障，重视群众收入和住房，改善交通和生产生活环境，解决子女入学和医疗卫生，社会治安综合治理，群众信访事件处理，党的基层组织和党员队伍、干部队伍、人才队伍建设，党风廉政建设等情况。市领导干部群众满意度评价内容包括开拓创新与敬业精神，分管工作完成情况，深入基层和为群众排忧解难、办实事情况，廉洁自律和接受监督情况，道德品行、践行“八荣八耻”情况等。

广东省通过大力推行党员首议制、提案制、票决制，为基层民主的发展提供制度基础。为规范党代表工作室（以下简称“工作室”）运行，密切党代表与党员群众的联系，切实发挥党代表作用，广东省根据《中国共产党广东省各级代表大会代表任期制实施办法》、《中国共产党广东省各级代表大会代表联系党员和群众暂行办法》和党内有关规定，制定了《广东省党代表工作室管理暂行办法》和《中国共产党广东省各级代表大会代表办理党员群众意见建议暂行办法》。相关文件要求各地专门成立党代表联络服务机构，建立健全重要情况向党代表通报、重大决策征求党代表意见以及组织党代表调研视察、联系党员群众、参与民主推荐和评议干部等制度。加强基层民主法治建设，健全党组织领导的充满活力的基层群众自治机制，扩大基层群众自治范围，完善民主管理制度，把城乡社区建设成为管理有序、服务完善、文明祥和的社会共同体，力争2015年全省90%以上的村达到民主法治村的标准。

三　完善基层党内民主与基层政权建设有机结合

广东省十分重视有序推进基层民主建设的规范化、标准化，出台《广东省民主法治村创建基本标准（试行）》，要求乡镇党委、政府高度重视民主法治村创建工作，将其列入重要议事日程。村党组织健全，制度完善，领导核心作用得到充分发挥。村民委员会、村民会议、村民代表会议、村务监督委员会等村民自治组织作用有效发挥。村党组织和村民委员会积极开展民主法治村创建工作，制订年度计划和工作措施，成效明显。

细节决定成败。广东省在有序推进党内民主方面十分注重制度设计的细节和可操作性。《广东省民主法治村创建基本标准（试行）》规定，基层党组织和自治组织必须符合以下标准：第一，民主选举规范有序。村民委员会成员、村民代表、村民小组长依法选举或推选产生，选举秩序良好，选举程序规范、合法、公开、公正。村民委员会中应当至少有一名妇女成员，妇女村民代表应当占村民代表会议组成人员的1/3以上。无未经批准自行提前或延期换届选举的行为，无组织或个人指定、委派或撤换村民委员会成员、村民代表和村民小组长的行为。第二，民主决策落实到位。村民会议和村民代表会议依法组成，制度健全，议事规则完善。重大村务事项决策前进行民主协商，实行村民会议或村民代表会议民主决策，并有完整的表决和会议记录等档案。村民代表会议每季度召开一次，并有2/3以上的村民代表参加。第三，民主管理扎实细致。依法制定村民自治章程和村规民约，并根据经济、社会发展适时进行修改和调整。村民自治章程入户率达100%。村委会建立健全岗位责任制度，村委会印章、财务账目、集体财产、用人等管理循规有序。第四，民主监督推进有力。建立固定的村务、财务公开栏，村务、财务公开规范、全面。一般事项公布每季度不少于一次；集体财务往来较多的，财务收支情况应当每月公布一次；重大事项随时公开。村务监督委员会依法建立，职责明确。集体财务收支审批程序规范，财务审计结果符合有关财经法规和政策规定。没有发生因账目不清、财务不公开而引发的群体性上访案件。村主要干部实行任期和离任审计。村干部依法接受村民监督，村民会议或者村民代表会议每年至少对村干部进行一次民主评议。村民委员会每年不少于一次向村民（代表）会议报告工作情况。

四 在地方治理过程中妥善处理党组织与政权组织的关系

广东省委提出，在社会主义民主政治建设上要有新要求，要进一步规范各级党委与人大、政府、政协和其他国家机关的关系，支持人大及其常委会依法行使立法、监督、人事任免、决定重大事项等职权，把有利于推动科学发展的决策政策和成功经验，通过法定程序转化为人民的共同意志；支持各级政府依法行政，规范行政执法行为，加快建设法治政府；支持人民政协围绕团结和民主两大主题履行职能，推进政治协商、民主监督、参政议政的制度化、规范化、程序化；支持工会、共青团、妇联等人民团体依照法律和各自章程开展工作，参与社会管理和公共服务；推进决策科学化、民主化，增强决策透明度，从各个层次、各个领域扩大公民有序政治参与。

以韶关市为例，从1996年广东省委常委扩大会议作出《关于进一步加强依法治省工作的决定》开始，韶关依法治市工作就进入了一个积极实践、大胆探索、逐步从量变到质变、促进依法治市工作有质的提高的新的时期。由于历届市委对依法治市工作的重视，从基层的依法治理到政府的法治建设，再到公民的普法教育等方面都取得了长足的发展，尤其在积极开展地方依法治理工作探索方面，涌现了许多具有浓厚地方色彩的先进典型和先进单位，并主要呈现两个特征。

一是以县（市、区）行政区域为基础的地方依法治理，主要立足于本土的实际情况，重心是构筑以基层依法治理为核心内容的依法治理实践活动，从而达到建立制度、依法规范、有利生产、促进和谐的社会效果。如以建立规范有序制度为目标的乐昌老坪石经验，他们开展的小水利、小水电等方面的有效治理，有力整顿了当地小水电无序开发、无序使用的混乱局面；乳源县洛阳镇总结的双向承诺制度，增进了基层干部和群众的相互信任与支持，从而促进了生产和生活的良性发展，对建立和谐社会和新型干群关系、党群关系仍有很强的借鉴意义；翁源的村民评村官，提供了权力受监督、干部受约束的还政于民的工作思路；南雄经验则充分凸显了地方党委在领导地方依法治理工作中的核心作用，意义十分深远。

二是以政府各职能部门依法规范使用行政权力为特点的政府法治建设，重点是重塑依法行政、执法为民、权为民所用、利为民所谋的政府形象。近年来，政府在以削减行政审批手续为重点的新一轮改革中，使政府行政权力和属于社会中乡管理机构自我管理范围的权力分工进一步明晰，政府不再是大包大揽的管家和婆婆，行政权力的行使初步得到了规范，权力的傲慢与滥用得到了遏制。

再以佛山为例。该市提出，政法委是代表党委领导政法工作的职能部门，所以，政法委在深化司法体制改革中的角色和作用的问题，说到底是司法体制改革中党委与司法机关甚至与国家权力机关（人大）、与行政机关的关系问题。之所以牵涉与权力机关、与行政机关的关系，因为司法体制改革的核心问题，当前目标是省级统筹，日后条件成熟时可能是更加彻底的中央统筹。所谓垂直或有限垂直管辖的关键问题，即人、财、物的问题，如果绕开了权力机关与行政机关，改革就缺少了合法性基础，也注定寸步难行。政法委在深化司法体制改革中的角色和作用，可以概括为：充分发挥党总揽全局、协调各方的领导核心作用，负责改革总体设计、统筹协调、整体推进、督促落实。而如何准确把握上述角色和作用，可根据十八大报告第九章“推进法治中国建设”和第十六章“加强和改善党对全面深化改革的领导”的精神以及党章的规定做如下理解：一要维护宪法法律权威。主要是落实宪法国家机构篇有关维护司法机关依法、独立行使审判权、检察权的规定。二要落实党章总纲有关“党的领导主要是政治、思想和组织的领导”的规定。

第四节　积极落实党务公开

党内民主是党的生命，党内公开是党内民主的重要内容。党内民主建设和权力监督工作离不开党务公开制度的完善。为了提高党务透明度，广东省在市级党委部门层面全面推行党务公开制度，扩大公开范围，规范公开程序，丰富公开形式，提高公开质量。广东省还鼓励区县级党委探索扩大基层党内民主多种实现形式，利用现代信息和通信技术手段，拓宽党员沟通交流、意见表达的渠道。健全基层党员定期评议基层党组织领导班子成员制度，探索建立党员信访举报受理、查核和反馈机制。广东省在推动党务公开过程中，注重强化监督，确保党务公开深入持久。

一　完善党务公开的制度建设

广东省在推进党务公开过程中着力完善“公开”的制度和机制，推动党务公开由“无规可依”向“有章可循”转变。党务公开具有长期性、复杂性和艰巨性的特点，因此，持续推动党务公开，关键是加强制度建设，建立健全长效机制，确保党务公开的科学性与有效性。为此，广东省采取了一系列有针对性的措施。

首先，注重健全党内情况及时通报制度。党内情况及时通报制度是实行党务公开的重要途径和形式。广东省要求各基层党组织制定完善党内情况通报制度，定期召开党代会、党务工作例会和党员大会，办好党建网站，及时公布党员、群众关心的问题，广泛接受群众的监督。

其次，着力完善重大决策咨询听证制度，保障大多数党员、群众的知情权、参与权、选择权和监督权，增强党组织决策的透明性、前瞻性和科学性。为实施该制度，广东省要求各级党组织将涉及本地经济与社会发展、机构改革、与人民群众切身利益相关的重大决策及时适当地向党员、群众公开，使其更好地了解和参与党的事务，以党群互动促进党务公开，切实提高党组织决策的科学性和民主性。

再次，广东省还进一步完善党务公开的监督考核机制，建立健全定期的督促检查和奖励机制，将公开工作列入年度目标责任考核，通过不定期的走访调研、专题检查和年中年末两次集中检查，对照评价体系，实施量化考核，表彰先进、鞭策后进。

最后，广东省还着力建立党务公开的科学评估机制，运用前沿理论和科技手段，形成一套能够从内容、程序、办法和效果等方面对党务公开实践做出科学的评价，便于党务公开工作成效评估，推动党务公开工作不断优化循环的机制。

广东在推动党务公开过程中，注重突出重点，确保党务公开的内容具体直观。省委明确要求，凡是本地区、本单位党员、群众关注的重大事项和热点问题，只要不涉及党内秘密都进行公开。近年来，广东省重点公开了八个方面的内容：党组织决议决定及执行情况、党的思想建设情况、党的组织建设情况、领导班子建设情况、干部选拔和管理情况、党员联系和服务群众情况、党风廉政建设情况，以及根据党员群众要求认为有必要公开的或上级党组织要求公开的其他有关情况。广东省委提出，党务公开的目的是增强党组织工作的透明度，使党员、群众更好地了解和参与监督党内事务，进一步扩大党员、群众对党内事务的知情权、参与权、选择权和监督权，必须引导广大党员、群众参与其中。

二 建设农村党风廉政信息公开平台

深入推进基层党务公开尤其是农村党务公开与党风廉政建设工作，是一项政治性、系统性和实践性很强的工作，对于发展党内民主、加强法治建设具有十分重要的意义。广东省推进党务公开是一个不断深化和发展的过程，具有鲜明的与时俱进的特征，较好地体现了党的十六届四中全会关于逐步推进党务公开的精神。

广东省纪委、省监察厅与省民政厅、省科技厅等10个单位于2009年4

月联合下发了《关于加快建设农村党风廉政信息公开平台的意见》（粤纪发〔2009〕10号），对农村党风廉政信息公开平台（以下简称“农廉信息公开平台”）建设提出了明确的目标和要求。全省各地迅速行动起来，相继建成开通集党务公开、村务公开、财务公开、电子监察等四方面内容于一身的农廉信息公开平台。发展至今，广东省各地已全面实现省、市、县、镇、村五级联网并实时监察。

为全面推进农村党务、村务、财务“三公开”，把农村基层干部行使的权力置于农民群众的监督之下，让权力在阳光下运行，以公开促进农村党风廉政建设的深入开展，实现农村党风廉政信息全覆盖的目标，佛山市于2010年3月启动了农村党风廉政信息公开平台建设工作。该平台是一个以互联网技术和有线广播电视网络为通道，结合视频、短信、语音等多种媒体，对农村财务、村务、党务等相关信息进行公开的综合系统。2010年8月，该平台正式开通，除原中心城镇没有自主经济来源的老居委会以外，其他村委会以及由村委会改革而成的居委会均纳入平台的公开范围。目前，全市五区33个镇（街）所辖村（居）的村务、财务、党务、涉农政策、科学种养等群众关心的事项全部纳入平台全时段公开，并对不同类型的信息按年度、季度、月度和实时等四种方式进行公开和更新。村民随时随地在互联网点击佛山市农村党风廉政信息公开平台的网址（http://nclz.foshan.gov.cn/）或直接输入“佛山村务信息.cn”就可进入农村信息公开平台网页浏览本村信息。

在抓好乡镇（街道）、村（社区）、企业等基层党务公开的同时，广东省还开展了县（市、区）党务公开工作和权力公开透明运行试点，制定县（市、区）党务公开工作实施方案，编制县（市、区）党务公开目录和权力流程图，确定廉政风险点，完善权力运行监控机制，完善权力运行监控合同制，拓展党务公开渠道，全力推动“县权公开”。

第五节　继续深化惩防体系建设

广东省委对推进党风廉政建设和反腐败工作旗帜鲜明、态度坚定、领导有力。各级党委的主体责任和纪委的监督责任进一步强化，反腐败领导体制和工作机制进一步落实，党委统一领导、党政齐抓共管、纪委组织协调、部门各司其职、广大人民群众支持参与的局面进一步巩固，党风廉政建设和反腐败斗争取得新进展，增强了党员干部和人民群众对党风廉政建设和反腐败斗争的信心。

一　突出党委主体责任，推动反腐倡廉建设

广东省委牢固树立不抓党风廉政建设就是失职的意识，始终做到一手抓改革发展，一手抓反腐倡廉。省委常委会经常对全省党风廉政建设和反腐败工作进行系统谋划，多次专题研究反腐倡廉相关工作，推动制定重要法规制度，部署查处党员干部重大违纪违法案件。省委、省政府主要领导带头认真履行第一责任人职责，以上率下，作出示范。省委主要负责同志多次强调，要把反腐倡廉建设作为重大政治责任和政治任务摆在更加突出的位置抓紧抓实，并亲自部署、协调、过问反腐倡廉建设重要工作，带头在领导干部“三纪”培训班上作辅导报告，亲自率领省四套领导班子成员到省反腐倡廉教育基地接受教育。省委还十分重视深入抓好政府系统廉政建设，着力推动政府职能转变，大力推进行政审批制度改革和全省网上办事大厅、公共资源交易中心、行政服务中心建设，努力从源头上防治腐败。省委、省政府其他领导成员切实履行“一岗双责”，认真抓好分管领域的反腐倡廉工作，带头积极参加清退会员卡、清理超标准办公用房等专项行动，

推动解决了一批干部群众反映强烈的突出问题。在省委、省政府的领导和带动下，全省各级各部门领导班子和领导干部抓党风廉政建设的责任意识不断增强，工作力度明显加大，“一把手”负总责、分管领导具体负责，一级抓一级，层层抓落实的责任体系和工作格局得到进一步巩固和发展。

二 强化纪委监督责任，加强对权力运行的监督制约

强化上级纪委对下级纪委的领导，制定落实纪委书记、副书记以上级纪委会同组织部门为主提名和考察的办法，规范下级纪委向上级纪委报告工作和定期述职制度，推动党的纪律检查工作双重领导体制的具体化、程序化、制度化。制定纪检监察机关履职指引，推动转职能、转方式、转作风，集中精力履行好监督责任，既协助党委加强党风建设和组织协调反腐败工作，又督促相关部门落实惩治和预防腐败工作任务，强化对监管者的监督，严肃查处腐败问题。制定落实加强对同级党委特别是常委会成员监督的意见，更好发挥党内监督专门机关作用。注重以制度创新推动党风廉政建设第一责任人履责尽职。在总结试点经验的基础上，在省、市、县开展“下一级党委和同级党政部门主要负责人向纪委全会述责述廉述德活动”。2013 年以来，组织 20 个地级市和省直部门的党委（党组）主要领导向省纪委全会报告个人在执行党风廉政建设责任制、坚持廉洁从政、加强思想道德建设等方面的情况，并接受省纪委委员的民主评议。2013 年，全省共有 188 名党政主要负责人向各级纪委全会进行述责述廉述德。通过开展述责述廉述德活动，强化了对党委（党组）主要负责同志落实党风廉政建设责任制的监督，增强了党委（党组）主要负责同志履行“一岗双责”的主动性和自觉性。积极探索党风廉政建设责任制检查考核和巡视工作有机结合的方式途径，把责任制落实情况列入巡视内容。

三 完善具有广东特色的开放、动态、创新的惩防体系建设工作

广东省纪委牵头代省委起草了《中共广东省委贯彻落实〈中共中央建立健全惩治和预防腐败体系2013—2017年工作规划〉实施办法》（以下简称《实施办法》）。《实施办法》整体框架设计科学，包括总体要求坚持不懈抓好党的作风建设，坚决有力惩治腐败，科学有效预防腐败，加强党对党风廉政建设和反腐败工作的统一领导，强化巡视、派驻和审计监督，凝聚反腐败工作合力等六大组成部分，提出了作风建设、惩治腐败、法制预防三方面的工作目标。同时，注重可操作性和体现广东特色，即突出《实施办法》对全省未来几年全面推进惩防体系建设的引领作用，力求做到科学管用、务实可行，使惩防体系建设与全省深化改革部署相适应，与各项重要改革政策措施相协调，与广东党风廉政建设和反腐败工作步伐相一致。

广东省提出，按照“创新、实干、增效”的要求，加强反腐倡廉的制度建设和制度执行力建设，着力构建具有广东特色的惩治和预防腐败体系。纪委进一步强化责任追究机制，研究制定《广东省党风廉政建设责任制责任追究办法》，运用党纪政纪处分和组织处理等手段，对违反责任制或不正确履行责任制的行为，加大责任追究力度。

通过对全省近五年来公职人员利益冲突问题的调查，广东省委发现90%以上的利益冲突发生在以下六个领域。（1）工程建设领域。主要表现为在规划建设审批、工程招标投标、工程结算等环节，土地、规划、招标投标等部门公职人员非法收受贿赂、礼金，通过审批、许可、提高容积率、变更设计等方式，违规违法为相关企业或业主谋取利益。（2）财政资金领域。主要表现为截留、挪用、挤占、虚报冒领财政资金，截留、隐瞒应上缴的财政收入，设立“小金库”等违反财经法律法规行为。（3）国土规划领域。主要表现为利用职务便利非法批地、低价出让国有土地使用权、擅

自改变用地性质获取非法利益以及滥用职权造成国家和集体重大损失，擅自变更规划、调整容积率获取非法利益，违规干预和插手土地、矿产开发利用获取非法利益等。(4）教育医疗等社会领域。教育领域的利益冲突问题主要表现为违规招生、买卖文凭、权学交易、钱学交易、乱收费、教育采购吃回扣等。医疗领域的利益冲突问题主要表现为暗吃回扣、哄抬药价、分节多收费、恶性竞争病人、收受或索要贿赂等。(5）国有企业经营领域。主要表现为在一些国有企业的主管干部和管理人员，利用监管漏洞，大肆攫取公有资财；违规交易提取巨额“回扣”；低价处置公有资产为私人所有；与不法外商勾结侵吞国有企业资产等。(6）执法司法领域。主要表现为通过私自设卡，滥收滥罚，白吃白要白占；在税费减免及优惠等方面进行创租活动；滥用手中权力，在案件审查、调查等活动中接受请吃、收受贿赂等。

针对现实中存在的问题，广东省着力建设事前预防制度和事中预警制度。事前预防制度重在规范公职人员的行为，防止出现利益冲突。广东省规定，严禁在行使行政审批权和分配使用财政资金过程中搞权钱交易，为个人和小团体谋取利益；严禁利用职权违反规定干预和插手建设工程招标投标、经营性土地使用权出让、房地产开发与经营等市场经济活动；严禁收受与行使职权有关系的单位、个人的现金、有价证券和支付凭证；不准接受企业赠送的股份，不得接受可能影响公正执行公务的馈赠和宴请；严禁在配偶、子女、亲友及身边工作人员职务提升、工作调动、贷款、经商、工程招投标、公费出国（境)、案件查处、司法诉讼等方面，利用职务之便向有关方面打招呼疏通，不得在分管单位和部门安排亲属就业或任职，不准默许或授意配偶、子女及身边工作人员打着自己的旗号以权谋私；严禁用公款为个人建造、购买和装修住房，不得利用职权为本人和他人压价购房；严禁用公款出国出境旅游或变相旅游，不准用公款通过旅游渠道出国出境，不得进行无实质内容的出国考察、培训，不得为亲属出国旅游、探亲、定居和留学向国内外个人或组织索取资助；严禁用公款吃喝玩乐，不得进出与本人身份不符的高消费场所，参与低格调的娱乐活动，不准借婚丧喜庆、治病、出国等事宜敛财；严禁以各种名义经商办企业、在经济实体中投资入股或兼职兼薪，不得为亲属和身边工作人员经商办企业提供便利和优惠条件；严禁利用各种名义和方式到企业及下属单位索要钱、物，不得在企业和下属单位报销应由本人及其配偶、子女支付的个人费用；严禁搞沽名钓誉、劳民伤财的各种“形象工程”、“政绩工程”，不准超编制、超标准配备使用小汽车，不准在各类会议中赠送礼品和纪念品，不得向企业、事业单位摊派会议经费。

四 发挥主要领导作用，切实履行好“第一责任人”职责

广东省提出，党风廉政建设责任制工作是“一把手”工程。各级党委、政府主要领导必须带头执行党风廉政建设责任制，切实履行“第一责任人”的职责。以佛山为例，佛山市委把反腐倡廉工作放到佛山市改革、发展、稳定的大局上统一考虑、统一部署，市委书记亲自审定党风廉政建设和反腐败工作的重要文件，每年对新任职市管干部进行集体廉政谈话，并参加了全省第一批向省纪委全会“三述”活动。市长积极推进“人民满意政府”创建工作，并将党风廉政建设情况作为绩效考核的一项重要指标，发挥绩效管理“指挥棒”的作用，大力推进廉洁高效政府建设。主要领导都经常主动听取落实责任制方面的工作汇报，及时研究解决新情况、新问题，并通过参加“微访谈”等活动广泛听取群众的意见建议。其他班子成员和各区、各单位的主要领导严格要求自己，真正发挥了“第一责任人”作用。同时，各区各单位都建立健全了党风廉政建设责任制工作机构，加强了组织领导，为全市党风廉政建设责任制的落实提供了强有力的组织保障。从佛山市连续两年抽选六个单位“一把手”向市纪委全会“三述”的情况

看，一方面检验了“一把手”落实责任制的成效，另一方面大大促进了“一把手”履行党风廉政建设责任制的主动性。

与之相配合，佛山市委、市政府制定了《市委、市政府领导同志党风廉政建设岗位职责》，明确了市委、市政府领导班子成员的党风廉政建设责任。市党廉办根据实际，及时修订完善党风廉政建设责任目标和岗位职责，并以市委名义下发，接受社会的监督。每年年初，市党廉办根据上级部署要求，对党风廉政建设和反腐败工作各项任务逐项细化分解，明确工作目标、工作措施、完成时限等。各区各单位也按部署制定责任目标和岗位职责，把责任制的目标任务层层分解、逐级落实到基层。按照省的要求，佛山重点抓好市委下一级领导班子及成员执行党风廉政建设责任制情况的检查考核。2011 年，佛山市委组成 11 个检查考核组，由市委书记、市长挂帅，市党政领导班子的党员领导干部带队，采取听取汇报、民主测评、个别约谈、查阅资料、召开座谈会、实地检查、社会问卷调查等形式，对 5 个区和 29 个市直单位落实党风廉政建设责任制进行了检查考核。2012 年，组织五区和市直副局以上单位党政领导班子及成员开展落实党风廉政建设责任制自查和总结报告工作，抽选市公安局等 6 个市直单位党委（党组）主要负责人向市纪委全会“三述”，由市纪委组成 6 个工作小组分别深入被抽查单位，约谈各层级干部 89 人，问卷调查 612 人，广泛听取意见和建议。2013 年，市组成 6 个检查考核组，分别由市纪委、市委组织部党员领导干部带队，抽选 4 个区和 10 个市直单位领导班子及成员，采取书面汇报、民主测评、个别约谈、实地检查、量化评分等方式开展重点检查考核工作。加强检查考核结果运用，将考核结果与干部选拔任用、绩效评价挂钩，如 2011 年就结合换届工作对部分考核结果排名靠后的市直单位主要领导进行了调整。

落实党风廉政建设责任制的关键，在于落实责任追究。广东省要求将党风廉政建设责任制延伸到村一级和乡镇基层站所、企业、学校及医院。

在村委会、医院、学校和企事业单位建立起党风廉政建设责任制，把责任制的目标任务分解落实到基层。目前，基层单位普遍实行党风廉政建设责任制。

在此基础上，广东省有针对性地突出工作重点，以市场监管、公共服务、社会管理等部门为重点推进行业构建，以行政审批、工程建设、土地出让、资金管理等领域为重点推进专项构建，进一步提升体系建设的规范化水平。夯实基层基础，规范乡镇机关权力运行，制定村级集体资产、资金、资源管理措施，探索发挥村务监督委员会作用的有效途径和办法，强化国有企业重要经营领域和关键管理环节的监督，进一步加强高校、公用事业单位、新经济组织、新社会组织和城市社区的党风廉政建设。完善督查机制，制订项目化的管理工作方案，制定实施惩防体系绩效测评办法，做好惩防体系检查考核工作。

第六节　广东探索依法执政与地方治理的经验与启示

中国的民主法治进程历经波折，主要是因为自 1949 年新中国成立之后一段时间内，执政党对法治在国家管理中的作用缺乏充分认识，因而也忽视了对国民和领导干部法律素质和法治意识的培养。今天的法治进步，主要得益于对历史上沉痛教训的反思以及改革开放条件下国际视野的打开，是在内因和外力共同推动下而产生的一种追求，今天的民主和法治进程，是历史和现实的必然选择。法治作为一种社会管治手段和方式，是历史的必然，具有极强的历史传承。从历史上看，不同历史类型的法治，只是主体、指向以及目标有所变化，法治作为社会管制手段和方式的本质并没有改变，不同国家、不同历史发展阶段、不同执政者为了自身的利益和社会要求，都会给法治填充不同的内涵。

一　地方法治建设要从实际出发

中国是一个幅员辽阔、人口众多、拥有多民族的社会主义国家。虽然同属于一种社会制度，但地理环境和区位的差异性，导致经济上的落差很大，即使在同一地区，也会因为经济环境的不同而对地方民主和法治建设产生不同的认识。这种由于经济发展的不平衡状态对民主法治进程的影响，将在相当长的一段时间内，与地方依法治理工作共存。地方依法治理的实质是在党的领导下，地方各级政权组织在国家根本法律、法规的原则基础上所进行的具有管理、完善、稳定、平衡性质的管理活动，从而推动社会进步，推动社会经济发展。

地方依法治理主要是指省（市、自治区）、市（地区、自治州）、县（不设区市、区）三级政权架构的法治实践。这是目前地方权力体系中最重要的三级权力架构。以这三级政权架构为基础，形成国家自上而下的中央集权与地方分权的体制。根据宪法规定，三级地方权力架构在中央的统一领导下，具有施政方面自立、经济方面自主的基本属性。行政框架中，有一整套与中央专属部委相对应，但工作向同级人民代表大会负责，受地方各级人民代表大会监督的行政机构。经济发展，有中央指导下的适合自身经济发展要求的独立发展规划。不仅如此，宪法还授予省和较大的市在不与宪法和上位法相抵触的前提下制定地方法规和地方规章的立法权，这种权力的授予，使地方的依法治理有了更强的针对性和灵活性，同时肯定了地方有效开展依法治理的合法性。

在单一制国家结构条件下，各地方在政治上施政目标统一，但经济发展优势各异，风土民情不尽相同。自古以来，不管是中央政权高度集权时期，还是简政放权相对宽松的发展阶段，地方都无法脱离本地实际盲目追随中央，即使在计划经济的特殊年代，地方仍然保留着一些自己的发展特色。地方不仅是经济实体，也是政治实体，按法治要求，这种实体具有属地性特点。由于依法治理是法律意义上的社会管制活动，因此地方社会发展中出现的各种矛盾和问题成为依法治理的客体有合理性。离开了与地方实际状况的紧密结合，这种治理就变成了无源之水，无本之木。从长远目标看，地方政治、经济、社会、文化管理等方面，都是依法治理工作的内容；而从近期目标看，地方依法治理工作的内容更多是围绕着地方经济建设的目标、老百姓的诉求、社会热点难点等在法律制度内、在法治原则下进行的有限度的管理活动。换言之，当前的依法治理工作主要还处于一种十分现实的实用主义阶段，主要包括几个方面：一是依法行政、建设法治政府；二是促进司法公正；三是开展较低层面的基层民主政治建设的有益探索；四是开展公民的法律宣传和法治教育；五是根据社会管理的现实状况，开展制度建设层面的理论研究等。依法治理工作尚处于起步阶段，对于执政党如何在法治原则下有效开展依法执政这一关键命题，有待进一步加强和深化。

二 地方依法治理的三种状态

（一）主动探索

党委重视或党委的主要领导具有较强的法治意识和观念，是这种实践形态最显著的特点。地方党委主要领导的重视，奠定了地方依法治理工作最根本的保障，才能使地方依法治理的一些措施得以落实，一些目标能够实现，形成依法治理工作所需要的工作合力，调动各方面的积极因素，推动地方依法治理的整体发展。

中国的法治总体上看属于执政党推动型，这一点，胡锦涛同志提出的“三统一”思想已经明确。党委的重视程度，决定了地方依法治理工作的力度、进度、程度和深度。实践证明，凡是地方依法治理工作有特点、有特色的地方，一定是地方党委重视、地方依法治理工作的制度相对健全的地方。尽管法制健全和法治的推进依然不可避免地存在主观、客观、理论基础等方面的局限性，但依法治理目的还是明晰的，将法律作为社会最低的行为规范，进而对人们日常生活的所作所为进行有效约束和管理，达到地方局部稳定和谐，为地方经济发展、社会稳定提供良好环境，是地方依法治理的基本价值追求。为此，地方可以利用宪法赋予的立法权、行政授予的管辖权，在本行政区域内开展有自己特点的地方依法治理的实践活动。

（二）被动接受

这种形态是目前地方落实依法治国方略中普遍存在的一种现实状态。具体的产生原因是多方面的。

首先，是依法治国方略的实行还缺乏制度指引，缺乏一套指导工作的程序，缺乏核心内容的量化和细化。这种状况导致了作为国家治国方略的基本国策在执行中缺乏刚性要求和严谨性，其执行力甚至不如一个政策的执行力度。这就导致了整个社会对法治充满期望，但对法治进程感到迷茫；导致了各个地方、各个部门对法治建设的衡量尺度不一；导致了法治的统一性受到挑战，法律在执行中的差别不断放大；导致了形而上学，实用主义成为很多地方推进法治的基本色彩。

其次，权力和法治的错位，抑制了法治进程。法治需要权力作用的推动，法治的核心目标是权力制约与权力制衡，这是矛盾对立的两面。就我国的现实状况来说，自 1949 年共产党执政之后，权力在高度垄断之下高效运行。这种权力模式创造出了政治、经济和社会发展的辉煌成果，但当法治的指向是制约权力时，权力的适应过渡就需要一个很长的时期。我们今天改革开放的成果，整个过程也是权力经济（计划经济双轨）、商品经济、市场经济的演进过程。全球经济一体化的倒逼因素，是法治需求的重要外因。相比之下，地方法治建设的内因尚未形成与外因接轨的迫切要求，法治进程处于一个被动接受的阶段。

再次，法治进程需要经济基础的支撑。在经济发展压倒一切、法治目标尚不明确的现实状况下，法治的让位成为必然，这就是当前国内一些地方为经济发展不惜浪费资源、付出环境代价、只顾眼前利益、侵犯百姓权益等问题频发的重要原因。在一切为经济发展的口号下，法治和规划成为摆设，在经济指标成为地方党政领导重要考核参数的大背景下，缺乏量化标准的法治评价不得不让位。法治建设如果没有扎实的经济基础，法治的现实操作也很困难。事实上，越是经济发展水平高的地方，越能体会法治建设的重要性，就很好地说明了这一点。

（三）无所作为

这种情况主要从认识上和行为上进行评价。法治建设不是简单的学法、用法，不是简单的依法办事或依法行政。法治是法律原则下权力治理的自我完善、制度和规划的重构。法律和法治的最大区别在于，法律总是无法避免滞后性而需不断修改和完善，而法治的原则具有相对稳定的属性。从这个意义上说，法治原则较之于法律的条款更容易被理解和接受。实践中，依法治理的无所作为有以下表现形式。

一是法治实践的实用主义。在地方和行业的法治进程中，法治意识的确立和实践，往往滞后于行政权力运行。行政权力应受法治规划约束的本质，由于整个社会认识的滞后而显得无关紧要，因而地方和行业的依法治理往往是雷声大、雨点小，进展缓慢。在一些地方和行业，总是把一些实质是地方和行业社会责任的正常工作等同于依法治理，而造成依法治理工作被动。

二是法治实践的官僚主义。由于依法治国的基本方略只有纲领，缺乏细则，因此，地方依法治理的各项实践活动就不得不遵从长官意志，处于领导说了算、因领导人的改变而改变、因领导人的意志改变而改变的无奈之中。这种仅靠领导重视而推动的地方依法治理，或者行业部门的法治建设，既难以持续也不可避免地产生盲目性，甚至可能因为领导者的法治观念淡薄，给地方的依法治理工作蒙上阴影。

三是法治实践的虚无主义。思想上缺乏对法律法规的学习理解，缺乏对法治理念的研究和探索，缺乏对地方依法治理目标的思考；行动上缺乏对地方依法治理工作的全面规划，或只满足于表面的应对，工作没有实质内容，局面无法打开。一些单位和部门的领导，不了解依法治理工作，对上级的任务和要求不求甚解，敷衍了事。尤其是一些行业部门，由于体制上的限制，无法融入地方依法治理工作，成为地方依法治理工作的一个盲区。

就广东而言，无疑是第一种模式的典型代表。从 1996 年广东省委常委扩大会议通过《关于进一步加强依法治省工作的决定》，到 2011 年广东省委全会通过《法治广东建设五年规划（2011—2015 年）》，广东的依法治省在全国有典型意义，不管是工作体制、工作机制，都代表了一种广东敢为人先的创新精神。广东依法治省工作扎实、稳健、规范，体现了科学性和严谨性，其对中国法治进程的意义和影响，是可期待的。

三　广东经验对提升党委依法执政水平的启示

首先，地方依法治理工作需要制度的支持。制度支持是冲破阻碍地方依法治理工作桎梏、增强地方依法治理工作成效的基础。地方依法治理的实践，直接诠释和充实了治国的基本方略，其作用和意义十分重大。中国的法治实践模式在世界的法治进程中具有唯一性特点，因而也没有什么现成的经验可借鉴。当前，在国家尚未有统一的操作细则的情况下，各地根据自身实际探索适合自己特点的工作制度和工作方式是必要的，也是可行的。

广东的法治工作有两个特色：第一，省委、省人大对法治的认识随改革开放深入而不断进步。广东省委、省人大认识到，对外开放是与外来的人士打交道，不能只靠人情。广东一些领导干部在总结经验时坦率提出，“改革开放的形势逼得我们必须讲法治，不是我们觉悟比别人高”。第二，由于广东长期处于改革开放最前沿，很多新的违法犯罪在广东最先遇到，没有成功先例可循，也不能“等、靠、要”，不得不进行制度创新。随着改革开放深入，一些兄弟省市逐渐从不理解、嘲笑到理解广东直至学习借鉴广东。广东认识到，依法治国和体制改革必须在党的领导下进行，这是不容置疑的。但是，党委和政法委不能包办法治工作。党委只关注重大案件；政法委每年协调十几宗案件，主要是影响国家安全、影响社会稳定的案件。

其次，地方依法治理工作需要理念的支持。当前支持有效开展地方依法治理工作探索的理论基础还很薄弱，人民群众以及全社会对如何开展法治实践的认识也有待提高。为此，有必要大力开展各个不同层次的地方依法治理工作的理论探索，增进共识，夯实基础。

广东省在实践中认识到，网格化的管理在农村地区很难推广，只适合城市地区。农村网格化管理只能是概念，效果和问题同样突出，部门之间难于协调，有的地方协调能力强，但多数不行。要用法治观点统领政法工作。农村两委换届，各地做法不一。一些地方提出，只要做法不违反《村民委员会组织法》就可以，不要以政策干预换届工作。率先实现现代化，就要率先实现社会治理体系和社会治理能力法治化、现代化。全国性法律不会因广东出现新问题就修改，要在遵守全国性法律的前提下，进行改革创新。“法不责众”和“人民群众的眼睛是雪亮的”都不是绝对的，人民群众作为群体可能是永远正确的，但局部的“众”不一定是正确的，有复杂的利益因素和思想观念问题。治理违法行为不能只是惩治代表性人物，要让每个违法者都认识到违法就必须承担法律后果。

再次，地方依法治理工作需要党委的强力支持。这既是依法治国、建设社会主义法治国家的基本原则，也是无法回避的客观现实。为此，需要各级党委领导以一种历史责任感和社会责任感，不仅在思想上，更要在行动上支持地方依法治理工作的实践。从广东的实践来看，虽经历了十多年的艰辛努力，初步形成了地方依法治理工作的气候和条件，但是，各级政府对法治建设的整体投入不容乐观。在一些单位和部门，法治建设被边缘化的现象还非常普遍，甚至在某些设区的市，城市总体的法治部署和规划也被束之高阁。这一切都说明，依法治理工作的态势，还是处于一种相对被动的状态。

最后，应防止经济建设与法治建设两张皮，两套思维。防止地方依法治理误入歧途，防止依法治理的主体主次颠倒，防止依法治理名义下和法制名义下的人治，防止缺少法治的极端民主，防止中国法治实践的“速进”与“两化”论，防止法治实践的无所作为。

第二章

加强和改进人大立法、提高立法质量

党的十八大提出，法治是治国理政的基本方式，要全面推进科学立法、严格执法、公正司法、全民守法。十八大以来，习近平总书记多次强调要推进依法治国、建设社会主义法治国家，实施科学立法、民主立法，提高立法质量。张德江委员长在全国人大常委会立法工作会议上和视察广东时发表的重要讲话中亦指出，提高立法质量是加强和改进立法工作的重中之重。

广东省委对法治建设、对立法工作高度重视，把改进立法工作、提高立法质量作为促进广东省加快实现“三个定位，两个率先”总目标的战略举措。为适应新形势、新任务，省人大常委会紧紧围绕中心、服务大局，把提高立法质量作为工作重点，努力推进科学立法、民主立法。

第一节　广东省人大立法概况

一　省人大立法概况

2010 年，广东省委从保障和促进实施《珠江三角洲地区改革发展规划纲要（2008—2020 年）》“四年大发展、十年大跨越”，部署“十二五”

时期广东省国民经济发展规划的全局出发，做出了制订《法治广东建设五年规划（2011—2015 年）》（以下简称《五年规划》）的决策。《五年规划》稿在广泛征求社会各界意见后，提交省委十届八次全会，于 2011 年 1 月 7 日审议通过并公布实施。作为配套措施，省委办公厅还印发了《广东省 2011 年依法治省工作要点》。《五年规划》的实施方案对省人大常委会的立法工作提出了总体要求（见表 2—1）。

表 2—1　《法治广东建设五年规划（2011—2015 年）》省人大常委会法工委任务分解表

五年总体要求	年度计划				
	2011	2012	2013	2014	2015
全面实施省人大常委会立法规划，科学编制年度立法计划，并按计划完成立法任务。加强重点领域立法，更加注重社会领域立法，继续加强经济领域立法、规范政府行为立法及民主政治建设立法，继续完善教育、文化、卫生和城乡建设与管理方面的立法	更加注重促进经济增长方式转变和改善民生的立法，更加注重加强社会服务、社会管理和推动低碳绿色经济发展的立法	根据立法规划部署，确定具体立法工作			
创新立法机制，大力推进科学立法、民主立法，不断提高立法质量。完善法规立法论证制度，创新法规起草、法规清理等工作机制，继续探索和完善人大代表参与立法机制，加大开门立法力度	积极探索立法前评估和审查等立法机制创新工作	根据立法规划部署，确定具体立法工作			

具体而言，在《五年规划》准备、启动和实施期间，省人大常委会着眼于全省中心工作和广东发展的阶段性特征，积极创新立法工作机制，推进重点领域立法，重视发挥高校和专家学者的智力、专业资源和优势，不

断拓宽公众参与立法的渠道，增强立法的针对性和可操作性，为广东省的经济社会发展和法治建设提供了强有力的立法保障和立法指引。

2010 年，广东省人大常委会突出抓好促进自主创新、产业结构优化升级、促进社会和谐及促进资源节约和环境友好等领域立法，全年共审议省的地方性法规和有关法规问题的决定草案 24 项，通过 20 项，审查批准 4 个较大市地方性法规及法规相关问题的决定 14 项。其中，省人大常委会审议通过《关于促进和保障佛山市顺德区综合改革试验工作的决定》，据此，省政府下发《关于佛山市顺德区行政复议工作有关问题的决定》，为广东省深化行政体制改革，推进科学发展、先行先试提供法制保障。为了提高立法质量，保障法制统一，2011 年省人大常委会启动地方性法规立法后评估工作，坚持立、改、废并举，完成对广东省地方性法规的全面清理工作。

2011 年是广东省实施“十二五”规划取得良好开局的一年。省人大常委会确保立法工作服从服务于全省经济社会发展大局，坚持科学立法、民主立法，抓紧制定和修改科学发展急需的法规，一年来审议通过省的地方性法规及有关法规问题的决定 12 项，审查批准广州、深圳、珠海、汕头四个较大市法规及有关法规问题的决定 10 项。同时，根据《行政强制法》的规定，加强对广东省法规中有关行政强制规定的专项清理。加强规范性文件备案审查工作，进一步明确备案审查工作的范围、标准、方式和时间要求，规范工作程序，推动和支持市、县加强备案审查工作和队伍建设。加大法规调研力度，改进法规征求意见的方式，着重在法规重点内容上有所侧重地征求有关部门、专家、公众的意见，增强法规征求意见的针对性、实效性。

2012 年，广东省人大常委会的立法工作围绕省委中心工作，突出民生和社会管理的重点，为经济社会发展提供有力的法规支撑。省人大常委会审议通过省的地方性法规案及有关法规问题的决定案 15 件，共制定法规 4 件、修改法规 33 件、废止法规 2 件，批准广州、深圳、珠海、汕头四个较大的市的法规 9 件，批准连南瑶族自治县单行条例 2 件。省政府制定政府规章 7 件。积极配合“三打两建”专项行动①，加强规范市场经济秩序立法，修订了商品交易市场管理条例等 7 件经济领域方面的法规。

2013 年是实施《五年规划》的中期评估年，围绕全省工作大局，省人大常委会审议省的地方性法规草案 10 项、通过 6 项，审查批准广州等 4 个较大市的法规及有关法规问题的决定 8 项。为了着眼于广东发展的阶段性特征，有效增强立法的针对性，省人大常委会开展立法大调研，赴广东省 21 个地级以上市和 44 个县（市、区），征求各地区各部门和社会公众对立法项目和立法工作的意见。重视发挥高校和专家学者的智力、专业资源和优势，与 9 所高校合作成立地方立法服务基地，选聘 66 名专家学者成立立法咨询专家库，深入推进科学立法。实行法规出台前“六个必须”的规定，增加评估环节，拓宽公众参与地方立法的渠道。

二　立法体制机制创新的广东经验

近年来，为了促进法治广东建设，引领经济社会的发展，提高立法质量，各级人大不断创新立法工作体制机制，涵盖了规划、立项、起草、论证、审议、后评估、备案审查、清理等立法的各个环节，完善了立法论证、立法公开、立法听证、立法评估、立法咨询专家等制度，保障和加强了立法的科学性、民主性。广东省是中国改革开放的排头兵，经济社会已经发展较快，一些城市在推进法治市县创建的过程中，人大积极参与其中，通过发布具有普遍约束力的决议、决定，引领和保障本区域内的法治建设。

（一）广东省人大

广东省人大在立法方面的创新和亮点主要体现在七个方面：一是在完

① “三打”指打击欺行霸市、打击制假售假、打击商业贿赂；“两建”指建设社会诚信体系、建设市场监管体系。

善立法工作制度方面有创新，制定并推进了立法公开、立法听证、立法论证、专家参与、立法评估五项立法工作制度；二是建立地方立法研究评估服务基地，重视法规表决前的评估，即每一个法规在表决前，都要进行一个评估，同时为了保证评估的客观性，引入了第三方评估制度；三是在委托立法方面做了很多探索，信访、工商登记等通过委托起草取得了比较好的立法效果；四是建立立法咨询专家库和专家一对一咨询制度，立法更加科学民主；五是探索建立人大监督与政府层级监督相结合的规范性文件监督新机制，并促进市、县加强备案审查工作；六是改进法规征求意见方式，着重在法规重点内容上有所侧重地征求有关部门意见，突出意见的针对性和实效性；七是立法之后，重视对法规的宣传普及，比如 2014 年 3 月《广东省信访条例》通过后组成了信访条例宣讲团，分 21 个宣讲组，形成了较好的社会反响。

（二）广州市人大

为提高立法质量，广州市建立了一整套科学规范、运行有效的制度体系，经过创新和实践，形成了科学立法十项制度和民主立法十项制度。

科学立法十项制度主要包括：

一是法规立项论证制度。确定了“十立十不立”的法规立项标准，建立了较为完备的论证审查机制。在此基础上，于 2012 年制定了《广州市地方性法规立项办法》，在全国率先建立起可以立项、优先立项、不予立项和废止法规的具体标准体系。从 2013 年开始依据这一标准体系开展更加严格的立项论证，严把立法项目的准入关。

二是立法计划项目库制度。为有效解决因政府不能按时提案导致年度立法计划不能按时完成的困扰，确保人大及其常委会对立法工作的主导权和主动权，广州市于 2011 年建立了立法计划项目库，将立法计划中的正式项目分为审议项目和提案项目。审议项目是当年提交常委会审议的项目；提案项目是当年只提案不审议，提案后存入项目库，提交下年度审议的项目，以确保审议项目全部是在库项目。

三是立法顾问论证制度。广州市于1999年建立了立法顾问论证制度，每届聘请12名立法顾问。制定每一部法规、编制年度立法计划和五年立法规划都举行立法顾问论证会。

四是立法咨询专家论证制度。广州市于2003年建立了立法咨询专家数据库，将本地区各个学科、领域的专家学者纳入数据库，每年进行更新，目前在库专家有500余人，制定每一部法规都召开咨询专家论证会。

五是立法信息汇编制度。广州市于2008年建立立法信息汇编制度，制定每一部法规都委托专业机构编辑《专题信息摘报》，为常委会组成人员和法制委员提供丰富的立法信息和参考资料。

六是实地调研制度。制定每一部法规都到相关部门、单位或者基层社区进行实地调研，掌握实际情况，增强立法的针对性和实效性。

七是立法协调制度。制定每一部法规都要召开有市政府法制办、法规起草单位或行政主管部门、其他各相关行政管理部门、市人大常委会对口工委、省人大常委会对口工委和法工委的有关负责同志参加的立法协调会，对法规草案逐条进行讨论和协调。

八是统一审议制度。广州市人大法制委执行这一制度，坚持对法规条文逐条审议、一个法规三次审议，严把法规的合法性、合理性和可行性，成效显著。

九是立法后评估制度。广州市是全国最先开展此项工作的城市之一，1997年就对当时的全部64件地方性法规进行了全面评估。2011年首次采用量化评估标准体系对《广州市城镇房地产登记办法》进行了评估。2012年制定了《广州市人大常委会立法后评估办法》，首次建立了由合法性、合理性、操作性、实效性、协调性和规范性等六个部分构成的评估指标体系，并按百分制量化各个部分的权重分值。

十是法规清理制度。近两届市人大常委会围绕《行政许可法》的颁布实施、建成中国特色社会主义法律体系和《行政强制法》的颁布实施，开展了三次大规模的清理。此外，近年来还编写了《立法业务指南》、《立法工作手册》和《工作文章汇编》等业务用书，实现了立法工作的高效率和工作流程、立法文书的标准化、优质化。

为保障立法的民主性，广州市形成了一整套内容科学、程序严密、有效管用的民主立法制度体系，具有民主立法方式的多样性、民主立法参与主体的广泛性、民主立法过程的充分性和民主立法成效的显著性等四个特点，主要包括：

一是召开专场征求意见座谈会。这是广州市人大常委会立法过程中采用最多的一种民主立法方式。制定每一部法规都分别召开征求管理相对人、人大代表、政协委员、政府相关部门、社会组织等各方面意见的专场征求意见座谈会。

二是书面广泛征求意见。制定每一部法规都发函征求市政府相关部门、市政协社法委、市法院、市检察院、市各区和县级市人大常委会以及相关社会团体、行业组织的意见。除了就法规草案整体征求意见以外，还就法规中的重大或者疑难问题，专门发函征求市政府和相关单位的意见，做到每修改一稿都征求一次意见。

三是在《广州日报》等媒体上公布法规草案征求意见。凡是与人民群众利益关系密切的或者比较重要的法规都在《广州日报》公布，公开征求意见，在公布法规草案时一并公布法规草案注释稿，同时刊登征求意见重点问题提纲。

四是在网络广泛征求意见。从 2003 年开始，所有的法规草案都在市人大常委会门户网站上公布，公开向社会征求意见。在制定与人民群众利益关系密切的法规时，还在互联网知名门户网站上开展立法民意调查。从 2008 年起至今，已将《广州市城市管理综合执法条例》、《广州市养犬管理条例》、《广州市违法建设查处条例》等近十件法规草案在著名门户网站上进行民意调查。2012 年在腾讯网和新浪网开设全国人大系统第一个立法官方微博，将所有立法信息和立法项目都在微博发布和讨论，同时制定《广州市人大常委会立法官方微博管理办法》，规范微博的日常运作和管理。截至 2014 年 6 月底，立法官方微博共发布消息 211 条，相关微博立法信息被转发和评论 500 多万次，添加关注的网友 8 万余人，引起了较好的反响，提高了公众参与地方立法的便利性和实效性。

五是委托社会组织开展立法民意调查。制定与人民群众利益关系密切的法规时，委托广州社情民意研究中心、国家统计局广州调查队等单位进行民意调查，收集来自社会各方面的意见，并进行专业分析，提出立法民意调查报告。

六是举行立法听证会。2002 年，制定《广州市人大常委会立法听证办法》，规定在制定涉及市民群众切身利益的法规时，必须举行立法听证会听取公众意见。听证会的陈述人和旁听人在报纸或互联网上公开征集，除设置听证陈述人陈述这一主体程序外，还专门设置辩论程序、听证人询问和旁听人提问程序，听证会由广州电视台全程现场直播。从 2010 年开始尝试以市人大专门委员会的名义举行立法听证会，使立法听证会朝小型化、经常化的方向发展。在 2013 年举行全国首个网上立法听证会，在制定《广州市社会医疗保险条例》的过程中，在大洋网上举行为期七天的网上立法听证会，网上点击量高达 1220.84 万人次，网友参与投票和评论 6353 人次，发表意见、建议和评论 919 人次，创造了广州市公众参与的历史之最。

七是借助“羊城论坛”收集意见。广州市人大常委会与广州电视台合办的“羊城论坛”，是广大市民参政议政、公开讨论时事的重要平台。市人大常委会借助和利用这一平台，让市民发表对地方立法的意见和建议。

八是扩大公众有序参与渠道。为进一步提高公众参与立法的便利性、参与率和实效性，市人大常委会法工委于 2012 年制定了《广州市公众参与地方立法指南》，通过明确规定公众参与的途径、步骤、方法、要求和市人大常委会提供的各项服务与便利，引导公众在网上查阅法规草案文本提出意见、通过立法官方微博参与立法讨论提出意见、参与网络问卷调查、参与接触互动式立法民意调查、参加立法座谈会和立法听证会等。

九是着力强化立法论证会、座谈会的公开性。在制定涉及市民切身利益的法规过程中，将各种论证会、座谈会向新闻媒体开放。

十是建立公众意见采纳与反馈机制。对于公众提出的意见，市人大法制委员会在统一审议时均逐条研究，常委会审议时也对公众意见进行研究，凡可采纳的意见，均予采纳。在法规正式公布实施后，在网络等媒体上向公众反馈采纳意见的情况，激励公众持续参与。

第二节　建立科学的立法工作机制，规范立法程序

要提高立法质量，必须不断改进工作机制和工作方法，大胆探索，不断创新，建立健全符合实际需要和立法工作规律的工作机制、程序和方法。

一　加强立项工作机制建设

法规立项工作是保证立法工作有目的、有步骤进行，提高立法质量必不可少的重要保障。随着依法行政、依法办事的理念逐步深入人心，各方面都非常重视法制建设，立法的积极性都很高。但是法不是万能的，并不是所有的问题都要用法去解决。哪些社会关系需要用法律法规调整，哪些项目是构建中国特色社会主义法律体系所急需的、必须抓紧制定的，需要地方立法机关按照轻重缓急进行统筹规划，对有限的立法资源做出科学、合理的计划安排。

（一）编制立法规划和立法工作计划

1. 编制省级五年立法规划

为制定真正管用的法规，省人大常委会高度重视立法规划编制工作，成立了由省人大常委会办公厅、法制委员会、常委会法制工作委员会、省政府法制办公室组成的立法规划编制工作领导小组及办公室。省人大常委会在编制立法规划时坚持以下指导思想：高举中国特色社会主义伟大旗帜，以邓小平理论、“三个代表”重要思想、科学发展观为指导，紧紧围绕实现“三个定位，两个率先”的目标任务，根据广东省经济社会发展情况和实际需要，加强重点领域立法，注重各方面法规制度的协调发展，推进科学立法、民主立法，加强立法工作组织协调，着力提高立法质量，解放思想，开拓创新，通过立法贯彻落实省委关于经济社会发展的重大决策和部署，在法治轨道上规范和推进各项工作。同时，省人大常委会在确定法规项目时还应遵循和体现以下原则：第一，坚持围绕中心、服务大局；第二，坚持以人为本、立法为民；第三，坚持从省情和实际需要出发；第四，坚持统筹兼顾、突出重点；第五，坚持国家法制统一。

本届省人大的五年立法规划所选择的立法项目主要来源于七个方面：一是省人大常委会2008—2012年立法规划项目中尚未完成的项目；二是根据全国人大五年立法规划，在新制定或修改法律之后，应制定或修改的地方性法规项目；三是省人大常委会开展“新形势下人大立法工作如何为广东改革发展稳定创造良好法治环境”专题调研所收集的立法项目；四是书面征求各地级以上市人大常委会、省直有关部门、在粤全国人大代表、省人大代表意见反馈的情况；五是已列入2013年立法工作计划的项目；六是2014年初省“两会”期间，人大代表、政协委员就立法方面提出的议案、提案和建议；七是公开征求意见时社会公众反馈的建议和意见。经归并整合后，以上七个方面提出的法规建议项目，共有263件。

省人大常委会按照立法规划编制的指导思想和原则，在全面调研、科学论证和反复协调的基础上，确定了3类共89件法规（包括2013年立法工作计划项目）作为立法规划项目：第一类是条件比较成熟、任期内提请审议的法规项目52件，其中修改法规27件，新制定法规25件；第二类是需要抓紧工作、条件成熟时提请审议的法规项目21件；第三类是需要有关方面研究论证，视情况做出安排的法规项目16件。

上述立法规划项目主要包括五个方面：一是以改善民生和创新社会管理为重点的社会领域立法，包括《广东省社会组织条例》、《广东省信访条例》、《广东省救灾条例》、《广东省企业集体合同条例》等法规。二是以加快转型升级，完善市场经济体制为重点的经济领域立法，包括《广东省商事登记条例》、《广东省信息化促进条例》、《广东省实施〈中华人民共和国招标投标法〉办法》、《广东省实施〈中华人民共和国土地管理法〉办法》等法规。三是以规范行政行为、促进政府职能转变为重点的民主政治领域立法，包括《广东省行政审批管理监督条例》、《广东省预算审批监督条例》、《广东省地方立法条例》等法规。四是推进资源节约型、环境友好型社会建设的生态文明领域立法。包括《广东省环境保护条例》、《广东省珠江三角洲大气污染防治条例》、《广东省城乡生活垃圾分类与处理条例》等法规。五是推动科学、教育、文化、卫生事业发展的立法。包括《广东省科技成果转化促进条例》、《广东省社会科学普及条例》等法规。

2. 制订年度立法工作计划

为了落实五年立法规划，省人大常委会在广泛征求意见、深入调查研究、认真论证评估、充分统筹协调的基础上，制订了2014年立法工作计划，根据立法的迫切性、可行性，立法条件成熟度，法规起草进度等因素，确定27件立法项目。其中，继续安排审议的法规案5件，提请初次审议的法规案13件，预备项目9件，另有法规清理项目。法委、法工委按照常委会的工作部署，加强立法规划和立法工作计划的组织实施，按照任务、时间、组织、责任“四落实”的要求，主动加强对法规起草工作的组织协调和督促落实工作，加强与法规草案起草单位的沟通联系，及时掌握起草进展以及起草中的重大问题和意见，积极督促、推动有关方面做好法规起草工作，保障立法规划和立法工作计划的有效执行。

3. 广州市法规立项工作机制

2012 年 7 月 31 日，广州市为规范和加强地方性法规立项工作，增强立法项目的针对性和实效性，进一步提高立法质量，根据《广州市地方性法规制定办法》（2010 年修正）的有关规定，制定《广州市地方性法规立项办法》。该办法适用于制定、修改、废止广州市地方性法规年度计划项目的建议、论证和确定等工作。其立法项目的来源主要包括两个方面：一是法工委于每年 6 月向市委办公厅、市政府办公厅、市政协办公厅、市人大常委会各工作机构、市中级人民法院、市人民检察院、市各民主党派和市总工会、共青团、妇联、残联等人民团体、有关社会组织、各区县级市人大常委会、市人大常委会组成人员、市人大代表等单位或者人员发函征集下一年度的立法建议项目；二是法工委在网站、立法官方微博或者报刊上向社会公开征集立法建议项目。

征集立法建议项目时，立项办法还确立了“十立十不立”的法规立项标准，并依据标准严把立法项目的准入。所谓“十不立”是指：一是不是急需、可立可不立的不立；二是没有新的内容、照抄上位法的不立；三是已纳入规章制订计划的不立；四是主要制度或主要内容与上位法相抵触的不立；五是立法目的不明确、不知道要解决什么问题的不立；六是没有解决问题的制度或措施、难以实现立法目的的不立；七是主要内容或制度脱离实际、难以操作和执行的不立；八是制度、措施与既定目标比例失衡，虽可操作，但效益低下或者没有效益的不立；九是上位法拟废止或正在修改的项目不立；十是法规草案稿不成熟的不立。

立法项目的征集时间不少于两个月。同时，依照征集函的要求，向市人大常委会报送制定或者修改地方性法规的建议项目的单位，应当提交立项建议书、法规草案建议稿和注释稿、立项论证报告、调查研究情况和各方面的意见汇总、相关理论研究成果及背景资料和相关法律、法规、规章、政策文件汇编等材料。法工委应当在前期征求意见、立项协调、专家论证和调研调查的基础上召开立项论证会议，按照标准和要求对年度立法计划建议项目逐一进行论证、审查和筛选，拟定年度立法计划项目，形成年度立法计划草案稿。

（二）深入开展立法需求调研

加强调查研究是走进基层、接触群众、了解民意最直接的方式，地方立法涉及的制度事关广东省经济社会发展和群众的根本利益，必须深入基层、深入群众，了解真实情况。2013 年 4—6 月，围绕“新形势下人大立法工作如何为广东改革发展稳定创造良好法治环境”的主题，省人大常委会组成了 5 个调研组，分赴全省 21 个地级以上市开展调研，实地考察 44 个县（市、区），走访 40 个镇（街）、17 个社区（村）、14 个综治信访维稳中心和 10 家企业，听取基层单位、人大代表、专家学者、大学生村官和社会公众的意见和建议。基层干部群众从经济、社会、文化、生态环保和民主政治等各个领域和不同层面对立法工作提出了 137 条意见建议。

在调研的基础上，立法规划编制工作办公室全面研究分析了广东经济社会发展进入新阶段后所反映出的社会新需求和人民新期盼，并经广泛征求意见、认真论证评估、充分统筹协调，制订了《广东省十二届人大常委会立法规划》，确定 3 类共 88 件法规作为立法规划项目。其中，人民群众关注的《广东省信访条例》、《广东省企业集体合同条例（修订）》已补充列入 2014 年立法计划，农民关心的集体资产、土地等问题涉及的法规也纳入了立法规划。

（三）立法规划项目论证

在征求立法项目和调查研究的基础上，结合有关方面提出的立法建议项目，立法规划编制工作领导小组办公室将起草立法规划征求意见稿，并向提出立法建议的有关单位和人员征求意见。在此基础上，省人大常委会将召开立法规划项目论证会，由省人大各专门委员会、常委会各工作委员会、省政府法制办的有关同志和全国人大代表、省人大代表、立法咨询专家等组成三个论证组，对法规项目进行论证。省直有关部门和单位分别对各自负责起草的法规进行说明，论证组对法规项目中涉及的问题进行询问，并按照立项的原则、标准和要求，分别对拟立项法规的必要性、合法性、可行性进行充分讨论、分析和研究，提出处理意见。领导小组办公室将根据论证意见形成立法规划建议稿，进一步研究修改后，形成立法规划草案提交省人大常委会审议。

二　创新法规起草工作机制

法规起草是立法工作的关键环节，直接影响立法的质量。广东省、市两级人大，积极探索多元化的法规起草模式，有效调动和利用了社会立法资源。

（一）委托第三方起草法规

为了有效调动和利用社会立法资源，提高立法草案质量，省人大常委会探索、建立了委托第三方起草法规的工作机制。2013 年 8 月，省人大法委将社会关注度高、涉及人民群众合法权益的《广东省信访条例》委托中山大学、暨南大学、广东外语外贸大学地方立法研究评估与咨询服务基地分别起草。三所高校立法基地分别起草，各自拿出一个法规草案；省人大常委会负责法规起草的统筹协调和督促、指导工作，组织有关高校开展立法调研；省信访局按照省人大常委会的要求，配合三所高校立法基地做好法规起草工作，为起草法规提供方便。此后，广东省人大常委会又将《广东省救灾条例》委托华工和广州大学起草，将《广东省工商登记条例》委托华工、广外、韩山师院三个立法基地起草，将《广东省社会组织条例》

委托给中大、广大、广东海洋大学三个立法基地起草，将《广东省环境保护条例》委托给暨大、韶关学院、嘉应学院三个立法基地起草。

委托第三方起草法规的工作机制，一方面，拓宽了法规起草途径，形成了良性竞争机制，突破了以往由立法机关和政府机关起草法规的既定模式，有利于提高公民的有序参与；另一方面，法委、法工委按照常委会的工作部署，加强对法规起草工作的组织协调和督促落实工作，加强与法规草案起草单位的沟通联系，及时掌握起草进展以及起草中的重大问题和意见，积极督促、推动有关方面做好法规起草工作，有利于立法工作的统筹协调。

（二）重视听取各方面意见

为了使法规符合地方的实际情况，能立得住、行得通、真管用，在法规起草过程中要加大立法调研力度。对于涉及面广、情况复杂、意见分歧大、关切人民群众利益、社会关注度高的立法项目开展广泛、深入的调研工作。

为提高调研的实效，必须带着需要解决的问题，有针对性地选择调研题目，深入基层，全面收集所需的资料信息，并对调查所获得的第一手材料进行研究分析，做到情况明、问题清、数字准、难点透，使立法更好地反映实际情况，能够解决实际问题。如《广东省信访条例（草案）》在起草过程中，不仅注重发挥专家学者的作用，而且更加注重广泛深入听取社会各界的意见，赴21个市开展调研，赴省外和港澳地区调研考察，出访泰国、新加坡、澳大利亚期间，学习考察了其公民申诉制度的有关情况。还召开了120多场座谈会，其中专门召开基层上访群众座谈会，听取上访群众对信访立法的意见。

（三）增强法规草案的针对性

法的制定必须从调整社会关系的客观实际出发，符合实际生活的需要。在立法过程中，能否准确把握矛盾焦点的实质，科学合理地规范所调整的社会关系，增强法规的可操作性，是提高立法质量的关键。

提高立法草案的针对性就要直面矛盾，抓住人民群众、社会关心的热点、难点和焦点问题，回应关切、重点突破，切实维护人民群众的切身利益。如对人民群众关心的《广东省失业保险条例》，抓住提高保险待遇这个重点，关注相关规定的制度设计，提出修改完善的建议，使人民群众共享改革成果，真正得到实惠。据估算，新条例实施后，失业人员平均每月可领取的失业保险待遇将由2012年的908元增加到1236元，增长36%。

三　规范和完善审议机制

根据《立法法》和有关文件的精神，具有立法权的地方人大都依法设立了法制委员会作为统一审议的机构。近年来，广东省人大常委会法制委员会充分发扬民主，规范和改进法规审议的方式方法，努力完善审议机制，在维护法制统一、克服部门利益倾向、提高立法质量方面进行了积极的探索。

（一）增强法规审议的针对性

法规是否规定得明确具体、是否符合实际是统一审议中关注的重点。法规条文过于原则、过于抽象，就会操作性缺乏。因此，法规审议必须扎根于现实生活、接地气：第一，建立和完善常委会组成人员参与立法调研的制度，根据常委会会议审议情况，邀请常委会组成人员就审议中提出的问题开展专题调研，深入基层、深入群众、深入实际，广泛听取意见、掌握立法的第一手资料，为提高法规审议质量打好基础。第二，能具体尽量具体，能明确尽量明确。如审议《广东省安全生产条例》时，对补充细化有关部门职责的规定提出修改完善意见，修改后的法规进一步明确了监管部门重点检查内容、日常检查要求、监管隐患排查等具体措施，力求把政府安全生产监管责任落到实处。

（二）创新法规表决前评估制度

立法论证和表决前评估是提高立法质量的重要环节，是把握好出台时机、提高法规的可执行性的重要保证，也是本届省人大常委会学习新一届全国人大常委会立法工作的一个新举措。

立法论证的主要做法是邀请专家、学者、实务工作者和人大代表对立法中涉及的重大问题、专业性问题进行论证，根据论证情况对法规草案做进一步修改，并根据论证会会议纪要制作论证报告，提交常委会会议作为审议法规案的参考。表决前评估的主要做法是地方性法规案提交表决前，从人大代表、专家学者、利益相关方和有实际工作经验的人员中选取代表，对法规案出台的时机、立法可能产生的社会影响、可能影响法规实施的因素和问题等进行预测和研判。同时，委托广东省立法研究评估与咨询服务基地开展评估，提出评估报告。省人大常委会法制工作机构根据各方意见形成评估情况的报告，印发省人大常委会会议作为审议法规案的参考。

2013 年以来，列入审议的《广东省安全生产条例》、《广东省行政审批管理监督条例》等法规案，均严格按照该制度安排向社会各界全面公开征求意见，开展立法前评估，受到社会广泛关注，使立法过程成为引导社会舆论、凝聚各方共识、普及法律知识、增强法制观念的过程，也成为立法机关提升工作水平的过程，为法规正确、有效实施营造了良好的社会氛围。

四　创建立法后评估制度

立法后评估，是指评估实施单位根据立法目的，结合经济社会发展要求和上位法制定、修改、废止等情况，按照规定的标准和程序，对现行地方性法规的立法质量、实施效果进行评价的活动。

（一）开创之举

2011 年 4—8 月，广州市人大常委会对《广州市城镇房地产登记办法》

进行了立法后量化评估。这是首次采用量化评估指标体系对地方性法规进行的立法后评估，具有开创性意义。

为保障评估工作的顺利进行，广州市人大常委会法工委在2011年4月启动了评估的准备工作：一是制订评估工作方案。二是成立评估组织，包括由7名常委会组成人员、4名法制专业代表小组代表共11人组成的评估组和由5名常委会立法顾问、3名立法咨询专家共8人组成的专家组。三是建立量化评估指标体系。由于本次立法后评估是首次采用量化评估指标体系进行评估，因此研究建立量化评估指标体系就成为首要任务。为此，法工委组织专门力量进行讨论研究，根据《广州市城镇房地产登记办法》的内容，从合法性、合理性、可操作性和实施效果四个方面分别草拟了评估指标和量化评分标准，经反复研究修改，先后十二易其稿，形成了量化评估指标体系。该体系包括合法性、合理性、可操作性和实施效果4个一级评估指标和50个二级评估指标。根据量化评估指标体系设计制作了评估组评分表、专家组评分表和法规实施部门评分表。四是设计了三套调查问卷，委托市统计咨询中心进行民意调查。五是在《广州日报》、《南方都市报》、《新快报》和广州市人大信息网等媒体上发布评估公告，动员市民群众参与。六是通过新闻媒体公开邀请15名市民代表参加征求意见座谈会。七是通知法规实施部门对立法质量和实施情况进行评估。

本次立法后评估的方式主要包括：法规实施部门对立法质量和法规实施情况进行评估并提交实施情况报告，评估组和专家组联合听取法规实施部门汇报，参加各方面征求意见座谈会听取意见，实地调研，委托广州市统计咨询中心开展民意调查和评估组、专家组、法规实施部门分别量化评分等。经评估，认为《广州市城镇房地产登记办法》没有与《物权法》等上位法相抵触，内容较为公平合理，制度设计具有较强的针对性和社会适应性，可操作性较强，立法质量较高，实施效果好。该法规颁布施行以来，房地产登记工作较之以前更加规范、便民、高效，“办证难”问题明显缓解，“一房多售”和“重复抵押”问题得到有效解决，房地产交易安全和房地产权利人的合法权益得到有力保障。但也存在一些问题和不足，如与《物权法》的衔接还不够紧密，宣传效果还不够理想，部分区、县级市房地产登记机构对《广州市城镇房地产登记办法》的理解不尽一致，导致执行标准不尽一致。

（二）建规立制

2012年9月，广州市为规范和加强市人大常委会立法后评估工作，适时掌握法规的制定质量和实施效果，促进立法质量提高，制定了《广州市人大常委会立法后评估办法》（以下简称《立法后评估办法》）。该办法共26条，对评估主体和对象、评估准备工作、量化评估指标、评估方式和评估程序、评估成果的应用等作了较为全面、合理的规定。

按照《立法后评估办法》的规定，市人大常委会法工委为组织实施立法后评估的综合工作部门，负责立法后评估的组织实施工作，包括编制年度评估计划、制定评估指标、组织开展评估等。地方性法规施行五年以内应当进行一次评估，但立法后评估办法施行前制定的地方性法规，由法工委另行制订评估计划，按计划组织评估。对一件法规可以进行全面评估，也可以对其中的部分制度或者部分内容进行评估，包括只对法规设定的行政许可、行政强制或者行政处罚进行单项评估。

开展立法后评估应当成立评估组和专家组。评估组由部分市人大常委会组成人员、市人大代表和市人大常委会相关工作机构的部分工作人员组成，必要时可以邀请市政协委员、公众代表、专家学者等参加；专家组由部分市人大常委会立法顾问和立法咨询专家组成，必要时可以邀请其他专家学者、法律实务工作者参加。评估指标由合法性、合理性、操作性、实效性、协调性、规范性六部分构成。各部分的权重为：合法性15%、合理性25%、操作性25%、实效性25%、协调性5%、规范性5%。

（三）大力推进

《立法后评估办法》第 6 条规定，法工委应当于每年 12 月制订下一年度立法后评估计划；第 7 条规定，地方性法规施行五年以内应当进行一次评估。据此，从 2013 年开始，广州市每年选择三件左右的法规按法定程序和方式进行立法后评估，并将立法后量化评估作为常态化工作予以大力推进。

2013 年，根据市人大常委会年度工作要点的安排，法工委委托华南理工大学广东地方法制研究中心对《广州市大气污染防治规定》、《广州历史文化名城保护条例》和《广州市生态公益林条例》等三件法规进行了立法后评估。2014 年又选择了《广州市市容环境卫生管理规定》、《广州市城市轨道交通管理条例》、《广州市城市供水用水条例》和《广州市安全生产条例》等四件法规进行了立法后评估。

第三节　扩大立法参与，体现立法民主

立法的过程，实质是不同利益的整合、协调和平衡过程。平衡各种不同利益要求的最好办法，是让各方利益代表都能参与到立法过程中来，把各自的利益要求都充分地表达出来，然后加以整合、协调、平衡。这样才能使制定出来的法规正确反映和兼顾不同方面的利益要求，才能使法规更加有效地实施。为此，广东省人大在立法过程中，充分发挥人大代表、立法顾问、专家学者和社会公众的作用，努力实践开门立法、民主立法。对于制定和修改的法规项目，采取公开征求意见、书面征求意见，召开座谈会、论证会等方式广泛听取社会各方面的意见，充分保障了立法的民主性。

一　大力推进立法信息公开

早在1999年4月，福建省人大常委会就在《福建日报》上公布了《福建省保护商品房屋消费权益条例（草案）》。紧随其后，深圳市人大常委会2000年4月也公布了《经济特区物业管理条例（修订草案）》。此后，地方立法草案的公开数量越来越多，公开渠道越来越广，终于促成了法规草案从个别公开走向普遍公开，开启了中国立法民主化的新局面。

（一）立法信息公开制度

立法公开是立法参与的基础和前提。广州市人大常委会充分意识到立法民主的重大意义，利用媒体平台，不断创新立法信息公开方式，积极拓展立法信息公开渠道，获得了很好的社会评价。

一是在《广州日报》等媒体上公布法规草案征求意见。凡是与人民群众利益关系密切的或者比较重要的法规都在《广州日报》上公布，公开征求意见。而且，在公布法规草案时一并公布法规草案注释稿，同时刊登征求意见重点问题提纲。二是2012年，在腾讯网和新浪网开设人大系统第一个立法官方微博，将所有立法信息和立法项目都在微博发布和讨论。三是从2003年起，所有的法规草案都在市人大常委会门户网站上公布，公开向社会征求意见。在制定与人民群众利益关系密切的法规时，还在国际互联网著名门户网站上开展立法民意调查。从2008年起，已将《广州市城市管理综合执法条例》、《广州市养犬管理条例》、《广州市违法建设查处条例》等近十件法规草案在著名门户网站上进行民意调查。

（二）立法信息汇编制度

广州市于2008年建立立法信息汇编制度，制定每一部法规都委托专业机构编辑《专题信息摘报》，内容充实，包括“现状背景”、“焦点探析”、“条例对比”和“参考借鉴”四个栏目，为常委会组成人员和法制委员会委员提供了丰富的立法信息和参考资料。

将每部法规的《专题信息摘报》都印发常委会组成人员和法制委员会委员，起到了提供信息、开阔视野、辅助决策的良好作用。目前《专题信息摘报》的发放范围还未扩大到全体代表。如果随着立法民主的要求和发展，《专题信息摘报》的发放范围逐渐扩大到全体人大代表、扩大到相关利益人，那么这些专业化的、针对性的立法信息，将会更好地发挥效果，为立法公开、立法民主和立法质量奠定坚实基础。

二　健全立法公众参与制度

（一）拓展公众参与渠道

将涉及人民群众切身利益和地方经济社会发展大局的法规草案公开向社会征求意见，拓宽人民群众参与地方立法的途径，是民主立法的关键之举。广东省人大立法特别重视公众的参与度，经过多年的探索和发展，形成了一套常态化、制度化、规范化的法规征求意见工作机制。每一项提请常委会审议的法规，除了书面征求在粤全国人大代表、省人大代表、地级以上市人大常委会、省直有关部门、地方立法基地和高校联盟、立法咨询专家的意见外，还要在广东人大网、立法专网上公开征求意见。除了一审时要征求意见外，二审、三审时也要征求意见。

为了利用网络新媒体平台，充分发挥互联网微博在民主立法方面的功能，提升公众对立法的参与度，提高立法的民主性和科学性，广州市人大常委会在新浪网和腾讯网设立立法官方微博，用户名为“广州人大立法”（网址分别为：http：//weibo. com/gzrdlf 和 http：//t. qq. com/gzrdfw）。2012年5月，广州市人大常委会出台《广州市人大常委会立法官方微博管理办法》，规定下列立法工作或者活动应当通过立法官方微博向社会公开，通过微博征集立法建议、征询公众意见、讨论立法内容、解答立法询问，征集参加立法听证会和征求意见座谈会的与会代表的意见等：（1）立法计划、规划项目征集及论证；（2）法规案征求意见；（3）立法调研；（4）常委会或者专门委员会对法规案的审议；（5）法规案的通过；（6）法规的批准及公布；（7）立法后评估；（8）法规清理；（9）回应公众的立法意见；（10）其他需要发布微博信息的立法工作或者活动。

（二）创新立法听证制度

创新立法听证制度，完善立法听证程序，使立法听证向经常化、制度化的方向发展，是保障立法民主的重要举措。为扩展立法听证的公众参与度，增强立法听证的效果，广州市人大常委会在全国开创先河，建立了网上立法听证制度，受到了社会的广泛关注，吸引了众多网友参与，大大拓展了立法听证的社会影响和公众参与度，听证成效显著，成为广州市人大常委会创新地方立法工作机制、大力推进网上民主立法的一次成功实践。

2012年11月28日至12月4日，根据常委会领导的指示和2012年度立法工作计划的安排，经常委会主任会议决定，广州市人大法制委员会和常委会法制工作委员会在大洋网成功举行了《广州市社会医疗保险条例》立法听证会，在全国开创了网上立法听证的先河。

《广州市社会医疗保险条例》与广大市民群众的切身利益密切相关，是社会各界普遍关注的立法项目。此次立法听证项目的听证事项有三：一是具有本市户籍的城乡居民是否都应当强制参加社会医疗保险，如果部分人拒绝参加社会医疗保险应当如何处理；二是职工缴纳社会医疗保险费的最低缴费年限应规定为多少年较为合理；三是如何加强对社会医疗保险违法行为的监督管理。辩论议题有二：一是规定所有居民都应当参加社会医疗保险是否合理、可行；二是规定职工社会医疗保险基金和城乡居民社会医疗保险基金分别建账、统筹使用、统一核算是否合理。听证参与人为市人大常委会组成人员、市人大法制委员会组成人员和经济委员会负责人。为动员广大市民群众和社会各界人士关注和积极参与网上立法听证活动，法工委于2012年11月7—14日通过广州日报、大洋网、市人大信息网和常委会立法官方微博，向社会发布公告和消息，公开征集听证陈述人，共有118位市民、群众报名。

听证会收到了远超预期的效果，一是18位陈述人和多达56位的听证人充分陈述和听取了立法意见。二是众多网友积极参与，最广泛地收集了民意。网友对陈述人的观点投赞成票的5172人次，投反对票的262人次，发表评论的919人次，网上点击量多达1220.84万人次，创造了网络民主立法公众参与的最高纪录。此后，《广州市城市房屋拆迁管理办法》、《广州市生猪屠宰和生猪产品流通管理条例》、《广州市社会急救医疗管理条例》、《广州市社会医疗保险条例》等立法项目都组织了网上立法听证。

网上立法听证会与以往的传统模式听证会相比具有十分突出的特点和优势：一是打破了传统听证模式的时空局限，显著提升公众参与地方立法的便利性。传统模式听证会都是在固定场所举行，受时间和空间的限制，只能邀请较少的听证人、陈述人和旁听人到某一固定场所参加听证，听证时间只有半天。相较于传统模式听证会，网上立法听证会特色显著、优势突出，听证人、陈述人和广大网友均无须到某一固定场所，无论是在办公室还是在家中、路途中，无论是在白天还是在晚上，均可随时上网参加听证会，所有网友都可以通过网络媒介观摩和参与听证会的全过程。这一听证模式的创设，为公众参与地方立法提供了最大的便利。二是拓展了民主立法的深度和广度，显著提升民主立法的实效性。过去召开传统模式听证会，陈述人发表观点和辩论的时间、次数十分有限，除为数不多的陈述人外，广大公众无法参与。而网上立法听证会则不同，陈述人进行陈述、辩论和网友发表意见的场所不受限制，听证会时间增加了十余倍，大大扩展了征集民意的时间和空间。正因为如此，广州市民主立法的深度和广度得以大幅拓展、民主立法的实效得以大幅提升。

（三）发布公众参与立法指南

为在立法工作中更加广泛地征求公众意见和认真研究采纳公众意见，

并使公众更加明确如何参与立法活动，给公众参与立法提供更多的便利，确保公众意见和建议及时、充分表达，广州市人大常委会法工委于2012年制定了《广州市公众参与地方立法指南》（以下简称《指南》），为公众参与立法提供了详细的“路线指引”。《指南》明确规定公众参与的途径、步骤、方法、要求和市人大常委会提供的各项服务与便利，引导公众在网上查阅法规草案文本提出意见、通过立法官方微博参与立法讨论提出意见、参与网络问卷调查、参与接触互动式立法民意调查、参加立法座谈会和立法听证会等。具体而言，《指南》包括三部分内容。

一是立法信息发布。市人大常委会编制五年立法规划、年度立法计划和制定每一部法规，都会在《广州日报》、网络媒体和市人大常委会立法官方微博（以下统称“媒体”）上发布征集五年立法规划建议项目、年度立法计划建议项目和征求法规意见的公告，并在市人大常委会门户网站（http：//www. rd. gz. cn）上公布征求意见的法规草案或法规修改草案及其注释稿。

二是征求意见方式。征求公众意见的方式包括：在媒体发布立法信息，在网络进行问卷调查，现场开展立法问卷调查，召开立法座谈会，召开立法顾问、立法咨询专家论证会，召开立法听证会（包括网络立法听证），通过市人大常委会立法官方微博进行立法讨论。

三是参与方式。参与立法活动的方式分为自行参与、报名参与和邀请参与三种。

可见，《指南》对公众如何参与各种立法活动，包括如何获悉立法信息等都提供了明确、具体的指引，为最大限度地发挥《指南》的引导作用，吸引公众关注、参与立法工作，市人大常委会法工委还组织开展了一系列宣传活动。

（四）建立公众意见采纳与反馈机制

任何人都不愿意重复没有效益的行为，因此，如果一个人在参与决策过程中提出的意见不被考虑，或者没有被充分地尊重和考虑；如果他的参与对决策结果的影响力几乎没有，或者比较小；那么他的政治效能感就会受到挫折，参与的积极性也会减退。因此，对公众在参与立法过程中提出的意见和建议，建立分析采纳和反馈制度，是提高公众立法参与积极性的重要举措。目前，公众参与立法过程中提出的意见纷繁复杂、层次不一，有的意见甚至相关性不强，一一反馈确实存在困难，这也是公众参与立法中备受争议的薄弱环节。尽管建立公众意见和建议反馈机制的可能性和必要性还有待进一步讨论，但认真对待和积极吸纳公众提出的意见是立法民主的必然要求，否则公众参与立法就是徒有其表了。为此，广州市人大法制委员会坚持对公众提出的意见在统一审议时逐条研究，常委会审议时再次对公众意见进行研究，凡可采纳的意见，均予采纳。而且，在法规正式公布实施后，在网络等媒体上向公众反馈采纳意见的情况，激励公众持续参与。

三　创新人大代表参与立法制度

广东省人大常委会坚持从多方面、多层次发挥代表在立法中的重要作用。

一是每一项提请常委会审议的法规，都要将法规的征求意见稿以电子邮件和信函的形式发送在粤的150名全国人大代表和787名省人大代表书面征求意见。

二是认真研究办理代表的立法建议和议案，条件成熟的及时列入立法计划并积极推动有关部门开展起草工作，有效提高了代表提出立法建议、议案的积极性。如2013年就根据代表建议把《广东省城乡生活垃圾分类与处理条例（草案）》列为预备法规项目。

三是年初将常委会当年的立法计划发给全体代表，由代表结合自身的工作和所关注的问题，选择报名参与具体的立法项目，在法规起草、调研过程中，加强与代表的联系，通过座谈会等方式有针对性地向熟悉情况的代表征求意见，有条件的还直接邀请代表参与立法调研和起草协调等工作。

四是每次常委会都邀请一些熟悉和了解所审议法规草案情况的代表列席会议，并召开座谈会，认真听取、研究和采纳代表意见。

四　加强专家参与立法制度

专家参与立法的主要途径是组建地方立法研究评估与咨询服务基地和立法咨询专家库。

（一）组建地方立法研究评估与咨询服务基地

为推进民主立法、科学立法，广东省人大常委会2014年与中大、华工、广外、暨大、广大、广东海洋大学、嘉应学院、韩山师院、韶关学院合作建立了广东省地方立法研究评估与咨询服务基地，并由中大牵头成立了地方立法基地高校联盟。省人大常委会制定了地方立法研究评估与咨询服务基地工作规定，九所高校主要是参与和组织广东省人大常委会委托开展的法规起草、评估、听证、调研、理论研究、信息收集等活动。

（二）组建立法咨询专家库

在广泛接受社会报名和层层筛选的基础上，省人大常委会主任会议经无记名票决方式，从74名候选人中聘请了66名法律专业人士以及财政经济、城建环保、农业农村、科教文卫、民族宗教、语言文字等方面的专家作为立法咨询专家。为更好强化专家参与立法的责任感，主任会议制定了立法咨询专家工作规定，对专家咨询的范围、职责、程序、经费保障等做了明确规定。

此外，众多的法学专家，通过广州市法学会的平台也能有效参与立法。2014年上半年，广州市法学会坚持“立足当地，研究当地，服务当地”的原则，组织专家积极参与地方立法咨询、论证，共为市人大、市政府法制办57部地方性法规（草案）、规章提供立法建议1402条，如《广州市科学技术奖励办法》、《广州市电梯安全管理规定》、《广州市违法建设查处条例》、《广州市劳动关系三方协商规定（草案）》、《广州市募捐条例（草案）》、《广州市水务管理条例（修订草案修改意见稿）》、《广州市社会治安综合治理条例（修订稿）》等，都在地方立法的范围、形式、程序、规则以及依法保障公众有序参与等方面，提出了有价值的修改意见，成为地方立法的智库。

第四节　探索先行性立法，发挥立法引领作用

广东处于改革开放的前沿，市场发育程度较高，社会经济发展正全面进入转型期，迫切需要进一步深化改革开放。2008年12月17日，国务院审议通过《珠江三角洲地区改革发展规划纲要（2008—2020年）》，授权广东“科学发展，先行先试”，为发展中国特色社会主义创造新鲜经验，广东再次成为中国改革的重要试验田。本轮改革，从经济体制、行政体制、社会管理、金融体制等方面综合布局，协同推进，为广东的发展带来了新的生机。

广东省人大常委会立足广东省作为改革开放的前沿阵地和对外窗口的实际，秉承“敢为天下先”的创新精神和包容开放的务实态度，坚持以科学发展观为指导，务实创新、先行先试，以时不我待的紧迫感和只争朝夕的实干精神推进地方立法，使制定的法规能够服从服务于大局，并体现了最广大人民群众的根本意愿，始终保持了地方立法重点突出、精品纷呈的良好态势，较好发挥了法规对广东省经济社会发展的规范、引导、保障和促进作用。

一　先行性立法应妥善处理的四点关系

（一）先行先试与法制统一的关系

随着广东省进入改革发展的关键时期，地方立法工作也到了破解改革难题、突破传统思维定势的关键时刻，相对容易的法规多数已经制定，尚未立法的事项大多触及深层矛盾和冲突。而且一些早期制定的法规已经严重滞后，亟待修改的内容往往是改革的难点，修改一个条款的难度甚至超过制定一项新法规。在这种形势下推动改革实现突破，必然涉及利益关系调整，尤其是法律关系的调整，其实质是重要复杂、涉及面广、敏感度高、影响巨大的权利和利益的再分配，这要求地方立法者必须在实践中以高度的政治责任感和使命感，认真贯彻落实依法治国基本方略，在符合法律精神和原则的前提下，慎重处理好先行先试与法制统一的关系。

五年来，广东省人大常委会立足推动广东经济社会发展先行一步。从当前广东省发展内外环境和客观需要出发，适应新形势、新任务、新要求，统筹谋划立法工作全局，将立法工作与深入贯彻落实科学发展观有机统一起来，充分发挥“立法试验田”作用，始终围绕经济建设中心、围绕省委工作部署，突出经济转型升级、社会民生热点等立法重点领域，在维护国家法制统一的前提下先行先试、积极探索，制定了一批先行性、创新性的地方性法规，为广东省改革、发展和稳定提供了有力的法制保障，也为国家立法提供了鲜活经验。

（二）先行先试与地方特色的关系

法律赋予省、自治区、直辖市和设区的市人大及其常委会立法权，就是让这些地方根据本地具体情况和实际需要，在不同宪法、法律、行政法规相抵触的前提下制定地方性法规，创造性地解决本地区经济和社会发展中需要通过立法解决的问题。地方性法规可就地方性事务作出规定，这类立法被称为自主性立法；除国家专属立法权的事项外，其他事项国家尚未制定法律或者行政法规的，可先制定地方性法规，这类立法被称为先行性立法。

实践中，自主性、先行性立法的针对性更强，更能较好解决本地区的实际问题，其地方特色也更强。可以说，地方特色是地方先行性立法的生命力之所在。脱离了地方实际，不解决实际问题，地方先行性立法也就失去了存在的意义。在推动自主性及先行性立法过程中，广东省坚持从地方实际发展需要出发，突出地方特色，先后制定《广东省土地利用总体规划条例》、《广东省实施珠江三角洲地区改革发展规划纲要保障条例》、《广东省自主创新促进条例》、《广东省公共文化服务促进条例》、《广东省农村扶贫开发条例》等多部地方性法规，确保出台的每一部法规既有别于国家法律、行政法规，又有别于其他地区制定的地方性法规，具有鲜明的地方特色，充分反映和体现了广东省经济社会发展的特殊情况和实际需要，具有较强的针对性和可操作性，在贯彻实施中收到了较好的效果。

（三）固化经验与灵活前瞻的关系

广东省改革事业已进入“深水区”，亟须通过地方立法为进一步深化改革鸣锣开道、保驾护航。在新形势下，如何更好发挥地方立法对改革的引领和推动作用？

首先，要通过先行先试、制定地方性法规推进体制机制创新，破除制约改革发展的体制机制障碍，努力把地方立法优势转化为法治优势、发展优势，及时将改革的成功做法以立法的形式予以肯定和固化，以巩固和发展改革的成果，使改革沿着法治的轨道顺利进行。

其次，要提高地方立法的前瞻性，着眼于法律规范稳定性与体制改革变动性，积极稳妥推动地方立法，为进一步改革发展预留空间。在推进改革的进程中，着力防止“泛立法”倾向，即遇到问题，不分清红皂白，不问原因，一味强调立法解决。对一些尚处于探索、试验阶段的新兴事物以及实操性事项，一般通过制定改革方案、出台规范性文件的方式进行规范调整。

再次，要将固化经验与灵活前瞻统一于先行先试实践，紧密结合广东省地方工作重点，制定具有鲜明特点及前瞻性的地方性法规，以保障和促进广东省的改革与发展。近年来，广东省人大常委会充分考虑经济社会发展需要，在通过地方立法固化改革经验成果的同时，强调法规的前瞻性，通过扩大省人大代表参与立法工作的范围、创新人大代表活动方式、加大重点立法工作基础调研力度、适时清理地方性法规等形式，对改革发展稳定中出现的新情况、新问题，如自主创新、高校学生实习与就业、公共文化服务促进、农村扶贫开发等，及时进行实践经验成果梳理与立法前瞻性研究，根据形势变化进行调整，顺利推进了相关项目的立法工作。

（四）实际需要与实现可能的关系

地方立法实践中，先行先试的实际需要与实现可能是辩证统一的关系，脱离实际需要与实现可能两者之一而空谈先行先试没有任何意义。

首先，先行先试立法必须以实际需要为基础。一直以来，广东省人大常委会着眼于地方经济社会发展，着眼于热点民生话题，充分考虑诸如劳动就业、物业管理、农村扶贫、环境保护、土地利用等方面遇到的新情况、新问题，注重通过基层调研、科学论证等方式深入体察民情、倾听百姓呼声，综合掌握通过先行性立法解决问题的实际需要，有效确保了地方立法工作“有的放矢”。

其次，先行先试立法必须具备实现可能。在密切联系地方经济社会发展实际的同时，高度关注立法目标实现的可能性，着重增强先行性立法的针对性和可操作性，确保了新出台的法规有得用、行得通、守得住，而非一纸空文，避免了制度设计成为无源之水，无本之木。

再次，要在确保国家法制统一的基础上综合考量先行先试立法的实际需要与实现可能。广东省人大常委会始终立足于维护国家法制统一，坚持地方立法不能脱离当前中国发展实际，尤其不能脱离本省实际，强调先行先试不是“突破”国家法律的规定，不能讲唯有突破才算是先行先试，突破只能是突破约束生产力发展的体制性障碍，不是突破国家法律的现行规定，确保了地方立法在“不抵触、可操作、有特色”的大框架下实现了先行先试实际需要与实现可能的有机统一。

二　近年来广东省地方立法先行先试的经验与成效

中国特色社会主义法律体系的形成和完善，要求地方必须适应经济社会发展要求制定质量高、有特色的法规，发挥先行先试、拾遗补阙的作用。在新的发展形势下，广东省经济体制改革、政治体制改革、城乡统筹建设等许多方面走在全国前列，需要通过立法来巩固和维护改革、发展、创新的成果。因此，开展创新性、先行性立法仍然是广东地方立法的重要任务。广东省人大常委会把如何将好的立法项目转化为符合本省实际需求、契合百姓利益诉求的高质量法规作为工作的“重中之重”，自觉将“敏于行”这一新时期广东精神融入地方立法实践，以敢为人先的担当和勇气，着力创新工作机制、完善制度，深耕精耕“立法试验田”，在探索先行性立法方面进行了有益的尝试，顺利完成了《实施珠江三角洲地区改革发展规划纲要保障条例》和《广东省自主创新促进条例》等创新性立法。

（一）探索区域立法新实践

广东省着眼于推动珠江三角洲地区在新历史时期科学发展、改革创新，促进区域经济发展一体化，给力建设“幸福广东”，聚焦国家战略，以地方性法规保障国家重要区域发展规划实施，制定了《广东省实施珠江三角洲地区改革发展规划纲要保障条例》。珠江三角洲地区是中国改革开放的先行地区，是重要的经济中心区域，在全国经济社会发展和改革开放大局中具有突出的带动作用和举足轻重的战略地位。在改革开放30周年之际，国务院从国家战略全局和长远发展出发，制定了《珠江三角洲地区改革发展规划纲要（2008—2020年）》（以下简称《规划纲要》），明确了《规划纲要》是指导珠江三角洲地区当前和今后一个时期改革发展的行动纲领和编制相关专项规划的依据。作为国家战略，《规划纲要》提出了珠江三角洲地区的五大定位："科学发展模式试验区、深化改革先行区、扩大开放的重要国际门户、世界先进制造业和现代服务业基地、全国重要的经济中心。"这是中央对珠江三角洲地区发展的期望，也是珠江三角洲地区当前和今后一个时期改革发展的方向。《珠江三角洲地区改革发展规划纲要（2008—2020年）》上升为国家战略，广东再获全国"改革试验田"重任，以创新性立法保障国家级纲要实施势在必行。《实施珠江三角洲地区改革发展规划纲要保障条例》提纲挈领，以地方性法规的形式保障国家级战略顺利实施，突出《规划纲要》指导地位，鼓励探索，先行先试，聚焦基础设施建设、产业布局、城乡规划、环境保护、基本公共服务等关键领域，建立健全保障制度，着力促进区域协调发展，进一步深化改革创新与依法行政，为推动珠江三角洲地区在新的历史时期实现科学发展提供法制保障。

（二）探索保障先行先试新制度

及时总结各地在实践中创制出来的、行之有效的改革和发展的新做法、新经验，把实践证明正确的、成熟的改革成果和经验通过立法肯定下来，使之制度化。制定全国第一部规范促进自主创新活动的地方性法规——《广东省自主创新促进条例》，在全国范围内引起广泛关注。广东省在改革开放和现代建设事业取得辉煌成就的同时，也日益暴露出土地、空间、资源、环境等四个方面难以为继的问题。在广东省委主要领导的高度重视和相关部门的积极参与下，省人大常委会深入总结广东改革开放以来自主创新的经验成果，通过先行性地方立法着力消除了制约科技进步和创新的体制机制障碍，通过建立完善研究开发与创造成果、创新成果转化与产业化、创新型人才建设与服务等方面的激励机制，发挥了自主创新对经济社会发展的支撑和引领作用。

(三) 探索破除体制机制障碍的新机制

针对广东省综合改革试验工作需要，作出关于促进和保障佛山市顺德区综合改革试验工作的决定。2009 年 8 月，广东省委、省政府下发了《关于佛山市顺德区开展综合改革试验工作的批复》，同意佛山市顺德区继续开展以落实科学发展为核心的综合改革试验工作，赋予顺德区行使地级市的管理权，要求顺德区深化行政管理体制改革，先行先试，实行大部门体制；理顺镇（街）财权事权，增强镇（街）活力。经过一年的探索，综合改革试验工作取得显著成效。为巩固顺德区改革的成果，2010 年 9 月，广东省人大常委会作出关于促进和保障佛山市顺德区综合改革试验工作的决定，依法支持和保障顺德区科学发展、先行先试，明确充分发挥顺德区综合改革试验区的示范作用，对广东省进一步深化改革、加快经济发展方式转变、推动科学发展具有积极意义；规定顺德区按照省政府赋予的地级市管理权限，可以行使省人大及其常委会制定的地方性法规规定的、由地级市政府及其工作部门行使的行政管理权。从法制层面支持和保障顺德区开展以大部制改革、简政强镇事权改革和省直管县试点改革为重点的综合改革试验工作。

(四) 探索落实诉访分离新规定

2014 年 3 月 27 日，广东省人大常委会审议通过了《广东省信访条例》(以下简称《条例》)。该条例是广东省贯彻落实党的十八大、十八届三中全会和习近平总书记系列讲话中关于信访制度改革的精神的重要举措，是全国第一个贯彻落实党的十八届三中全会精神的地方性法规。该《条例》不仅贯彻落实了十八届三中全会精神关于信访工作的部分，还贯彻了十八届三中全会在政治、经济、文化等方面建设的要求。《条例》是全国第一个全面落实诉访分离制度，将信访工作纳入法治化轨道的地方性法规。2012 年，中央提出了诉访分离的原则。2013 年，中央政法委在纪念毛泽东同志批示“枫桥经验”50周年大会上提出了就地化解矛盾的要求，中共中央办公厅和国务院办公厅也提出了具体意见。《条例》具体落实中央有关诉访分离的要求，告诉、引导、规范信访群众对涉及法定途径解决的问题，要到公、检、法等机构按法定程序处理。同时，《条例》也是广东省第一个委托多个第三方起草，充分调动各方面积极性，广闻博采、集思广益的地方性法规。

第五节　突出重点领域立法，完善法律法规体系

按照《法治广东建设五年规划（2011—2015年）》的要求，科学把握立法时机和立法规律，重点围绕经济社会发展大局，充分发挥省、经济特区、较大的市、民族自治地区等立法主体的作用，加强实施性、先行性、自主性地方立法，促进中国特色社会主义法律体系的完善。全面实施省人大常委会立法规划，着力推进以改善民生为重点的社会领域立法，推进以促进自主创新和加快经济发展方式转变为重点的经济领域立法，推进资源节约型和环境友好型社会发展立法，深化行政管理体制改革、发展社会主义民主法治的立法。

一　加强社会领域立法，改善民生

让人民群众过上幸福生活，是加强和创新社会管理的根本目的。因此，社会管理应该认真实施体现科学发展的良法，积极开展促进社会和谐的善治。从片面追求经济增长速度转向提高经济发展质量；从片面追求产值转向更加重视民生幸福，更加自觉地投身加快转型升级、建设幸福广东的宏伟事业。具体到立法工作，就是要贴近实际，反映经济社会发展和市民群众实际需要，重点开展社会建设领域等方面的立法。

2011年，广东省人大常委会制定《广东省农村扶贫开发条例》，确立政府主导、社会参与、自力更生的原则，强化政府责任，规范扶贫开发措施，明确扶贫资金来源，建立脱贫激励机制和监督管理制度，鼓励和支持社会各方积极参与扶贫开发工作，推动农村贫困地区、贫困人口脱贫致富和城乡统筹协调发展。修订《广东省工伤保险条例》，扩大参保范围，提高补贴标准，建立工伤康复及保险待遇先行支付制度，进一步保障职工权益。修改《广东省道路交通安全条例》，规范道路通行安全设施的设置，完善交通事故处理程序，强化对道路交通安全执法的监督，切实维护道路交通秩序。审查批准了《广州市募捐条例》、《深圳市实施〈中华人民共和国人民调解法〉办法》等法规。

2012年，广东省人大常委会修订了《广东省劳动保障监察条例》，完善欠薪预警机制，加大对违法欠薪行为的打击力度，维护劳动者的合法权益。制定《广东省见义勇为人员奖励和保障条例》，明确见义勇为的范围，加大奖励和保障力度，鼓励见义勇为行为，弘扬社会正气。制定《广东省公共文化服务促进条例》，拓宽服务渠道，促进公共文化服务事业健康发展，满足人民群众不断增长的精神文化需求。在2012年广东省开展“三打两建”专项行动中，及时集中修改《广东省查处生产销售假冒伪劣商品违法行为条例》等七项法规，加大对制假售假、无照经营等违法行为的打击力度，优化市场环境，维护市场秩序，维护人民群众的切身利益。

二　注重经济领域立法，促进转型升级

作为经济发达的沿海城市，广东省致力于建立健康、有序的市场经济环境。在经济领域立法上，加强促进转型升级的立法，推动经济发展方式转变。具体来看，主要包括以下方面。

一是为推动珠三角地区科学发展、先行先试提供法律保障，抓好保障

国家发展战略实施的区域性立法。制定《广东省实施珠江三角洲地区改革发展规划纲要保障条例》，突出规划纲要的指导地位和刚性作用，鼓励探索，先行先试，建立组织协调、争议处理、信息共享、法制协调、评估考核等机制，抓住基础设施建设、产业布局、城乡规划、环境保护、基本公共服务等关键领域，推进区域经济社会发展一体化。

二是紧扣广东省经济转型升级的实际，抓好促进经济发展方式转变的核心领域的立法。制定《广东省自主创新促进条例》，着力消除制约科技进步和创新的体制机制障碍，建立和完善研究开发与成果创造、创新成果转化与产业化、创新型人才建设与服务等方面的激励机制，更好发挥自主创新对经济社会发展的支撑和引领作用。这部法规凝聚了广东省改革开放以来自主创新的经验成果，是国内第一部规范促进自主创新活动的地方性法规，在全国引起广泛关注。

另外，制定《广东省专利条例》，细化发明创造激励措施，明确促进专利应用做法，保护专利权益，推动发明创造产业化。制定《广东省城乡规划条例》，加强对建设项目选址、用地、工程的规划管理，加大对历史建筑、历史文化保护区、自然风貌区的保护力度，促进城乡经济社会可持续发展。制定《广东省渔港和渔业船舶管理条例》，修订《广东省测绘条例》，进一步规范相关事项的管理。审查批准了《广州市信息化促进条例》、《汕头市港口条例》等法规。

三　加强生态环保领域立法

广东省委、省政府高度重视环境保护，坚持把加强环保工作和依法治省紧密结合起来，采取一系列创新举措，确保环保法律法规和中央各项环境保护决策部署落到实处。2011 年，广东省委、省政府出台了《关于进一步加强环境保护推进生态文明建设的决定》，明确提出了建设法治环保、实行从严从紧的环保政策等一系列推进环保工作的新理念和新举措。

为了引领和带动资源节约型和环境友好型社会建设，广东省人大常委会重视生态环保领域立法，力求通过立法促进绿色发展、循环发展、低碳发展，并先后颁布实施了11件省级地方性环保法规和5件省政府规章，涵盖了水、大气、噪声、固体废物、核与辐射等环境管理领域，初步形成了广东特色的地方环保法律法规体系。具体来看，主要包括以下方面。

一是在立法过程中，始终坚持先行先试，勇于创新，出台了全国首个跨行政区域河流水质管理的地方性法规，率先立法确立了区域大气污染联防联治、流域区域限批、机动车环保标志等多项环境管理制度。特别是以省人大决议的形式，颁布实施《广东省环境保护规划纲要（2006—2020年）》和《珠江三角洲环境保护规划纲要（2004—2020年）》，创新提出生态功能分区管理的举措，开创了我国法制保障环保规划实施的先河。

二是推进节能节材方面的立法。制定《广东省民用建筑节能条例》，建立新建建筑全程节能监管制度，明确既有建筑节能改造要求，促进可再生能源利用，提高建筑节能效能。修订《广东省节约能源条例》，建立健全节能目标责任制和评价考核制度，强化节能管理和激励措施，推动全社会节约能源。

三是推进资源合理利用方面的立法。制定《广东省土地利用总体规划条例》，建立完善土地利用规划编制、审批、修编修改、实施等制度，促进土地资源的有序、可持续利用。制定《广东省东江西江北江韩江流域水资源管理条例》，建立健全流域管理与行政区域管理相结合的管理体制，完善流域水资源规划，推动流域水量合理分配和调度，强化流域水资源保护，充分发挥流域水资源的综合效益，实现流域水资源可持续利用。制定《广东省实施〈中华人民共和国循环经济促进法〉办法》，推动建立生产流通消费领域减量化、再利用、资源化的运行机制，减少资源消耗和废物产生，提高资源利用效率，实现可持续发展。

四是推进环境保护方面的立法。制定《广东省实施〈中华人民共和国海洋环境保护法〉办法》，推动解决重点海域排污、沿海生活污水处理以及海洋环境监管、珍稀海洋动物保护等问题。修订《广东省机动车排气污染防治条例》，进一步明确各部门职责，强化监管手段，完善机动车排气检测工作。制定《广东省森林公园管理条例》，规范森林公园的规划、建设、利用、管理和保护，优化生态环境，促进生态效益、社会效益和经济效益相统一。

第六节　加强和改进立法工作的几点建议

近年来，为了促进法治广东建设，保障立法的科学性、民主性，提高立法质量，广东省不断创新立法工作体制机制，并在科学民主的立法机制下，制定了一批先行性、创新性地方性法规，为经济社会的转型与发展提供了有力的法制保障，也为国家立法提供了鲜活经验。与此同时，立法实践中也暴露出一些有待改善的问题，需要认真研究，审慎改进。

一　进一步明晰各立法主体的立法权限

（一）中央与地方立法权划分

按照《宪法》和《立法法》所确立的立法体制，国家法律应该为地方立法预留合理空间，允许地方根据本区域的实际和特色，发挥地方主动性，进行自主性立法。同时，2008 年 12 月国务院审议通过《珠江三角洲地区改革发展规划纲要（2008—2020 年）》，授权广东“科学发展、先行先试”。因此，广东对非专属性的中央立法事项在授权范围内享有先行先试的立法权。依照法律的规定和国务院的授权，广东的地方自主性立法和先行性立法便有了合法性根据。

但是，由于《立法法》和国务院授权规定都很抽象，没有明确的立法事项、立法权限划分原则、标准、依据、程序等的规定，因此在立法实践中，什么立法可以突破国家法律的界限实现自主性、先行性立法，什么立法不能突破，都由地方立法主体摸索和把握。于是，一方面有些自主性、先行性立法超越了地方立法权限，与国家法律原则、精神或法律条文相抵触，折损了法律的权威；另一方面有些立法基于国家立法的严格限制，不能做出适合本地区实际情况的变通，因此实施效果不好，或难于实现立法目的。

例如，《行政处罚法》等法律法规存在不合理规定，将地方立法对处罚行为、处罚种类方面的权力压缩得几乎没有空间，无法根据各地经济社会发展的实际情况和具体差异制定地方法规，法规针对性和可操作性也无从谈起，只能照抄照搬上位法。如《广州市历史文化名城保护条例》按照国家行政法规规定的最高罚款 20 万元设置行政处罚。但是，由于广州地区经济发达，相较于保护历史文化建设的成本，很多广州的开发商宁可交 20 万元罚款，也要拆除受保护的历史文化建筑，使得条例的立法目的很难实现。

据此，建议厘清、明晰中央立法与地方立法的权力界限，同时全国人大和国务院的立法授权也应按照授权立法的法理要求，明确授权的界限和期限。建议全国人大常委会修改《行政处罚法》、《行政许可法》等一批重要法律法规，尤其是在处罚行为的种类和处罚幅度上为地方立法预留一定的合理空间，允许地方在一定范围内先行先试，改革创新，使地方立法能结合本地实际、突出地方特色，产生良好的实施效果，从而在中国特色社会主义法律体系中更好地发挥补充性、实施性作用。

（二）地方人大与人大常委会立法权划分

国家立法层面并未就地方人民代表大会和常委会制定法规的权限、地方政府制定规章的权限作出明确规定。以深圳市的情况为例：

深圳市人大与深圳市人大常委会立法权限划分不清晰。《宪法》、《地方各级人民代表大会和各级人民政府组织法》（以下简称《组织法》）、1992 年全国人大授予深圳特区立法权有关决定都没有明确深圳市人大和深圳市人大常委会立法权限。《立法法》第 67 条规定本行政区域特别重大事项的地方性法规，应当由人民代表大会通过。但“特别重大事项”并不明确。

从深圳市人大 20 多年立法情况看，由市人代会制定的法规有七项。考察这七项立法可见，市人代会和市人大常委会的立法权限比较含混：一是同类性质的法规，有的是人代会通过，有的是常委会通过，立法权行使主体不一致；二是同一法规，作出立、改、废决定的主体不一致，如市人大制定的法规，由人大常委会废止了；三是部分重大法规由人大常委会通过。

虽然《立法法》没有明确何为“特别重大事项”，但一般认为涉及民事、经济基本制度、涉及市民较大权益的立法事项，应当属于“特别重大事项”，由市人代会行使立法权较为合理。但从深圳立法现状看，关于保险、工资、劳动合同、国有资产管理、土地使用权出让等方面事关基本经济秩序和基本社会保障的法规都是由人大常委会通过的。

市人代会与人大常委会的立法权限划分不明确，加之市人代会一年开一次会议，会期也比较短，而人大常委会是常设机构，如此，人代会的立法权就自然被弱化，立法地位虚置，许多属于人代会的立法权实际上由常委会行使，由此一些法规的有效性便存在问题。

为明确人代会和人大常委会之间的立法权限，2012 年深圳市人代会出台《深圳市制定法规条例》，其中第 8 条规定：“下列事项应当由代表大会制定法规：（一）规定本市特别重大事项的；（二）规定代表大会和常务委员会立法程序的；（三）对代表大会的法定职责和议事程序作出具体规定的；（四）其他应当由代表大会制定法规的。”这是对区分市人代会与市人大常委会立法权限的探索性规定，只是其中关于“本市特别重大事项”的规定与《立法法》一样，内涵和外延依然不清晰，建议进一步通过立法或法理解释明确“特别重大事项”的基本内涵和范围。

（三）人大及其常委会与政府立法权划分

实践中，由于人大及其常委会立法往往滞后于社会需求，而政府作为公共行政管理机关，从提供公共管理服务职责出发，必须对社会有关需求做出回应和介入，因此政府便在地方立法中占据了主动。以深圳市为例，政府立法除了涉及规范有关市人大及常委会运作的立法外，基本上涵盖了所有领域。然而，随着政府职能转变，政府与社会、市场的关系正经历着深刻的调整，在这样的一个改革和过渡时期，什么事项政府的介入是必要的，什么事项政府应当尊重市场或者社会主体的自身意志慎重介入，目前并没有明确的法律依据。因此，明确人大及其常委会与政府立法的权限，特别是涉及政府出台产业扶持、行政性收费、住房限购、交通限行等方面的政策时，尤其要明确政府规章的立法权限，对涉及市场和民生的立法事项，应当由人大或人大常委会制定地方性法规，政府只能依据地方性法规制定执行性、配套性规章。

二　改进和完善立法工作机制

（一）克服立法项目的部门利益倾向

由于人大及其常委会的立法资源有限，无力对列入立法计划的立法项目的必要性进行论证，只能主要依靠有关政府部门，因此在立法实践中，部门需求导向、政府议案居绝对主导地位的情况依然存在。目前，除极少数法规是由人大有关专委或者工委通过主任会议提请审议外，绝大多数都是政府议案，约占整个法规议案的95%左右。

虽然人大及其常委会无法掌握社会经济发展对立法的需求情况，与政府各部门相比，存在严重的信息不对称现象，也很难主动提起有关立法议案，只能被动审议和修改政府提起的法规议案。但是，人大及其常委会仍然应当充分利用立法前评估、立法咨询等制度，向社会购买服务，对政府提交审议的法案，委托第三方进行研究和评估，特别注重立法中的利益协调和利益平衡，克服和纠正立法中的部门利益倾向。

（二）加强立法辩论和议决机制

在现有的立法审议程序中，不同界别、观点不同的常委会组成人员在分组审议立法时，对法案涉及的有关利益冲突，立法的必要性、可行性等问题，往往自由发言，论而不辩，法案中存在的一些问题不能在审议时充分解决，而是会后由有关委员会根据常委会组成人员发表的意见斟酌处理。此外，常委会的议决机制亦不规范，立法是否能进入一审、二审、三审，对重要问题的处理，主要由主任会议决定，而不是常委会，其做出的有关重要决定，能否代表常委会全体人员之多数值得商榷。建议充分发扬民主，进一步增强法规审议的透明度，规范法规审议的方式，增加立法辩论环节，不断提高法规审议的质量。

（三）明确立法三次审议的内容

国外议会对议案“三读”程序均有明确的审议重点，后一读不得改变前一读认定的事实和做出的决定。虽然广东省以及广州市、深圳市等都出台了规范法规制定程序的条例，对三次审议的内容也做了规定，但是立法实践中，立法三次审议过程重点不明、互有重复的现象仍然存在，甚至出现第三次审议还在为立法的必要性发表意见的情况，浪费了立法资源。为了使立法程序更加清晰而有效率，建议吸纳国外议会立法的经验，进一步明确立法一审、二审、三审的审议重点，避免重复审议。

（四）征求意见的时间节点适当前移

广东省和有立法权的市在立法中，充分发扬民主，广泛征求公众意见，在立法民主建设方面，在全国率先探索了很多有效的制度，取得了很大的成就。特别是广州市人大常委会通过报纸、网站、论坛、微博等平台有效征集公众意见，通过编制立法信息汇编、发布公众参与指南等方式为人大常委会审议和公众参与立法提供服务和指引，其立法的科学性、民主性已经走在了全国的前列。但是，目前向公众征求立法意见，往往都是在立法草案基本成熟以后，此时的公众意见对立法的影响力已经受到了文本框架的较大局限。建议加大立法听证中的公众参与，对涉及民生和公民权益的立法必须举行立法听证，并建议在全国范围内推广广州网上立法听证的制度和经验，增强公众参与立法的实效性，进一步增强立法的民主性。

三　加强人大常委会的自身建设

人大作为立法机关，面对新时期越来越繁重的立法任务，人大机关自身建设必须适应时代发展要求，从发挥立法主导作用出发，建立和完善立法工作机制和领导机制。

（一）改革常委会会议制度

按照《组织法》有关规定，当前常委会会议一般为两个月召开一次，每次2—3天。由于常委会会期制度存在间隔周期较长、会议期间短、会议程序简单化等问题，常委会对有关立法项目无法做到及时和深入审议，特别是在立法项目专业性很强和数量较多的情况下。

改革常委会会议制度，一是实行会议召开常态化，保证人大常委会随时可以履行职能，保证常委会组成人员有充分时间审议有关议题；二是实行常委会会议全体会议制度，保证有关审议意见充分交流碰撞；三是建立辩论和议决机制，对法规议案实行一般辩论和专项辩论，并对争议较大的问题进行议决，避免论而不辩和分歧久拖不决；四是实行审议过程公开化，借助媒体对常委会审议过程全程直播，将常委会组成人员出席和发表审议意见的情况向社会公开。

（二）提高常委会审议能力

常委会审议能力是保障立法质量的关键因素。提高常委会审议能力，一是探索根据职能分工调整机构设置。当前我国各级人大机构的设置，基本上是按照业务对口部门划分，并没有按照人大工作职能划分。立法职能散落于各有关委员会，一方面导致立法力量难以集中，另一方面也不利于立法的规范化。建议根据人大自身职能设立立法、预算审查、监督、重大事项、选举等委员会。二是建立审议能力保障制度。常委会审议的法规议题往往比较专业，数量也较多。常委会组成人员由于专业和精力所限，无法对法规议题发表深入的审议意见。常委会组成人员又没有辅助机构为其行使审议权提供辅助意见和建议。为其配备的法律顾问，也因为时间不足、专业受限、经费有限等因素制约，所提供的法律意见差强人意。各专委、工委由于审议深度相对较深，常委会组成人员在信息不对称的前提下，无法提出有力的反对理由，只要有关法规案通过相关专委、工委的审议并做出相应修改后，法规案基本可以顺利通过。因此，必须建立常委会组成人员审议能力保障制度，为其提供一定的财政资金，由其依照规定聘请专业团队提供技术支撑，提高常委会组成人员审议能力。

（三）加强立法工作队伍建设

人大发挥立法主导作用的关键在于常委会的审议环节。提高常委会审议能力，必须加强立法工作队伍建设，使其有时间、有能力进行立法审议，切实提高审议能力。

1. 实行人大常委会组成人员专业化、职业化改革

一是要实行专业化管理，立法工作人员需要具备法律专业技能，并接受立法业务的专项工作培训和实践。二是实行职业化改革，由于立法工作本身固有的专业性和稳定性，建立一支职业化立法队伍是必要的。同时，研究建立职业化晋升通道以吸引立法人才、留住立法人才。

2. 建立立法干部交流机制

在建设一流法治城市的背景下，有必要在立法部门和执法部门之间建立双向干部交流机制，使立法工作和执法工作相得益彰。

3. 建立立法业务工作的领导机制

人大立法主导作用的发挥，需要完善常委会领导统筹负责制，支持、协调和领导立法业务工作。

4. 组织学习和调研，提高履职能力

在实践中，重视理论支撑，重视对重要工作的调研，是提高履职能力的重要保证。广州市人大常委会改革会议制度，增加了一个常委会办公会议，进行专门的学习，坚持每一次主任会议都有一个专门的学习，提高了人大常委会的审议能力和审议效果。

第三章

人大监督护航“法治广东”

随着依法治国、建设社会主义法治国家的推进，各省、自治区和直辖市在国家法制统一的大框架下进行了具有鲜明地方特色的法治实践与探索。地方法治已成为法治中国建设中最具生命力的组成部分，并为地方的经济、政治、文化、社会和生态文明建设注入了强大动力。在各地方、各部门的“法治××”已然成为耳熟能详的热门词汇的背景下，“法治广东”的亮度丝毫不减。党委、人大、一府两院、政协、非政府组织、普通民众各司其职，活跃于法治广东建设的各个舞台。其中，广东省各级人大运用《宪法》、《监督法》和《代表法》等赋予的监督权，对“一府两院”展开监督，在维护社会主义法治尊严，建设法治政府、服务政府，树立司法公信力，促进全民守法格局形成的过程中，发挥着不可替代的重要作用。人大监督的“广东现象”也由雏形得到不断的丰富和发展，现在已基本成熟，并初步形成一套值得复制和推广的模式。这一模式不仅体现在监督的方式和方法上，还体现在监督的观念和理念中；不仅体现在监督的实效性上，还体现在监督的规范性上；不仅体现在监督的着力点上，还体现在监督的出发点上；不仅体现在监督对象的拓展上，还体现在监督力量的统合上；不仅体现在监督的力度上，还体现在监督的透明度上。

◈第一节　广东人大监督的实践与发展

一　推进工作监督

1979年，广东成立了省人大常委会，之后逐步完善了各级人大及其常委会的建制。35年来，广东各级人大及其常委会在完善人大制度、加强监督方面做了深入探索和实践，监督的力度不断加强，方式与方法不断创新，针对性和实效性逐步提高。特别是自2007年《监督法》施行后，广东人大的监督工作在延续一贯风格的同时，又注入了更多新元素，展现了更为独特的风范。

人大及其常委会的监督方式，在我国的《宪法》、《全国人民代表大会组织法》和《地方各级人民代表大会和地方各级人民政府组织法》中仅有较为概括和原则的规定；在《各级人民代表大会常务委员会监督法》中，对监督方式的规定得以细化，但在适用性和灵活度上仍显不足。广东人大根据监督工作的实际需要，在《宪法》和上述相关法律所确立的框架内，对监督方式和方法进行了积极探索，并积累了不少经验。一方面，针对不同的监督目的、对象和事项，选择适用不同的监督方式，既有一般性监督又有刚性监督，既有全面监督也有针对具体问题的监督，既可以是经常化的也可以是临时的，既可以是事先预防性的也可以是事后制裁性的。另一方面，就同一监督事项，综合采取不同的监督方式，把工作监督与法律监督相结合、专项监督与综合监督相结合、初次监督与跟踪监督相结合、推动自行整改与依法纠正相结合，结合不同监督方式的优点和特点，以最大限度地发挥监督的实效。

（一）听取和审议“一府两院”年度工作报告和专项工作报告

广东省各级人大每年除了在人代会召开期间，例行听取和审查本级人民政府和人民法院、人民检察院的工作报告外，还会有计划地选择若干关系改革发展稳定大局和群众切身利益、社会普遍关注的重大问题作为主题，听取和审议“一府两院”的专项工作报告。

近年来，广东省人大常委会听取和审议的专项工作报告所涉及的主题呈现出三个特点。

一是覆盖面广，涉及行政审批、农业、金融、教育、文化、生态环境、社保等多个领域。包括公共文化服务体系建设情况、粤东西北地区振兴发展情况、加快发展现代农业构建新型农业经营体系情况、农村垃圾管理情况、路桥收费全面推行“一卡通”电子收费情况、金融扶持中小微企业发展情况、贯彻教育规划纲要情况等。

二是重点突出，以民生和社保为“关键词”，与广东省各级人大常委会的其他监督工作密切配合。例如，2013 年，广东省人大常委会听取和审议了省政府关于广东省社会保险基金预决算情况的报告、关于广东省社会养老服务体系建设情况的报告；2014 年，则听取和审议了关于广东省社会保险工作情况的报告以及公共文化服务体系建设情况的报告。

三是持续跟踪，凸显实效。例如，自 2009 年开始，广东省人大常委会为了落实广东省委为贯彻《珠江三角洲地区改革发展规划纲要（2008—2020 年）》所做的统一部署，把听取和审议省政府的专项工作报告和建议作为监督重点加以落实：一方面，听取和审议省政府关于贯彻实施规划纲要情况专项工作报告，并进一步督促纲要实施；另一方面，听取和审议省政府关于珠三角地区交通一体化建设情况的建议，并作为人大常委会重点督办项目。五年来，通过对相关工作报告的审议和监督，有力推动了政府在珠三角地区交通一体化建设、环境污染防治、保障性住房建设等方面的工作。广东省人大常委会还曾多次听取和审议保障性住房建设情况的报告，并开展专题询问，督促政府努力解决低收入群体的住房保障问题。

针对听取和审议工作报告的监督方式容易流于形式的弊病，广东人大也进行了探索。从2011年开始，广州市人大常委会选取了部分专项工作报告实施工作评议和满意度测评，并制定了《测评工作暂行办法》，将测评结果作为评价被测评单位工作的重要参考。2011年4月，广州市人大常委会首次对市政府关于就业服务体系建设情况的报告进行了满意度测评；12月，又在听取和审议民政等四个部门落实政府工作报告目标任务情况的报告时，进行了工作评议和满意度测评。

在司法监督方面，除了每年听取省检察院和法院的年度工作报告外，广东省人大常委会还会听取和审议省检察院和省法院关于检察权和审判权行使具体情况的专项工作报告。例如，在广东省十届人大常委会履职期间，先后听取和审议了省人民检察院关于加快检察工作规范化建设的专项工作报告、关于民事行政检察的专项工作报告，以督促检察机关进一步健全办案制度，规范办案程序。听取和审议了省高级人民法院关于执行工作的专项工作报告和关于完善审判工作内部监督机制情况的专项工作报告，以督促“执行难”问题的进一步解决，推动审判机关建立健全内部监督机制。

从2013年开始，广东省人大常委会每年都会在年度监督工作计划中，针对省法院和省检察院各确定一个主题，分别听取和审议其报告。例如，2013年，广东省人大常委会听取和审议了省高级人民法院关于行政审判工作的报告以及省人民检察院贯彻落实《关于加强人民检察院对诉讼活动的法律监督工作的决定》情况的报告；2014年，则听取了省人民检察院关于反贪污贿赂工作情况的报告，深入了解了贪污贿赂犯罪、开展职务犯罪预防、健全反腐败工作机制、完善执法规范和内部监督制约机制以及反贪污执法队伍建设等有关情况。

需要指出的是，广东省人大常委会听取和审议的报告，并非僵化地依据年度监督工作计划，而是根据实际需要，灵活地进行调整。例如，为了推动《广东省信访条例》的顺利实施，广东省人大常委会于2014年5月下旬分别听取和审议了省法院和省检察院关于贯彻实施《广东省信访条例》准备工作情况的报告，并于7月审议了两院报送的《关于贯彻实施〈广东省信访条例〉准备工作情况报告审议意见的研究处理情况报告》。

（二）加强执法检查

执法检查，是指对法律和法规等实施情况的监督检查。1993年全国人大常委会通过的《关于加强对法律实施情况检查监督的若干规定》，明确了执法检查的内容和重点、执法检查的活动和要求等。2007年颁行的《监督法》又以专章的形式，规定了各级人民代表大会常务委员会“对有关法律、法规实施情况执法情况检查”，增强了执法检查的规范性和可操作性。

多年来，广东省各级人大常委会一直致力于开展多形式、多层次的执法检查工作。早在1996年，广东省人大常委会就制定了《广东省各级人民代表大会常务委员会执法检查工作规定》，对执法检查的原则、重点、形式、程序等作出了较为明确和细致的规定，并规范了执法检查计划、执法检查报告和检查结果的处理等，成为很长一段时期执法检查工作的重要依据。从所开展的执法检查的规模来看，既有大型的也有小型的，既有重点的也有一般检查；从检查的组织者来看，既有人大常委会组织的，也有人大专门委员会组织的；从检查的启动方来看，既有省人大结合本省情况自行启动的，也有受全国人大常委会办公厅委托进行的；从检查方法上看，往往单独或综合采用现场视察、调查研究、听取执法部门的工作汇报、召开座谈会等方法。

广东省近年来的执法检查，紧紧围绕与当前的中心工作或民众普遍关心的问题所密切相关的法律、法规的执行情况进行。其中涉及的水污染、大气污染、垃圾管理等问题，与民众利益休戚相关，无疑是其关注的焦点。例如，广东省人大常委会曾连续三年把检查《广东省饮用水源水质保护条例》的实施情况作为监督项目，确保饮水安全；连续四年加强检查监督，督促省政府和有关市加强协调，切实做好东江支流石马河、淡水河污染整治工作，保障了粤港4000多万人的饮水安全。针对食品安全问题，2010年开展了《食品安全法》实施情况的执法检查，督促政府加强和完善食品安全监管，产生了积极效果。针对“垃圾围城”、“垃圾围村”愈演愈烈的状况，2011年广东省人大常委会对省内实施《广东省城市垃圾管理条例》的情况进行了执法检查，发现了垃圾处理设施建设滞后、垃圾无害化处理率低、农村垃圾污染问题凸显等一系列问题。此外，针对大气污染防治问题，广东省人大常委会继2010年开展了对《大气污染防治法》实施情况的执法检查并取得了积极成效之后，2014年继续将《大气污染防治法》的执法情况作为检查的重点，检查广东省贯彻落实国家大气污染防治行动计划、加快产业结构和能源结构调整步伐、重点行业污染治理、机动车污染防治，特别是黄标车淘汰、挥发性有机物污染治理、建立健全大气污染防治机制、空气质量特别是PM 2.5指标改善等情况及实施过程中存在的问题。

广东省所辖各市、县（市、区）人大的执法检查工作，既反映出不同地区间的共性，也体现出本地域的特色。例如，地处沿海的阳江市人大常委会农村工委坚持每年组织检查组深入到阳东县、阳西县和阳江高新区对贯彻实施《中华人民共和国海域使用管理法》和《广东省海域使用管理条例》情况进行“一法一例”检查，先后检查阳江核电、阳西火电和阳江港口用海和建设情况。2014年，阳江市人大常委会环资工委执法检查组就当地实施《广东省实施〈中华人民共和国海洋环境保护法〉办法》情况开展检查，主要考察海洋环境保护和海洋生态修复情况，以合理开发、科学利用和保护海域资源。又如，作为省会城市的广州市，在2013年广东省珠三角城市空气质量评比中排名相对靠后，引起民众和媒体的较大反应，因而在2014年5—7月，广州市人大常委会启动了《大气污染防治法》和《广州市大气污染防治规定》的执法检查，成为历年来该市人大常委会开展的最重要，同时执法检查队伍也最庞大的一次。

除了注重法律、法规实施之后的执法检查，广东省亦关注制度施行之初的试点和指导。前者属于“回头看”，后者属于“向前推”，二者共同致力于提升制度执行效果。例如，在2014年7月1日《广东省信访条例》正式施行后，为了贯彻实施该条例，运用法治方式和法治思维解决信访中的突出问题，广东省人大常委会选择了10个地级以上市的一个区（县）作为试点。并且，为了加强对试点工作的组织领导和工作保障，省人大常委会牵头组织试点工作指导小组，成立由省人大法委、省人大常委会法工委、省信访局有关工作人员和中山大学等九所高校地方立法研究评估与咨询服务基地以及省社科联的专家、学者组成的工作团队，组成10个工作组赴珠海市斗门区、汕头市龙湖区、河源市紫金县、梅州市梅江区、惠州市惠城区、云浮市新兴县、韶关市乳源瑶族自治县等试点区（县）进行实地考察和座谈，指导各地试点工作。

（三）推行专题询问

询问与质询是人大监督权行使的重要形式。自2010年开始，在全国人大常委会的带动下，包括广东人大在内的一些地方人大，围绕涉及民生和社会关注的热点问题，屡屡大胆尝试专题询问的监督形式。经过几年的摸索和经验积累，广东省人大的专题询问逐步走向制度化和常态化，并形成主题重要且集中、参与部门众多、专题调研先行、提问“直击要害”、强调灵活互动、全过程公开、及时落实询问效果等风格。围绕某个特定的主题，有计划、有重点地开展专题询问，使得人大能更全面深入地了解情况，从而提高审议的质量和针对性，进而增强人大监督实效。

广东省人大常委会首次开展的专题询问是在2010年对广东省贯彻实施《食品安全法》的情况进行执法检查的过程中。当时，就食品安全风险监测、农产品源头监管、信用档案建设、小作坊监管、食品添加剂使用以及对危害食品安全行为的打击整治等六个方面的问题，对省政府及相关部门进行了询问。2012年7月，广东省人大常委会围绕省政府《关于保障性住房建设工作落实情况的报告》的有关问题开展了专题询问，省发展和改革委员会、省财政厅、国土资源厅、住房和城乡建设厅、国资委等部门的领导到会，就保障性住房的覆盖群体、科学选址、工程质量、资金保障、退出机制等问题做出了回答。2013年，针对“垃圾围村”的窘境，广东省人大常委会对农村垃圾管理专项资金投入情况、农村垃圾无害化处理设施建设情况和建立健全城乡一体的垃圾处理体制的情况等进行了专题询问。2014年的询问主题是广东省的社会保险工作。省人社厅厅长、审计厅厅长、地税局局长等接受了询问。更值一提的是，后两次专题询问会都在广东人大网上全程公开。

实践证明，专题询问是向政府部门施加压力，促进解决问题、改进工作的有力手段。例如，广东省人大常委会在听取和审议2006年省级预算执行和其他财政收支的审计工作报告时，常委会要求对存在的问题特别是挤占挪用农村免费义务教育、农村卫生、防汛救灾复产等专项资金的违规问题认真整改，有力促使相关地区和部门及时采取措施，纠正和整改了所发现的问题。针对有些部门的部门预算存在执行率低、专项预算没有支出、有关制度没有执行等问题，广州市人大常委会在听取和审议广州市政府关于2010年市级决算（草案）报告时，选择了对1—2个项目预算执行率低的单位进行专题询问，搞清楚执行率低的原因，明确有关部门的责任及整改措施，并对广州市制定的某些影响资金使用和工作开展的政策提出改变调整的意见，促进了预算效能的发挥。在2014年关于社会保险工作的专题询问结束后，参加询问会的广东省副省长当即就表示，省政府有关部门将切实增强责任意识，全面做好社会保险工作，进一步增强法治意识，确保社会保险工作始终依法规范运行，并积极地推动社保信息公开透明，解决好社会保险“最后一公里”的问题。

（四）重视视察和专题调研

视察和调研主要是围绕相关议题进行调查研究，了解法律、法规的实施情况，掌握人大及其决议、决定的贯彻执行情况，了解民众的意见和要求。这是人大常委会及人大代表广泛联系群众、了解社会的固定渠道。视察和调研既是人大行使监督职权的基本方法，也是重要任务。人大专题调研在广东的运用频率比较高。与一般的工作调研不同，专题调研具有主动性强、针对性强、效力强等特点。人大常委会可以自主选题调研，调研更能切中要害，提出的建议更加务实可行，并且专题调研所提出的审议意见具有法律效力，政府必须报告有关研究处理落实情况。

自2010年开始，为了确保广东省各个地区的民众共享改革发展的成果，省人大常委会开展了推动区域协调发展的调研，并连续两年对扶贫开发“双到”（即“规划到户、责任到人”）工作开展了专题调研监督和代表专题视察活动，提出了推进扶贫开发工作的系列措施。2012年，广东省各级人大常委会组织了针对社会保险、高校评卷、“三打”行动、食品安全监管、司法救助工作、反渎职侵权等不同领域的多次专题调研活动。2013年，除了对中小微企业发展情况的调研之外，广东省人大常委会还就底线民生和基本公共服务在全省范围内进行了全面调研，采取了座谈会、问卷调查、实地考察、咨询、委托第三方调研等方式，并将调研结果作为省人大常委会之后一段时间关于财政经济监督和预算决算审查监督的工作重点。“两河”（淡水河、石马河）流域污染整治情况自2008年起就被列为广东省人大的监督重点，年年调研、年年视察，并在2013年和2014年两度成为专题调研的对象，体现出省人大常委会极为重视环保与民生问题。

广东各级人大常委会同样注重通过专题调研的方式加强对“两院”的监督。调研主要是围绕提高司法工作的公信力以及群众和人大代表对“两院”工作满意度，督促“两院”不断提高公正司法水平。例如，2011年，广东省人大常委会专门听取和审议了广东省检察院关于加强和改进反渎职侵权工作情况的报告，并赴六个地级以上市开展调研，听取当地检察院的情况汇报，实地察看基层检察机关反渎职侵权工作，听取有关人大代表、专家学者的意见和建议，进一步推动了反渎职侵权工作开展；2011年6月，紫金县人大常委会调研组到紫金县检察院调研了预防和减少青少年违法犯罪工作；2012年3月，湛江市人大常委会组成人员到市检察院调研，并就如何强化法律监督、推动湛江市司法工作进行了交流。

广东省人大的视察活动主要是配合专题询问、专题调研、执法检查等开展。例如，2014年，在关于社会保险工作的专题询问开始前，为了提前充分了解情况，广东省人大常委会主任率省人大代表赴省人社厅视察社会保险工作情况，并听取有关部门负责同志做的社保工作有关情况汇报。

（五）行使罢免和撤职权

根据现行《宪法》和法律的规定，人大及其常委会有权罢免、撤销由其选举、决定任命的国家机关组成人员的职务。罢免，是指人大免除违法失职的国家机关领导人职务的方式。罢免的范围是其选举国家机关领导人的范围。罢免案不需要有必须违法的理由，是否罢免根据代表的判断而定。撤职，是指人大常委会免除在其任命范围内的违法失职的国家机关组成人员职务的方式。撤职案与罢免案的原因和法律效力一样，但机关和对象不同，撤职权指向的是政府的副职领导人及法院、检察院的领导人。

人大罢免和撤职、撤销等权力，是人大行使监督权所使用的最严厉手段，因而较之其他监督手段，其使用的频率不高。纵向来看，广东省十届人大常委会任期的五年（2003—2007年）中，共任免和批准任免国家机关工作人员372人，撤职2人，依法补选和罢免全国人大代表各2人；十一届人大常委会任期的五年（2008—2012年）中，共任免和批准任免国家机关工作人员608人，接受辞职1人，依法补选全国人大代表2名，罢免3名，接受辞职4名。[①] 2013年，广东省人大常委会仅任免省政府组成人员和其他国家机关工作人员129人次，没有行使罢免和撤销权。[②]

① 参见《广东省人民代表大会常务委员会工作报告》(2008年、2013年)，广东人大网。

② 参见《广东省人民代表大会常务委员会工作报告》(2014年)，广东人大网。

二　探索法律监督

规范性文件的备案审查，是《宪法》、《地方各级人民代表大会和地方各级人民政府组织法》和《立法法》明确赋予地方各级人大常委会的法律监督职权，也是《监督法》所规定的地方各级人大常委会的经常性监督工作形式。《监督法》在第五章以专章的形式规定了“规范性文件的本案审查”，其中体现了多年来地方人大备案审查工作的成功经验。

广东省各级人大对规范性文件的备案审查和清理工作，从制度建设层面抑或制度执行层面观之，都可圈可点。《监督法》施行半年多后的2007年7月27日，广东省人大常委会就通过了《广东省各级人民代表大会常务委员会规范性文件备案审查工作程序规定》。这部地方性法规不仅首度对“规范性文件”的内涵和外延做出了明确界定，而且详细规定了规范性文件备案的内容、步骤、时限，以及规范性文件审查的有权主体、审查的程序和审查意见的效力等，体现了地方立法的创新和突破。具体来看，该规定：一是明确了备案审查的范围。人大常委会备案审查的规范性文件仅限于本省各级人民代表大会及其常务委员会所做出的涉及公民、法人、其他组织权利义务的，具有普遍约束力的决议、决定，以及县级以上人民政府发布的涉及公民、法人、其他组织权利义务的，具有普遍约束力的行政决定和命令。二是规定了审查程序的启动方式。人大常委会对规范性文件的审查以被动审查为主、主动审查为辅。除了对明显违宪或违法的规范性文件可以进行主动审查外，还可以根据有关单位和人员的审查要求、审查建议来启动审查程序。三是确定了备案审查机构的分工和职权。规范性文件的审查工作分为三个层次，分别由不同的机构负责。有关专门委员会或者工作委员会会同负责法制工作的机构负责规范性文件审查的具体工作；常委会主任会议决定是否向制定机关提出书面审查意见来建议制定机关自行修改或者废止该规范性文件，是否将撤销规范性文件的议案、建议提请常委会会议审议等事项；常委会会议审议、表决撤销规范性文件的决议、决定。

在此基础上，2013 年 1 月，广州市制定了《广州市人大常委会规范性文件主动审查办法》，对规范性文件制定中可以进行主动审查的各类情形和审查方式等做了详细规定。这一《办法》的出台启动了规范性文件主动审查机制，不仅推进了广州市对规范性文件清理工作的进程，同时作为“倒逼机制”将提高未来制定的规范性文件的质量。此外，以《广东省各级人民代表大会常务委员会规范性文件备案审查工作程序规定》为蓝本，2013 年 6 月，中山市人大常委会审议通过了《规范性文件备案审查办法》，对规范性文件的备案范围、审查内容、职责与分工、撤销程序等方面做出了具体规定。

上述法律、法规和规章等得到了广东省各级人大常委会的认真贯彻。通过依法做好规范性文件的备案审查工作，重点督促和指导行政法规和地方性法规的清理工作，对新制定的规范性文件主动开展审查研究，保证其准确实施。2013 年 12 月，广东省人大常委会启动了法规清理工作。省人大常委会委托中山大学、华南理工大学、广东外语外贸大学、广州大学四所地方立法基地，对广东省现行的行政、社会、经济类法规进行全面清理，梳理出与上位法和深化改革要求不一致的法规和条文，并提出修改、废止的建议。四所地方立法基地共对 215 件地方性法规进行了清理，建议修改的有 111 件，废止的有 17 件，保留的有 87 件。清理工作体现出“四个相结合”的特点：一是发挥省人大常委会的主导作用与发挥社会积极力量相结合；二是专家学者进行专业化清理与行政部门开展多渠道清理相结合；三是采取传统清理方式与运用现代科学手段相结合；四是严格按照上位法进行清理与从全面深化改革实际需要出发进行清理相结合。

规范性文件主动审查机制在广州启动一年多以来，成效显著。2013 年，广州市人大常委会法工委在开展报送类备案审查工作的同时，积极推进主动审查工作。3月上旬形成了《广州市人大常委会2013年度规范性文件主动审查计划》，从2012年报备的72个规范性文件中确定了《广州市学校安全管理规定（试行）》和《广州市城乡居民社会养老保险试行办法》等五个规范性文件作为2013年主动审查的计划项目。广州市人大法工委先后召开了两次规范性文件主动审查专家论证会，并将五个文件中存在的问题和处理建议等转交市法制办研究回复。广州市法制办对专家提出的有关问题进行了一一答复。之后，法工委会同内务司法工委、经济工委等召开审查会议，对专家提出的规范性文件存在的合法性问题逐条进行研究，提出审查意见。市法制办、市教育局、市工商局、市城市管理综合执法局等部门派有关负责人到会说明情况、回答询问。

三 强化财政监督

《预算法》的修订自2004年起，跨越三届人大任期，经过四次审议，最终于2014年8月31日尘埃落定。“马拉松式修法”的背后，是各方利益的激烈博弈。一方面，财政预算收入来自全体纳税人，其分配和使用关乎人民和国家的利益；另一方面，财政预决算制度也涉及人大与政府之间、中央政府与地方政府之间以及政府各部门之间的权力分配。正因为如此，《预算法》修改被视为本届政府力推的财税体制改革的突破口和建立现代财政制度的关键。《预算法（修正案草案）》明确该法的立法宗旨在于“规范政府收支行为，强化预算约束，加强对预算的管理和监督，建立健全全面规范、公开透明的预算制度，保障经济社会的健康发展”，凸显了财政预算监督的重要意义，并将强化人大对预算的审查监督作为《预算法》修改的重点内容。事实上，如何将《宪法》和《监督法》所赋予的人大的财政监督权由“虚”而“实”、由“柔”而“刚”，一直是包括广东人大在内的地方人大监督工作的重心所在。此次《预算法》修正案中的诸多条文，如预算公开的首度入法、对预算编制和调整的相应规范等，都铭刻着地方人大的预算监督改革多年来的创新和探索，凝结着它们为国家层面提供的宝贵经验。广东省人大在打造阳光财政、做实财政监督方面，一直领跑全国，在保证财政的全面、公开、透明、规范、依法运行方面，不断探索、创新和完善。

（一）细化预算项目

从1996年起，广东省人大开始起草《广东省预算审批监督条例》，并于2001年2月由省人大通过。这一地方性法规完善了人大预算审查监督的途径，使“政府要花钱，人大说了算”制度化，由此成为全国第一个由省级人大制定的专门规范预算审查监督的地方性法规，并成为广东人大预算监督实践的一个“分水岭”。在2001年以前，广东省政府每年向省人大会议提交的预算报告，支出方面只列到“类”。而在2001年的广东省九届人大四次会议上，七个试点单位提交了详细的预算草案，标志着人大预算监督审查“走过场”成为历史。

2002年，广东省政府提交的预算草案扩展到27个部门，长达144页；在2002年初的广东省九届人大五次会议上，省人大常委会在财经委员会设预算监督室，从机构设置上加强了人大对预算监督的力度。2003年1月，在省十届人大一次会议上，省政府提交了厚达605页的《广东省2003年省级部门预算单位预算表》，囊括所有的102个省级部门，清楚列出了支出的每一个专项，详细到具体项目。2004年2月，省十届人大二次会议上，代表们拿着一本厚达540页的省级部门预算表，启动了对预算草案的实质性审查监督。围绕预算草案的审查，人大组织了对财政部门的两场询问会，组织了专题座谈会，听取了代表对预算草案的意见。在首次举行的预算草案座谈会上，代表们的预算监督审查热情高涨，但部分代表认为预算报告应当向社会公开。2007年，预算草案的封面上首次去掉“秘密”两字，意味着代表们可将草案带回家研究，阅后不必交还。2009年，预算草案变成

“电子书”，增加“项目支出明细表”内容的电子查询，以往仅仅列出大类别收支数字的下面，首次清晰列出了具体的收支款目，预算案编制实现由“类”到“款”的重大突破。2010年，广东省财政厅首次在其网站上公开了2010年省级财政预算，向全社会进行公布，尽管此次公开的省级财政预算只有“粗线条”。从2010年开始，广州市人大常委会要求广州市政府将统筹安排的专项资金（包括市基本建设统筹资金、城市维护建设资金和科学技术研究与开发资金等）编制成《政府投资项目计划草案》，列出所有的安排细项，提交广州市人代会审议，使代表真正搞清楚财政专项资金的钱“为什么花”、“花到了哪里”。2011年，广东财政厅网上公开的大账本的数量进一步增加，从上一年的9张预算表增加到19张，省级公共财政和省级政府性基金预算公开的范围进一步扩大。其中，省本级财政支出、省级财政转移支付、省级和省本级政府性基金预算支出均一一罗列。2011年5月23日，广东省编制办同意省人大常委会增设预算工作委员会，下设办公室和预算监督处，相应撤销了省人大财政经济委员会预算监督室。新设的预算工作委员会主要承担省人大及其常委会的审查预决算、审查预算调整方案、监督预算执行，以及有关地方性法规草案的起草、审议方面的工作。

广州市早在2001年就率先探索将部分部门预算提交市人代会审议，至2008年实现了将所有部门的部门预算交付市人代会审议。部门预算要求列至细项，内容完整，此举有效提高了财政预算的透明度。2008年以来，广州市人大常委会每年选择一些部门，由财经委和财经代表专业组对这些部门预算进行提前审议，预把预算关。为使审议工作更细更实，每年的人代会上，市人大常委会都会选择两个部门预算，安排部分人大代表进行专题审议，被审议部门的主要负责人到会回答代表提问。2011年开始，又明确每年增加一个政府投资的重要项目预算纳入专题审议。这些措施增强了预算审查的权威性，并通过“以点带面”，有效地提高了预算单位的公共财政意识和预算安排的合理性。

广东人大的一系列积极作为，获得了业界、学术界和传媒的广泛好评。[①] 广东人大在财政预算审批中由“柔”而“刚”的新思维，推动人大预算监督从形式上的审查批准走向实质性的审查批准，在一定程度上改变了地方人大在审查批准本级政府财政预算时普遍存在的不作为现象，真正代表人民攥紧了政府的“钱袋子”。

（二）公开预算信息

除了省级财政预算实行网上公开等举措，广东人大还采取了其他措施推动预算信息的公开。2004 年 8 月，广东省人大财经委与省财政厅实现联网。通过“广东省国库集中支付系统”，财政花出去的每一笔钱都会在第一时间进入人大监督的视野，政府财政成了“透明钱柜”，改变了长期以来财政预算一家独管的局面。这标志着，广东人大对财政支出的监督开始由周期性的报表监督走向实时监督，由结果监督走向各环节的全程监督，能够更好地对财政资金的规模、流向和使用情况等进行监督，能够为人大常委会审查财政预算执行情况提供最原始和真实的资料。

2005 年，广东省人大财经委员会、省财政厅、省信息产业厅、省监察厅联合召开了推进建立财政预算监督系统现场会，推动全省地级以上市人大财经委员会与当地财政国库集中支付系统联网。至 2007 年 9 月，全省地级以上市都已建立财政预算监督系统。2008 年，省人大财经委员会与省监察厅、省财政厅、省审计厅、省信息产业厅共同研究制定了推广财政预算监督系统的具体工作方案，推动财政预算监督系统联网范围扩大到审计部门。按照要求，省审计厅于 2008 年底实现了与省财政国库集中支付系统联

---

① 参见王洪伟《预算监督：广东人大监督之利剑》，《浙江人大》2003 年第 4 期；文芬《各级人大一把“尚方宝剑”监督：二十五载磨一剑》，《南方日报》2004 年 9 月 21 日；赵立韦、邵建斌《从“广东现象”看如何加强预算监督》，《人大研究》2004 年第 6 期；林洁《广东省人大增设“预工委”盯紧政府“钱袋子”》，《羊城晚报》2011 年 9 月 15 日。

网。2009 年，重点推进全省地级以上市的审计与财政预算信息联网工作，将财政预算监督系统联网范围扩大到同级审计部门，鼓励有条件的地级以上市将财政预算监督系统向县（区）一级延伸。

在 2009—2010 年的两年时间里，省人大财经委员会牵头，组织省监察厅、省财政厅、省审计厅、省信息产业厅有关人员组成调研组，先后四次赴珠三角、东西两翼、粤北地区共 12 个市，了解各地财政预算监督系统联网范围扩大到同级审计部门的工作进展情况。在调研中，调研组对各市反映的问题及时给予明确的指导意见，督促各有关部门要总结规律，认真研处，采取有效措施，力争解决。

调研组提出了几点要求：一是逐渐扩大纳入监督系统内容，逐步增加政府采购、非税收入等系统，做到一般预算、基金预算、财政专户的财政性资金内容都可在系统进行查询；二是人大要发挥协调作用，人大财经委要与监察、财政、审计、信息产业部门加强沟通，协调和落实这项工作任务的完成；三是财政、审计部门要加强沟通，审计部门要将系统需求及时反馈给财政部门，增强联网监督预算执行情况的效用；四是财政部门要继续完善监督系统的识别、统计、分析、预警功能及各种综合分析信息功能。

在省级及全省地级以上市人大财经委员会与财政国库集中支付系统实现联网的基础上，2010 年 11 月省级及全省地级以上市审计与财政国库集中支付系统也实现了联网，实现了《中共广东省委贯彻落实〈建立健全惩治和预防腐败体系 2008—2012 年工作规划〉实施办法分工方案》所要求的由省人大财经委员会牵头落实的“进一步完善实时在线财政监督系统，扩大监督范围，积极推进省、市实时在线财政预算监督系统联网”这一任务的阶段性目标。财政预算监督系统联网范围扩大到审计部门，将有助于整合信息资源、提高审计效率，强化对财政预算的监督。

（三）引入绩效理念

在审计成为预算监督的有效工具并逐步推动预算执行公开的同时，广东人大还在对政府部门的监督中引入了绩效评价体系，将政府公共开支的合理性、有效性纳入人大监督范围。从 2002 年开始，广东省以深圳市作为试点，推行财政支出绩效审计制度，以深化预算审查监督。人大不仅管住了政府怎么切分财政蛋糕，还盯紧了政府花钱的效益。2003 年 2 月，深圳市在全国首开先河，将《深圳市 2002 年度绩效审计工作报告》提请市人大常委会审议，披露了“总值超过 6 亿元医疗设备存在相当程度的浪费、闲置情况”等问题，赢得了很好的实际效果和社会影响。[①] 2004 年的绩效审计报告则曝光八个项目的资金问题，其中包括：科技三项费用被挪用 2414 万元，个别单位利用城市生活垃圾无害化处理项目的建设和运行资金私设“小金库”，金额合计 658 万元。这一年，绩效审计覆盖面更大，涉及专项资金使用管理、部门预算、政府投资项目等方面。其中对深圳市环境保护局部门预算进行绩效审计，也是深圳首次对部门预算进行绩效审计。

2004 年 8 月，广东省财政厅等部门联合制定了《关于印发〈广东省财政支出绩效评价试行方案〉的通知》（粤财评〔2004〕1 号）。2005 年，绩效审计得到逐步推广，广东省人大则继续推进对财政资金使用的绩效监督，抓紧与财政部门研究制定《财政资金绩效监督标准》，以使绩效监督有衡量的标准。

2009 年 6 月，佛山市南海区政府出台《财政专项资金使用绩效问责暂行办法》，建立了由人大财经工委、监察局、审计局、财政局、人事局联合组成的绩效问责架构，明确了问责范围为区财政安排专项资金 50 万元以上及其他有必要的项目，并将绩效问责结果纳入了南海区年度机关单位绩效与作风考评。

（四）公众参与预算的推动

推动公众参与预算、实现公共预算与民主政治的互动尝试，近年来在

① 唐娟：《预算监督：构建阳光下的政府财政——深圳市人大常委会预算监督制度评介》，《人大研究》2005 年第 2 期。

各地都有闪现。其中，广东省佛山市顺德区的参与式预算已经在实践中逐渐趋于成熟。顺德区参与式预算迄今已进入第三个年头。在2013年，顺德区共有四个财政拨款项目进行了参与式预算，其中两个项目在经历参与式预算后，项目经费被核减，核减比例均超过四成。

简言之，参与式预算就是由基层人大负责组织，人大代表和群众代表参与，对政府及部门预算编制、预算执行情况进行民主恳谈。其目的是提高预算的科学性和透明度，使预算资金的分配更加公平合理。参与式预算不但可以挤掉预算中的水分，有助于把有限的财政资金用在刀刃上，着力改善民生；还可避免阳光下的预算沦为阳光下的腐败。当然，作为新生事物，参与式预算也并非完美无缺，需要完善相关的法律法规，使之制度化、合法化，并进行与公共预算相配套的一系列改革，以此推进预算审议的精细化管理和常态化监督。

（五）“全口径”监督

党的十八大报告特别强调，要加强对“一府两院”的监督，加强对政府“全口径”预算决算的审查和监督。这意味着政府所有收支都要接受人大的审查监督。实现“全口径”之后，公共财政预算、国有资本经营预算、政府性基金预算、社会保障预算这四项预算及各项决算都必须提交各级人大审查和监督。

广东人大预决算监督工作具有较长的历史和探索。全国第一个由省级人大制定的专门规范预算审查监督的地方性法规——2001年通过的《广东省预算审批监督条例》就明确规定，人大对政府预算审批监督要包括政府性基金预算。此后，广东省的公共财政预算和政府性基金预算每年都会提交省人代会审查，相关决算提交省人大常委会审查；社会保险基金预算决算从2005年起纳入省人大常委会的监督范围。部分地市已经基本实现“全口径”，在财政资金的规范化和透明化分配方面比较到位。从2013年开始，广东的省级国有资本经营预算已提交人代会进行审查。从2014年开始，广东省社会保险基金预算提交人大审查，实现“全口径”预算审查。按照十八大关于加强对政府全口径预决算审查监督的要求，广州市修订《广州市人民代表大会审查批准监督预算办法》，为推进预算实质性监督提供制度保证。

（六）“全过程”监督

1. 杜绝预算监督“走过场”

人大预算监督“走过场”，曾是一种让人无奈的“传统”。2001 年《广东省预算审批监督条例》通过后，广东省政府向省人大会议提交的预算草案部头越来越大，条目越来越细，公开透明程度越来越高。但客观来看，这也相应增加了人大代表的工作量，尤其是对于缺乏财经专业知识的代表，往往难以在短暂会期中认真读完，并发表实质性见解。有鉴于此，2013 年，广东人大又出新招。新一届的省人大代表在 1 月中旬就收到了预算报告以及一个 U 盘，里面是电子版的“大部头”预算草案。同时，人大代表在大会召开前就可以向省财厅发问；财政厅在省人大会议现场还“摆摊设点”，方便代表实时实地咨询。可以看出，广东人大一直在目前的人大会议制度框架中，“绞尽脑汁”寻找对策以提高人大预算监督的实质性，杜绝“举举手”、“走过场”的现象。

2. 专项提前介入财政预算编制监督

自 2013 年 9 月起，广东省人大常委会组织省人大代表分三组对 2014 年预算编制情况开展了专题视察。主要目的是就加强“底线民生”保障的财经监督工作，专项提前介入 2014 年财政预算编制，使“底线民生”预算在 2014 年的预算安排中得到充分保障。此次专题视察，代表着广东省人大对政府财政监督工作的新思路和新方向，是提高人大财经监督实效、促进政府公共财政资金的使用效益、让民众共享改革发展成果的重要手段。

3. 开展部门预算重点审议

人大会议会期短暂，要想对部门预算予以面面俱到的审查，几乎是

“不可能完成的任务”。要想取得实效，只有在部门预算编制阶段就针对重点，个个击破。2012 年 5 月 15 日，广东省人大常委会主任会议决定采纳省人大代表提出的《关于省人大会议增加省级部门预算典型案例审议程序的建议》，在省人大会议召开前，由省人大常委会预算工作委员会组织部分省人大代表对若干个省级部门预算进行重点审议。2012 年选择的是对省交通运输厅、省环保厅、省统计局的部门预算（含二次分配专项资金）进行重点审议。广东省人大预算工作委员会于 2012 年 7 月 17—18 日组织了部分省人大代表前往省交通运输厅和环保厅等三个部门开展专题调研，了解其主要工作情况和 2012 年上半年预算执行情况，听取它们对 2013 年部门预算编制的思路设想和意见建议。随后，三个部门按代表的要求将第一次上报省财政厅（即“一上”）的部门预算草案印送代表。11 月 13 日，预算工委主任主持召开初审会议，组织部分省人大代表对三个部门根据省财政厅下达的控制数（即“一下”）调整后准备“二上”的部门预算草案进行了初步审议，会后三个部门根据代表的意见对部门预算草案研究修改后报省财政厅。2013 年 1 月 4 日，预算工委主任主持召开重点审议会议，组织部分省人大代表对经省财政厅审核后拟提交省人大会议的三个部门的部门预算草案进行了审议。三个部门分别说明了对省人大代表初审意见的采纳情况，并对代表们在调研阶段和初审阶段提出重点关注的部分问题和意见建议做出了回应。广东省人大常委会及其工作机构组织省人大代表进行部门预算重点审议是预算审查工作的一项制度创新，有利于促进预算编制精细化、科学化和合理化，提升预算编制工作水平。

4. 全程“紧盯”三个省级部门预算执行

由于广东省级公共财政结余连续两年超 800 亿元，尤其是存在项目预算执行率低、年底突击花钱等明显弊病，部门预算的执行进度开始为人大代表所关注。继 2012 年对省交通厅、环保厅和统计局三个省级部门预算进行重点审议后，广东省人大常委会认真审议了这三个部门的预算执行情况。

结果显示，2013 年 1—7 月，三部门的基本支出预算执行率分别为 39.89%、48.2%、58.45%，项目支出执行率分别为 36.64%、43.45%、39.58%，均低于上半年省级部门预算支出的平均进度（46.88%）。预算工委还认真分析了几个部门预算支出滞后于预期的原因，对症下药，督促其切实履职，“如期花钱”。

5. 创新“介入式”财政预算监督模式

财政预算监督模式的创新，对于基层人大更具空间。2013 年 7 月，深圳市福田区人大常委会启动了以“全口径、全过程”为主要特点的“介入式”监督模式，实质性介入政府财政预决算和政府投资项目审查监督。在预决算方面，2013 年选取了三个部门，从预算编制阶段即开始监督，并加强政府性基金预算、政策性项目预算和国有资本金预算监督。政府投资项目方面，则选取五个重点项目，实行事前参与、全程跟踪、事后评价，从项目建议书论证阶段即组织代表介入，由过去的 3 个监督环节扩展为 12 个。

第二节 广东人大监督的特色与经验

一 选择好的监督角度

人大监督以何种角度切入，对于保证监督的实效而言是极为重要的。选择好的监督角度，意味着找准问题、切入要点。广东人大近年来对于监督角度的选择，主要立足于以下几点：第一，监督所针对的是既具全国性的普遍意义，又体现本地特殊需求的问题。第二，监督所针对的要么事关全省工作大局，属于改革中的突出问题；要么事关民生，属于民众普遍关注的、迫切需要解决的问题。第三，监督所针对的要么是长期存在的“老大难”问题，要么是新近出现但却亟须快速解决以免酿成大患的问题。

回顾广东人大十余年来监督角度的切入，在推动广东省各项重大决策部署贯彻落实的同时，主要集中于民主和环境两个领域。

（一）监督“底线民生”保障

保障“底线民生”的思路，在广东人大监督工作中，一以贯之。广东省第十届人大常委会任职期间（2003—2007 年），每年都对省委部署的“十项民心工程”进行检查督办，推动各项惠民措施的落实。结合社会主义新农村建设，听取和审议省政府关于农村医疗卫生和农村危房改造的专项工作报告，进一步解决农民看病难、住房难问题。检查广东省农村税费改革、农民减负、纠正农村“三乱”工作情况，切实减轻农民负担，推动农村税费改革顺利完成。近年来，每年听取和审议省政府关于社会保险基金的年度决算和第一季度预算执行情况的专项工作报告，保障社保基金的规范管理和安全运行。听取和审议安全生产情况的专项工作报告，推动职能部门加大安全生产的执法力度，维护和保障劳动者的人身安全。检查《工会法》、《劳动法》和《工资支付条例》的实施情况，保护劳动者合法权益，促进和谐劳资关系的建立。

广东省第十一届人大常委会任职期间（2008—2012 年），连续三年就扶贫开发“双到”工作开展专题调研、专题视察，听取和审议专项工作报告，并就广东省农村低收入住房困难户住房改造工程、不具备生产生活条件贫困村庄搬迁移民工程建设情况开展专题询问，推动扶贫开发“双到”工作不断深入，促进广东省贫困地区和贫困村民脱贫致富，推动广东省扶贫工作取得重大成果。此外，还检查了食品安全法律法规实施情况，听取和审议省政府关于保障食品安全工作的报告，同时开展专题询问，督促政府完善监管机制，落实监管责任，强化源头保障，确保食品生产、加工和流通安全。两次听取和审议保障性住房建设情况的报告，开展专题询问，督促政府完善规划，重点建设廉租房，扩大保障覆盖面，努力解决低收入群体的住房保障问题。加强对民族区域自治法律法规实施情况的检查，开展对广东省华侨农场改革发展中期规划实施情况的专题调研，促进广东省民族自治县和华侨农场的发展。以听取和审议专项工作报告、组织代表视察、重点督办代表建议等多种方式，推进珠三角交通一体化建设，推动省政府全部撤销政府还贷的二级公路收费站，比国务院规定时限提前了三年。听取和审议省政府关于发展职业教育、贯彻实施省教育规划纲要等情况的报告，推进教育强省和教育现代化建设。

2012 年 11 月，党的十八大召开，把社会保障全面覆盖作为全面建成小康社会的重要目标，十八届三中全会通过的《中共中央关于全面深化改革若干重大问题的决定》进一步提出，要紧紧围绕更好保障和改善民生、促进社会公平正义，深化社会体制改革，推进基本公共服务均等化。此后，广东省各级人大更以保障“底线民生”为监督的重点和切入点，采取了一系列监督举措。

1. 人大推动“底线民生”写入《政府工作报告》

2013 年 6 月，广东省人大常委会就选取了“底线民生”作为人大提前介入预算编制的突破口，组织人大代表对全省“底线民生”保障情况进行了“摸底”。通过一个多月的摸查，省人大发现广东多项“底线民生”的指标落后于全国。通过与省财政厅等多个部门的多次沟通，并对“底线民生”基础数据进行测算后，省人大向省委、省政府提交了《关于提高底线民生保障水平的调研报告》。这一报告引起了广东省委、省政府的重视。省政府于 2013 年 11 月出台了《关于提高我省底线民生保障水平的实施方案》，提出四年投入 823.55 亿元，让广东“底线民生”保障水平到 2017 年走在全国前列。从 2014 年 1 月起，将城乡居民低保补差标准分别提高到 333 元/月和 147 元/月，农村五保对象人均供养标准提高到 5897 元/年，孤儿基本生活集中供养和分散供养标准分别提高到 1150 元/月和 700 元/月，医疗救助人均标准提高到 934 元/年，残疾人生活津贴和重残护理补贴标准分别提高到600元/年和1200元/年。从2014年7月起，城乡居民养老保险基础养老金人均标准提高到80元/月。广东省各级财政为此将投入154亿元，其中省级财政负担欠发达地区总投入的58%，共71.8亿元。

事实上，财政支出一般是根据财政收入状况逐年增加。但是广东省在“底线民生”的保障上，极为重视人大的意见，把广东“底线民生”的差距通过财政筹集资金的进程一下子缩短了很多。在整个财政增长速度受到影响的情况下，财政还能集中财力来解决“底线民生”问题，十分难得。更重要的是，在人大的推动下，“提高底线民生保障水平”于2014年第一次被写入广东省的《政府工作报告》，位列“办好十件民生实事”之首。

2. 创新人大社保监督机制

广东省十二届人大常委会在社保基金的监督方面出台并实施了多项创新举措，努力推动社保监督机制的创新发展。

2014年7月30日，广东省人大常委会听取和审议了《关于广东省社会保险工作情况的报告》，并以社会保险工作为主题，开展了专题询问。广东省人社厅厅长、审计厅厅长、地税局局长等接受了询问。在专题询问开始前，为了提前充分了解情况，广东省人大常委会主任曾率省人大代表赴省人社厅视察社会保险工作情况，并听取有关部门负责同志做的社保工作有关情况汇报。专题询问结束后，参加询问会的广东省政府领导表示，省政府有关部门将切实增强责任意识，全面做好社会保险工作，进一步增强法治意识，确保社会保险工作始终依法规范运行，并积极地推动社保信息公开透明，解决好社会保险“最后一公里”的问题。

在社会保险监督机制的创新方面，还有不少理论问题亟待回答。2014年4月23日，广东省人大常委会办公厅与省社科联联合举行“社会保险监督机制创新理论与实践”专题座谈会，邀请12位国内专家学者，围绕深化社会保险制度改革、创新社会保险基金监督体制机制，进行了探讨交流。与会专家分析了社保工作存在的问题，提出解决的建议并带来了新的观点和见解，有助于决策参考及为深化社保监督实践创新提供理论支持。在此次会议上，省人大的领导强调，要加快构建人大工作新格局，在2015年的广东省十二届人大三次会议议程上要安排社保监督相关内容，同时加强人大代表在闭会期间对社保工作的监督，要组织人大代表前往有关部门视察，并积极拓宽社会公众参与人大监督工作的形式与范围。

3. 监督民生资金的管理和使用

广东省人大常委会每年都听取和审议省政府关于社会保险基金的年度决算和第一季度预算执行的专项工作报告，依法监督社会保险专项基金的管理和使用。2014年2月，广东省十二届人大二次会议首次将社保基金收支纳入预算草案，接受人大代表审议。同时还提出，要完善常委会省级财政预算支出联网监督系统建设，在本届常委会任期内把社保基金预算纳入联网监督系统；继续探索对预算联网监督的分析、评估、预警机制建设。

为检查督促“底线民生”保障资金的落实，2014年6月10—13日，广东省人大常委会选取接受中央和省财政转移支付资金较多的十个县（市），由部分省人大代表组成五个检查组，每组负责两个县（市），深入实地开展检查。此次检查首次采取了人大代表交叉检查的方式，即深入每个县（市）的检查组都由此县（市）所在地级市之外的省人大代表组成，有助于提高人大代表的履职能力和综合素质，有助于推动当地“底线民生”保障工作，有助于推动区域间“底线民生”保障工作的交流学习。通过人大代表的交叉检查，可以摸清县级“底线民生”保障情况，督促其形成落实资金的制度性安排，同时也切实增强各地对“底线民生”保障资金落实的自觉性。

4. 监督对残疾人权益的保障

残疾人作为弱势群体，其权益保障无疑是“底线民生”的重要工程。针对广东省近年来进行的无障碍环境建设，广东省人大组织省直省人大代表内务司法专业小组于2014年6月视察了广州番禺桥南街残疾人信息无障碍终端演示及其他无障碍设施建设情况，还听取了省住房城乡建设厅、省经济和信息化委员会以及省、广州市残联的相关情况汇报。参加视察的代表们认为广东省无障碍环境建设水平与广东省经济发展极不相适应，地区发展不平衡，管理工作不到位，信息无障碍环境建设还处于起步阶段，建议各级政府提高对残疾人权益保障的认识，加大残疾人保障法律法规的落实力度，各职能部门增强责任感，把握无障碍环境建设的重点，加大财政投入，完善无障碍环境建设的规划并组织逐步实施。

（二）保护监督生态环境

作为城镇化和工业化的前沿阵地，广东省在环境方面曾付出过较为惨重的代价，却也使各级官员和普通民众较早意识到了环境保护的重要性。广东省各级人大近年来持续将生态环境保护作为监督的重点领域。例如，2003—2007 年，先后听取和审议省政府关于发展循环经济、“治污保洁工程”中的污水处理问题等专项工作报告，检查城市规划法以及大气、水、固体废物污染防治法等环保法律法规实施情况，推动资源节约型、环境友好型社会建设。2008—2012 年，先后听取和审议省政府落实省人大常委会关于《珠江三角洲环境保护规划纲要（2004—2020 年）》决议情况、旧城镇旧厂房旧村庄改造情况的报告，检查《大气污染防治法》、《城市垃圾管理条例》的实施情况，开展关于省政府扶持东西两翼和粤北山区污水处理设施建设情况的专题调研，督促政府继续加大对珠三角地区污染的防治力度，深化区域环保合作，促进节约集约用地，建立节能减排责任制和大气污染防治长效机制，加强城乡垃圾管理和处理工作，提高欠发达地区污水处理水平，改善城乡生态环境。

1. 监督水污染防治

对淡水河、石马河（以下简称“两河”）流域水污染治理的监督，是广东人大监督的重点举措之一，收到了较好的实际效果。“两河”是深圳、东莞、惠州三市的“母亲河”，同时也是东江的最大污染来源，其污染整治直接关系着珠三角东岸地区4000万人的供水安全。广东省人大自2008年起将人大代表关于淡水河和石马河流域污染整治的建议列为重点建议，跟踪重点督办。从此，广东省人大常委会对“两河”治污年年调研、年年视察、明察暗访、持续跟踪。由于“两河”流经三市，且涉及环保、工商、河道管理等不同部门的职责，省人大每年至少召开一次“两河”整治工作协调会，贯彻污染联防联控的思路，促进相关各市联合治污。人大的监督，有力推动了各地政府采取有效措施全力以赴取得治污实效。2012年，经过五年重点整治，由广东省人大重点督办的“两河”污染整治工作取得阶段性成果，达到了预期目标。

广东省新一届人大常委会继续将“两河”流域的污染治理作为重点督办项目，推动实现2020年“两河”水质达到Ⅳ类的目标。2013年2月，广东省人大常委会举行座谈会，就进一步深化“两河”流域污染整治工作，听取了省环保厅和深、莞、惠三市关于“两河”整治情况的汇报。10月29—30日，省人大调研组视察了“两河”流域污染整治的决议执行情况。但不同于此前历次的是，省人大常委会还邀请了第三方评估机构——环境保护部华南环境科学研究所，对治污效果开展独立评估，并向社会公布第三方评估结果。省人大常委会借助新闻媒体对沿河流域的污染整治开展舆论监督，倾听民众心声，推动人大监督工作的开展。

在“两河”流域治污取得阶段性成效之后，“四河”的污染整治开始受到重视。2014年7月31日，广东省人大常委会听取并审议了省政府《关于运用淡水河石马河整治经验集中推动广佛跨界河流、深莞茅洲河、汕揭练江、湛茂小东江等跨市域重污染河流整治工作情况的报告》，这是全省污染河流新一轮整治的一项重大行动，对推动全省水环境持续改善、建设生态文明广东具有十分重大的意义。

2. 监督城乡垃圾管理

城乡垃圾管理是城乡生态环境保护的重要内容，关系着环境、安全和生态文明建设，更是城乡居民生活水平的重要指标。然而，广东的“垃圾围村”、“垃圾围镇”甚至“垃圾围城”现象日益严重，垃圾管理水平低下已成为制约新型城镇化水平提升的重要问题。

2011年，广东省人大常委会对省内实施《广东省城市垃圾管理条例》（以下简称《条例》）的情况进行了执法检查，发现了垃圾处理设施建设滞后、垃圾无害化处理率低、农村垃圾污染问题凸显等一系列问题，并建议省政府及有关部门加大《条例》实施力度，更加重视城乡垃圾管理工作。2012年广东省人大开会期间，有人大代表提出了“加强农村垃圾管理”的建议，要求把农村生活垃圾处理问题列为省的重点民生实事工程。面对“垃圾围村”的现状，广东省人大常委会2012年和2013年连续两年将该建议作为重点建议进行督办，以推动逐步建立城乡一体的垃圾处理体制。

2013年5—8月，广东省人大常委会对省内的农村垃圾管理情况进行了一系列调研。调研组听取了广东省政府有关部门汇报后，分赴汕头、佛山、韶关、江门、湛江、潮州六市以及增城、省政府确定的六个农村垃圾管理试点县实地调研，掌握了大量一手资料。9月，广东省人大常委会听取和审议了省政府《关于加强我省农村垃圾管理情况的报告》。此外，还召开联组会议，对农村垃圾管理专项资金投入情况、农村垃圾无害化处理设施建设情况和建立健全城乡一体的垃圾处理体制的情况等进行了专题询问。这是广东省十二届人大常委会的第一次专题询问，也是2013年度的唯一专题询问。这次专题询问真正成为人大监督增强实效的杠杆，展现了问者与答者的见识、胆识、责任和智慧。

广东省人大常委会还于2013年印发了《督办农村垃圾管理工作五年计划》，提出到2014年年底完成“一县一场”、“一镇一站”、“一村一点”建设任务；到2017年年底，建立起农村垃圾管理长效机制的督办目标。同时，省人大常委会将从2014年起到2016年，连续三年分别就各地级以上市的农村生活垃圾收运、垃圾分类及总体成效组织开展第三方评估，并根据评估结果进行排名，向社会公布评估结果。

2014 年 8 月，广东省人大环资委联合南方日报再度暗访农村垃圾污染，连续五天走访了粤东潮、汕、揭三市的部分村庄。8 月 14—15 日，广东省人大常委会和省住建厅在惠州市博罗县联合召开广东省农村垃圾管理工作推进会，总结农村垃圾管理工作推进情况，部署下一阶段工作，并现场参观考察惠州市博罗县垃圾处理设施建设和农村垃圾管理工作。

3. 监督大气污染防治

随着“雾霾”、“PM 2. 5”等词渐为人们熟悉，大气污染问题逐渐引起各界重视。大气质量与人们的生产和生活质量息息相关，且大气污染防治工作涉及行政管理体制、地区和企业发展理念、行政执法力度和公众素质等综合因素。由于广东省的工业和经济起步较早，大气污染问题显现较早，广东人大对大气污染防治工作的关注也比较早。从 2003 年开始，广东省人大常委会就对沙角电厂排放二氧化硫造成大气严重污染的问题，连续多年跟踪监督，推动沙角电厂的脱硫装置提前建成投入运作，解决了人大代表和人民群众关注多年的问题。

广东省人大常委会于 2010 年和 2014 年两度将《大气污染防治法》的执法情况作为检查的重点，检查广东省贯彻落实国家大气污染防治行动计划、加快产业结构和能源结构调整步伐、重点行业污染治理、机动车污染防治，特别是黄标车淘汰、挥发性有机物污染治理、建立健全大气污染防治机制、空气质量特别是 PM 2. 5 指标改善等情况和实施过程中存在的问题。8 月 27—29 日，省人大常委会执法检查组赴湛江、茂名开展《大气污染防治法》执法检查，听取相关汇报，并深入两地热电厂、乙烯厂、炼油厂等石化企业察看脱硫脱硝情况，在监测站实地察看大气监控情况。检查组认为，两地要更加重视石化企业的减排工作，避免造成新增污染。由于在 2013 年广东省珠三角城市空气质量评比中，广州市排名相对靠后，因此在 2014 年 5—7 月，广州市人大常委会启动了《大气污染防治法》和《广州市大气污染防治规定》的执法检查。

二 加大监督力度

人大多年来之所以被视为“橡皮图章”，主要原因即在于其手中的权力弱化和虚化。尽管手握监督权，却难以“制服”其监督对象——“一府两院”，监督实效难以显现。有鉴于此，广东人大拿出了盯住不放的韧劲和一抓到底的狠劲，抓好后续跟踪督办，杜绝“重形式、轻结果”、“重答复、轻落实”等现象的出现。对整改工作认识不到位、措施不得力、成效不明显的，可以由主任会议决定，或者由常委会组织跟踪检查，直至问题真正得到解决，切实做到善始善终。

近年来，广东省人大常委会采取听取专项工作报告、开展专题询问和专题调研的“三专”监督方式，通过连续监督、跟踪监督，围绕群众普遍关注的住房、教育、食品、交通、饮用水等民生问题，加大监督力度，增强监督实效，推动政府切实解决有关问题。

例如，人大常委会每年都听取和审议省政府关于社会保险基金的年度决算和第一季度预算执行情况的专项工作报告，依法监督社会保险专项基金的管理和使用。连续三年把检查《广东省饮用水源水质保护条例》实施情况作为重点监督项目，确保饮水安全，让群众喝上干净水、放心水。连续四年加强检查监督，督促省政府和有关市县加强协调，切实做好“两河”的污染整治工作，保障了粤港4000多万人的饮水安全，受到民众特别是香港全国人大代表的高度评价。

又如，2010年，广东人大代表在省十一届人大三次会议上提交了《关于对广东省境内所有的路桥收费全面推行一卡通电子收费的建议》，被省人大常委会列为重点督办建议。此后，两届省人大常委会连续五年以代表建议重点督办、跟踪督办或听取专项工作报告的形式对路桥收费推行“一卡通”进行监督，每年都取得新的进展。2014年，一卡通电子收费工作实现了质的突破，从6月29日起，全省92条高速公路全面实现联网收费“一张网”。但广东人大仍未放松对一卡通的监督。2014年8月7日，省人大常委会主任又率部分全国、省人大代表视察广东省路桥收费推行一卡通电子收费工作，听取省政府以及有关部门做相关情况汇报，并赴省联合电子公司粤通卡客服中心广州营业部实地察看了非现金缴费卡（粤通卡）运营发展情况。

广州市连续几年对长期性重点工作进行持续监督、跟踪问效，使得被征地农村集体留用地落实、违法建设查处、生态公益林经济补偿、消防站建设等工作取得重大进展。对“一府两院”研究处理常委会会议审议意见的报告，明确由常委会有关工委先行审核，报主任会议讨论后视不同情况分类处理，对不符合审议意见要求的，要求重新报告。2011年年初，广州市人大常委会首次组织力量对市人大代表在大会期间的审议发言进行汇总梳理，整理出536条针对性、操作性较强的具体意见和建议，分别印发给“一府两院”和市人大常委会各部门，要求对代表审议意见和建议认真研究处理，并将处理情况回复代表。“一府两院”和人大代表普遍反映，这一做法有利于提高代表履职的积极性，有利于促进“一府两院”和市人大常委会的工作，有利于增强人代会的决策监督功能和权威性。

广州市人大常委会还连续几年对生态公益林经济补偿、农村留用地政策落实、消防站建设等重大问题进行监督，紧抓不放，狠抓落实。针对部门预算执行率低的“老大难”问题，2011年和2012年，广州市人大财经委选取了与民生关系较为直接的教育、卫生和农业等法定支出的部门预算开展了专项调研。并在此基础上，2012年继续对影响预算执行率的另一个方面——项目转移支付资金的执行情况进行专题调研，以找出财政体制或制度上存在的问题，并对执行率较低的广州市体育局进行了专题询问。

“回头看”、工作评议和满意度测评都是增强监督力度的重要举措。

2012 年，广东省十一届人大五次会议将代表提出的“加大整治地沟油的力度，保障食品安全”建议列为当年重点督办建议，由省政府组织办理。一年多以后，广东省人大常委会组织省人大代表开展了整治地沟油重点督办建议的“回头看”视察活动，重点关注地沟油整治的效果、监管措施和环节需要加强之处。2013 年 12 月 11 日，梅州市组织部分常委会组成人员和部分全国、省、市人大代表，对该市 2012 年十件民生实事办结落实情况开展“回头看”视察活动，确保重点民生项目得以落实。广州市近三年来先后对十多个部门落实政府工作报告目标任务情况进行工作评议和满意度测评。测评结果连同审议意见印送市委、市政府、市分管领导和市委组织部门，并向社会公开。

三 整合监督力量

（一）内部的“上下联动”

近年来，广东省人大常委会经过反复研究，形成了新的思路：在“突出重点”和“上下联动”两个方面探索监督的新路子。推行“上下联动”，就是对重点监督项目，由省人大联合市、县（区）人大，在共同研究部署的基础上，在各自的职责范围内分级实施监督、分级督促整改。在具体执行上，省里确定了执法检查项目后，各市、县（区）在原方案基础上增加与本地实际相结合的方案，检查时由省、市、县（区）协同合作，通过建立健全上下级人大的会议、信息交流等制度，共同推动执法监督落到实处。

2003 年 7 月，在东莞召开的广东省人大内务司法工作会议上，“上下联动”开展执法检查的新方式成为热门话题，并形成了一个共识：采取“上下联动”的方式进行执法检查，有利于在更大的范围内、更全面地了解执法检查的情况和问题；有利于三级人大协调一致，互相配合，避免力量分散和重复检查，充分发挥三级人大监督的整体效应，形成一定的声势，强化监督力度；有利于更全面地了解执法实际情况，抓住重点、有的放矢，并逐级落实督促整改，促使执法中存在的问题得到解决，取得监督的实效。

广东省人大常委会在大力推进省、市、县（区）三级人大“上下联动”的监督方式的同时，还推动将常委会的重点监督与委员会的经常性监督相结合的方式，以及执法检查发布制度、重大监督事项发布制度、约见和答复制度、人大监督工作公开制度等，展示了在监督机制和方式上勇于创新、善于创新。

（二）引介外部力量

1. 引入第三方评估，提高监督质量

2013 年，广东省人大常委会专门委托环保部华南环境科学研究所对淡水河、石马河流域污染整治效果进行第三方评估。这是一次借助专业机构、专业人士力量，提高人大监督质量和实效的成功实践。2014 年 1 月 2 日，广东省人大举行新闻发布会，公布了第三方评估结果。评估报告详细列出三市的考核结果、整治经验、存在问题，并提出了整改建议。评估报告建议，流域内全面推行治污“河长制”，进一步明确市级、县（区）级、镇级交接断面，由相应级别的党委、政府主要负责人分别担任“河长”，制定更加严格的治污考核办法，通过问责、奖罚、舆论等手段，落实地方政府对辖区内环境质量负责的法定责任；尽快制定、修编并实施水环境综合整治达标方案，并将重点任务纳入治污保洁平台和环保实绩考核中强力推进。引入第三方对人大督办的政府工作项目推进情况及成效进行评估，在广东省人大监督工作中是第一次，在全国也是一项先行先试的创举。首次引入第三方评估收到了良好效果，广东省人大常委会将继续探索对重大民生工作引入第三方评估机制，2014 年在农村垃圾管理工作领域连续三年开展第三方评估。

在财政预算监督方面，广东省于 2014 年也引入了第三方评估的工作机制，围绕战略性新兴产业发展专项资金支出绩效情况开展专题调研，并就相关项目开展第三方绩效评估。重点针对有关专项资金安排使用情况、主要成效及存在问题，提出进一步完善资金管理的意见和建议，推动政府逐步建立绩效问责制度。第三方评估成果验收后将作为参阅文件印发常委会会议。由财政经济委员会、常委会预算工作委员会负责组织和实施。此外，广东省还将继续探索在整个财政资金使用的绩效评估中引入第三方评估机制。以重大投资项目绩效评估为抓手，每年选取1—2个省级专项资金项目，引入第三方开展绩效评估，并召开新闻发布会向社会公布评估结果，切实增强监督工作的科学性、实效性。

2. 选聘财经咨询专家，助力财政监督

2013年6月，广东省人大常委会开始公开招聘财经咨询专家，聘期为五年，作为为人大财经工作和计划预算审查监督工作提供咨询服务的“智囊团”。财经咨询专家制度的“前身”，是2009年广东省人大常委会设立的财经工作咨询顾问制度。较之财经工作咨询顾问，此次财经咨询专家的人数更多（30名），并且是面向社会公开招聘。7月17日，经过差额无记名投票，选出了30名财经咨询专家。财经咨询专家制度的运行，将有助于人大多渠道听取各方意见和建议，扩大社会力量参与财经工作，提高人大财经工作尤其是计划预算审查监督工作的质量和水平，推动人大对政府全口径预算决算的审查和监督。

2013年9月22日，即广东省人大代表专题视察2013年预算编制情况的前一天，省人大常委会组织了省人大常委会财经咨询专家“一对一”为省人大代表提供咨询服务，有效提高了代表提出意见建议的全局性和针对性。

3. 选聘环保咨询专家，推动环保监督

近年来，广东省人大常委会在大力推动大气污染整治、水污染整治、农村垃圾管理等工作中，深感环保专家专业意见和智力支持的重要性。2014年4月，广东省人大决定公开选聘一批环保咨询专家，并于5月完成选聘工作。环保咨询专家制度是继2013年省人大常委会建立立法咨询专家制度、财经咨询专家制度之后建立的又一项咨询制度，目的是通过环保咨询专家参与人大环境与资源保护工作，发挥其专业和技术优势，提供专业意见和智力支持，促进广东省的生态文明建设和环境资源保护。环保咨询专家的主要任务是为省人大及其常委会审查环保方面的议案、质询案及有关专项工作报告等提供分析咨询意见；应邀参加省人大常委会和省人大环资委开展环保方面情况调研，并就存在的问题及解决办法提供咨询意见；受省人大常委会或环资委的委托，对广东省环保方面的有关问题开展调查研究，提出调研报告；应邀参与省人大常委会和环资委对环保方面的地方性法规、规章以及有关的决议、决定和命令的审议或审查提供咨询意见；参与培训全省人大环保工作人员。

四　建构监督制度

人大监督工作的法律性、程序性强，但相关法律规定大都比较宏观，可操作性不强，地方人大遵循起来比较困难。广东人大根据法律规定，结合工作实践，加强了制度建设，努力提高监督工作的规范化、科学化水平。

（一）完善监督工作制度

广东各级人大对包括常委会议事规则、主任会议议事规则、执法检查办法、视察办法、人事任免办法、讨论决定重大事项的规定等进行了完善，形成了较为完整的制度体系。经过数年运转，广东人大监督工作进一步规范，监督质量得到有效提高。例如，广州市人大创新了主任会议议事规则，并实行监督哨位前移，对国家行政机关行将出台的决策进行论证，通过调查研究，提出一些具有预见性的意见建议，以防止盲目性和随意性，避免不成熟的决策给国家和人民造成不应有的损失。

（二）建立监督工作公开制度

2008年，广州市制定了《广州市人大常委会监督公开规定》，规范了常委会监督公开的内容、时间、程序和方式，推进监督工作依法有效公开。在此基础上，广东省又建立了新闻发布制度，成为推动人大制度创新和人大工作发展的重要举措。2012年4月，《广东省人大及其常委会新闻发布办法（试行）》（以下简称《办法》）开始施行。《办法》旨在提高广东省人大及其常委会工作的透明度，保障人大代表和社会公众的知情权，引导社会舆论。《办法》规定，广东省人大及其常委会的监督工作情况等，将通过召开新闻发布会、情况介绍会、媒体吹风会、个别采访、集体采访、网络访谈、回应网民问询、发布新闻稿、答复记者提问等方式，及时对外发布。该制度是获得新闻传播主动权、为人大制度建设和工作发展营造良好的舆论环境的需要，有助于树立和展示广东人大民主、有为、开放的良好形象。

（三）健全充分发挥代表作用的机制

广东省各级法院和检察院为了进一步拓宽外部监督渠道，进行了许多努力探索和有益实践。在法院系统，已经建立起“全方位、全覆盖、经常化、制度化”人大代表联络工作机制。在此机制下，建立了专门联络机构、配备了专职人员；法院各部门的主要领导均为人大代表联络员，分别与同级人大代表中各代表团或小组的代表建立起相对固定的联络关系，联络工作的范围已全面覆盖所有代表和代表小组，有关工作绩效还将纳入对法院和法官的考评机制；重大联络活动每年不少于三次，各基层法院每年不少于一次，本地区的每一位代表每年都至少参加一次重大联络活动。

2008年6月，广东省高院正式了启动“百庭观摩”活动，由法院各庭的负责人担任人大代表联络员，以方便各级人大代表、政协委员对法院工作的了解和监督。至2009年2月，全省各级法院累计邀请人大代表、委员

6256人次参加视察法院、工作座谈和观摩庭审、听证、见证执行等活动358场。①

此外，通过人大代表“百场见证执行”、“百场征求意见”、“百场走访下基层”等活动的开展，拓宽了代表了解法院的渠道，代表联络工作由单向联络变为了双向互动。全省法院建立了人大代表联络办公室，设立人大代表联系专线电话，为人大代表提供24小时服务；开辟了代表旁听庭审“绿色通道”，人大代表持本人有效证件可旁听案件庭审。许多法院还设立了代表联络短信平台，每月定期向人大代表通报法院审判、执行、队伍建设等方面的情况以及重大案件开庭信息。②

为进一步规范代表联络工作，广东高级法院制定了《关于进一步加强与人大代表联络工作的实施意见》和《与人大代表建立联络关系的办法》等，规范了加强代表联络工作的方式、程序、要求等事项，建立了邀请人大代表视察和评议法院工作制度、人大代表意见建议和来信登记制度、向人大代表通报法院工作和重大事项制度等。广州市也在积累实践经验的基础上，先后出台了《广州市法院与各级人民代表大会代表联络制度（试行）》、《广州市中级人民法院关于与人大机关、人大代表联络的办法》等规范。

广东省检察院也把加强和改进代表联络工作作为接受人大监督的重要途径。例如，省检察院坚持向人大及其常委会报告工作部署、重要事项，邀请人大代表、政协委员、人民监督员观摩公诉出庭活动。此外，还建立了人大代表联络员制度和手机短信联系平台，及时通报检察工作情况，体现出了对代表和代表工作的高度重视。2008年起推出“阳光检务”，近年来取得显著成效，获得省人大代表的高度评价。《广东省人民检察院关于进一步加强与人大代表联络自觉接受人大监督的意见》（以下简称《意见》）

---

① 参见《广东省高级人民法院工作报告》（2009年）。

② 参见邱玫《代表行使监督权更便捷更顺畅》，《人民法院报》2012年2月21日。

的制定，是实现人大代表联络工作经常化、制度化、规范化的重要举措。《意见》要求，检察系统建立起人大代表联络员制度、上下联动机制、代表联络工作通报制度，采取主动登门走访，召开座谈会征求意见，邀请人大代表参与执法检查、视察和评议检查工作等方式，为人大代表更好地了解检察工作创造有利条件。

第四章

推动依法行政的创新与发展

在世界各国，政府都是国家治理的中坚力量。推动国家治理体系的现代化，首先就要求建立法治政府。与此同时，现代化的治理模式尊重社会大众的主体地位，要求在治理主体与治理模式上，从一元化的单项治理模式向多元化交互共治的模式转变。

第一，法治建设与国家治理体系的创新应当有机结合起来。一方面，法治建设必然遇到许多制约和社会问题，这需要在体制上予以考虑，需要创新社会治理体系来提供平台；另一方面，法治既是现代国家治理的基本手段，也是现代国家治理的重要目标之一。现代国家的治理，需要发挥法治的指引作用、规范作用、推进作用。

第二，国家治理体系现代化要求经济、社会诸领域均实现法治化。法治建设不仅要在一般意义层面形成规则之治，更要在经济发展、营商领域形成法治化环境。行政体制改革的关键是处理政府和市场的关系，而在政府和市场的关系中政府是矛盾的主要方面。这需要政府守法，以法治政府促成良好的政府、市场关系。

第三，国家治理能力现代化要求政府守法，厘清政府与市场、政府与社会的界限。目前，一些地方秉承计划经济遗留下来的思维方式，在职责定位与履行中，不同程度存在错位、越位和缺位现象。这里，既有对微观事务干涉较多，大量公民、法人或其他组织能够自主决定，市场竞争机制能够有效调节，行业组织、中介结构能够自律管理的事项，被政府粗暴介入，严重抑制了社会、市场创造力能动性的发挥；也有政府缺位的现象，对于城乡规划、环境污染、食品安全、基本民生保障等属于政府职责的事项，却存在不履责或履职不到位，导致市场的负外部性被乘法式扩大。对此，需要厘清政府与市场、政府与社会的关系，既实现政府对市场的有效监管，又实现政府、社会的伙伴式治理，共同形成多元参与、政府主导的现代治理体系。

广东省在推动法治政府建设方面起步早，取得了丰富经验，在理念、制度、体制、机制等方面都不乏其他地方借鉴之处；其面临的各种瓶颈问题，也值得其他地方警惕、预防。

第一节 行政审批制度改革

行政审批制度是政府对社会、经济事务实行事前管理的重要手段。行政审批制度改革不仅涉及政府职能转变、政府部门职能定位和权力调整，也是理顺政府与企业、市场、社会关系的关键所在。在中央层面，2013 年国务院分批取消和下放 416 项行政审批事项。[①] 在地方，各地对于行政审批改革的探索也热情高涨。

多年来，广东省一直推动行政审批制度改革，促进政府转变职能，推动构建市场化、法治化、与国际接轨的营商环境。2013 年，广东省政府提请省人大常委会审议《广东省行政审批管理监督条例》，广东省人大常委会将其更名为《广东省行政许可监督管理条例》，并于 2014 年 5 月 29 日通过并公布。该条例是全国第一部贯彻十八届三中全会精神，规范行政许可监

① 参见国家审计署审计长刘家义《国务院关于 2013 年度中央预算执行和其他财政收支的审计工作报告——2014 年 6 月 24 日在第十二届全国人民代表大会常务委员会第九次会议上》，2014 年 6 月 26 日，人民网。

督管理工作的地方性法规。

一　取得成效

广东省在精简行政审批事项、行政审批权限下放转移、加强行政审批标准化建设等方面，取得显著成效。

（一）全面清理并精简行政审批事项

清理并精简审批事项，是行政审批制度改革的根基所在。对于一些本来就没有存在依据或存在必要的行政审批，如果仅是优化审批流程，或向社会转移，或予以规范化、标准化改革，或进行网上审批，等等，都无法彻底杜绝其消极影响，至多治标而不可能治本。因此，必须将清理、精简行政审批事项，作为行政审批制度改革的首要内容。2013 年，国务院发布《国务院关于严格控制新设行政许可的通知》（国发〔2013〕39 号），也是避免行政许可出现边减边增、明减暗增等反弹现象的重要举措。

广东省在清理各级政府行政审批事项时，将以往保留、新增及日常管理中具有审批性质的事项全部纳入清理范围。2012 年两次发布行政审批制度改革事项目录，共取消 197 项，转移 56 项，下放实施 125 项，委托管理 5 项。2013 年，广东省人民政府办公厅发布了《广东省贯彻落实国务院决定取消和下放部分企业投资项目审批事项实施方案》，要求做好国务院取消和下放的 25 项企业投资项目的落实和衔接工作。2014 年 2 月 27 日，广东省政府公布《广东省人民政府关于取消和下放一批行政审批项目的决定》（粤府〔2014〕8 号），新取消和下放 47 项行政审批项目。其目标是，到 2014 年底实现县级以上政府行政审批事项比 2011 年底减少 40%以上。在工商登记制度改革中，进一步清理、合并和压减工商登记前置行政审批事项。

（二）下放或向社会转移行政审批权限

推进行政审批制度改革过程中，广东下放或向社会转移了许多行政审批事项。广东省政府相继发布了《广东省第一批调整由广州南沙新区管理机构实施省级管理权限事项目录》、《广东省第一批向广州南沙新区开通“绿色通道”的省级管理事项目录》（省政府令第180号）和《深圳前海管理局实施省级管理权限目录》（省政府令第194号）。

广东各地也积极展开了行政审批权限下放和向社会转移的探索实践。佛山市顺德区于2012年出台《顺德区政府职能向社会转移暂行办法》（顺办发〔2012〕35号），将技术类的辅助审批事项、资格类辅助审批事项、以强化监管为目的的后续审批事项等行政审批职能向社会转移。2013年，顺德区又出台《顺德区人民政府关于公布实施深化行政审批制度改革事项目录（第一批）的通知》。其主要内容包括：一是对已经取消的行政审批事项，自该通知下发之日起停止实施，不得变相审批或继续审批，并在审批事项管理系统和通用审批系统中删除；二是对省、市政府委托行使的审批事项，做好手续衔接，完善委托手续，明确职能范围和法律责任；三是对上级政府直接下放的审批事项，在区审批事项系统中进行标准化填报和权限调整，争取纳入通用审批系统并进驻网上审批服务大厅；四是对移交社会组织的审批事项，已具备条件的转移事项要立即按照转移程序启动具体工作，暂无符合承接条件的社会组织或有待上级部门统筹推进等暂不具备转移条件的事项，要加快行业社会组织的培育发展，引入竞争机制吸引外地符合条件的社会组织来当地开展业务。2013年8月，顺德区下发《顺德区人民政府关于公布实施深化行政审批制度改革事项目录（第二批）的通知》，进一步推进了行政审批制度改革，促进了政府职能转变，激发了社会活力。

（三）再造行政审批流程

在审批流程优化上，广东省按照“一件事情原则上由一个部门负责”的原则，着力减少审批环节，将由多个部门审批的事项调整为由一个部门负责或由一个部门牵头办理。如对卫星电视广播地面接收设施的生产许可、外商投资广告企业设立分支机构审批等16项审批事项的办理部门予以裁减。此外，广东还注重切实减少行政审批中不必要的中间环节，精简企业办事程序，如取消了无线电发射设备型号初审、外商投资的道路运输企业开业审查、省级非营利组织免税资格认定初审等中间环节，并将汽车生产企业准入初审、司法鉴定机构名称预先核准、水工程建设规划同意书审批等21项合并审批。

广东一些地方还就前置性审批的规范和简化做了规定。如深圳市人民政府印发《深圳市企业登记前置行政审批事项目录》，只有列入企业登记前置行政审批事项目录的审批事项，方可作为企业登记的前置行政审批事项，要求申请人在申请办理企业登记前，先取得相关行政机关的行政许可，否则，市场监管局在办理企业登记时不得再作为前置行政审批事项，且未经市政府批准，任何部门不得擅自增加企业登记前置行政审批事项。佛山市顺德区也在已有的优化审批服务流程的基础上，以最大限度地便民利民为出发点，进一步创新审批服务方式，简化环节，服务下移，优化流程；与此同时，对上级政府委托、下放该区行使的行政审批事项，统一纳入优化流程的范围，建立高效、便民的审批机制，做到了审批流程优化的全面、无死角。

（四）加快专项审批制度改革

在全面推进行政审批制度改革的过程中，广东省还抓住与经济发展最为密切的商事登记、社会组织登记等问题，开展了专项审批制度的改革工作。

商事登记改革彻底颠覆原有的行政审批制度模式，实行工商登记注册与经营项目许可审批相分离、有限责任公司注册资本认缴、商事主体住所与经营场所相分离，还实行经营范围、实收资本备案制度，允许“一址多照”和“一照多址”。改革中注重简化工商登记注册程序，缩减登记事项和营业执照种类。商事登记制度改革的一个亮点是，将一些企业登记的前置审批项目变更为后置审批。改革前，行政许可是作为企业登记的前置审批项目，经营者不办理就拿不到营业执照；改革后将特殊经营项目的许可审批改为后置，从而简化了企业登记注册手续。

顺德区的企业登记并联审批，综合运用电子信息技术，再造行政审批业务流程，组织相关审批部门按照“一窗受理、并联审批、限时办结、流程监控”的原则，实现了营业执照、组织机构代码证、税务登记证“一窗受理、一表登记、三证同发”。申请人只需填写一份登记申请表，同时递交办理营业执照、组织机构代码证、税务登记证、社保登记所需资料，由综合服务窗口收件并发送相关部门，相关部门同步审核。对各部门收取资料目录中重复的资料，实行并联审批后只需收取一份。另外，值得一提的是，顺德区将企业公章刻制审批同时纳入此次改革的范围，公安部门同步改革公章申报审批流程，试行电子审批。

在上述商事登记改革基础上，《广东省市场监管体系建设规划（2012—2016年）》（粤府〔2013〕98号）提出推进商事登记改革。总结评估商事登记改革试点工作经验，探索建立与广东省经济社会发展相适应的商事登记制度。2013年底前在全省范围铺开，2014年全面推进商事登记改革，2016年基本建立“宽进严管”的商事登记制度。

在社会组织登记方面，广东省针对饱受诟病的双重登记制度，按照“宽进严管”的思路进行改革。2006年，广东省将行业协会主管单位改为业务指导单位，实现了“五自四无”，即自愿发起，自选会长，自筹经费，自聘人员，自主会务；无行政级别，无行政事业编制，无行政业务主管部门，无现职国家机关工作人员兼职。2009年“五自四无”的管理体制改革模式被拓展到异地商会、公益慈善类社会组织。2012年7月1日起，除法律法规规定需要前置审批的以外，社会组织的业务主管单位均改为业务指导单位，由民政部门直接审查登记。

（五）推动行政审批规范化目录化管理

广东省为推动行政审批规范化，组织开展了行政许可自由裁量权规范工作，完善行政许可规则，进一步规范行政许可文书，加强行政许可案卷评查工作。

为从源头上实现规范化，广东省创设行政审批事项的目录管理制度。2013年1月1日施行的《广东省行政审批事项目录管理办法》（粤府令第176号）要求行政审批的实施、监督和公开等应当以目录为依据，未纳入目录的行政审批事项不得实施。根据该管理办法，每项行政审批事项应当编码，确立唯一身份，并纳入各级行政审批事项目录管理系统管理，全省各级政府保留的行政审批事项均应纳入本级行政审批事项目录进行统一管理。纳入目录的行政审批事项，应当明确事项名称和代码、审批依据、实施机关、审批程序、审批条件、申请材料、审批期限等审批事项要素和内容；涉及收费的，应当明确收费依据和标准；涉及前置审批的，应当明确前置审批机关。目录的管理机构应当根据行政审批事项的增加、调整和变更等变化情况，及时更新和公布目录。

（六）实施网上审批

推行网上办公，加强在线办事功能，是电子政务发展的必然趋势。近年来，广东省在全省范围内推动建设网上办事大厅，构建上到省级政府部门，下到市、县、区的全方位在线办事平台。2012年广东省网上办事大厅主厅（http：//www.gdbs.gov.cn）开通。惠州市更是率先开通了网上办事大厅手机版和平板电脑版。

在实施网上审批之前，由于审批材料在部门间重复提交，大量审批材料为各行政部门内部产生，导致出现“部门审部门”的低效现象。东莞市政府明确了电子批文的效力，审批部门实现统一采信电子批文。通过批文共享平台的建成使用，实现“批文入库、资料共享”，各部门出具的审批文件及办事结果统一上传至政务信息资源共享平台。后续审批需要前置审批批文时，可直接从平台中调取相关批文。与此同时，东莞启动电子营业执照应用平台，率先发出了全国首批电子营业执照，部门审批可直接从平台中获取与社会法人或个人相关的电子证照。通过“一网受理”、“一表通用”、“一次填报”、“同步发证”，推出“四证”联办。截至2014年4月24日，东莞网厅共进驻服务事项1791项。其中，行政许可事项851项，837项可在线申办；非行政许可审批事项215项，209项可在线申办；社会事务服务事项725项，707项可在线申办。①

二 面临障碍

广东的行政审批制度改革虽然取得巨大成效，但依然存在一些问题。其中的关键瓶颈是法律制度障碍。

《国务院关于同意广东省“十二五”时期深化行政审批制度改革先行先试的批复》（国函〔2012〕177号）同意广东在“十二五”时期深化行政审批制度改革先行先试，在广东行政区域内调整100项行政审批。全国人大常委会授权在广东省暂时调整部分涉及法律规定的行政审批25项，这使得广东的行政审批制度改革扩大了其合法作为空间，纳入依法改革的轨道。但在广东行政审批进一步深化改革过程中，仍然受到法律制度的局限。主要表现为：

一方面，对于专门授权以外的法律、行政法规设定的行政审批制度改革困难重重。广东全省省级694项行政审批中，只有46项是省设定的，其余648项均是国家层面设定，其中将近500项有充分直接的法律、行政法规或国务院决定依据。国务院、全国人大常委会的授权仅限于涉及法律、行政法规的125项行政审批，而剩下近400项涉及法律、行政法规的行政审批，仍有不少与地方经济社会发展不相适应，其改革难度相当大。

另一方面，依法改革缺乏法治保障。在现代国家治理体系下，必须处理好改革与法治的关系，实现改革与法治的良性互动。改革开放之初，法

① 参见《东莞1791事项进驻网上办事大厅》，2014年5月7日，新华网广东频道。

律制度严重不健全，在“摸着石头过河”的指导思想下，“良性违法”存在某些价值，尚且具有一定合理性，对于市场经济的建立形成和经济社会发展起到过一些积极作用。但是，截至2010年底，中国已制定现行有效法律236件、行政法规690多件、地方性法规8600多件，并全面完成对现行法律和行政法规、地方性法规的集中清理工作。“涵盖社会关系各个方面的法律部门已经齐全，各法律部门中基本的、主要的法律已经制定，相应的行政法规和地方性法规比较完备，法律体系内部总体做到科学和谐统一”，“一个立足中国国情和实际、适应改革开放和社会主义现代化建设需要、集中体现党和人民意志的，以宪法为统帅，以宪法相关法、民法商法等多个法律部门的法律为主干，由法律、行政法规、地方性法规等多个层次的法律规范构成的中国特色社会主义法律体系已经形成，国家经济建设、政治建设、文化建设、社会建设以及生态文明建设的各个方面实现有法可依”①。在此背景下，如果还将改革置于法治之上，以改革之名去破坏法律的权威性和强制性，那么，其正当性就会不复存在。因此，有必要将改革纳入法治轨道，使依法改革成为必由之路。

迄今为止，在中央层面，尚没有一部法律或行政法规对改革的主体、程序、权限、责任做出规定。在地方层面，深圳市有《深圳经济特区改革创新促进条例》，但只是深圳特区在经济领域内的初步尝试。广东虽然获得行政审批制度改革先行先试授权，但是谁来改革？如何改革？如何兼顾改革与法治？在改革立法及配套机制尚未完善之前，涉及的条块问题、央地关系问题、法律法规效力问题难以得到有效解决，势必治丝益棼。

显然，行政审批制度改革中如何在依法行政和突破法律法规限制（或可称为“良性违法”）之间找到改革的平衡点，真正使改革有法可依、依法推进，对各级政府和部门而言是一个很大的挑战。放宽视野可发现，这

① 《2011年全国人大常委会工作报告》，2011年3月10日在第十一届全国人民代表大会第四次会议上。

不是广东审批改革一时一地所面临的难题，不仅体现在行政审批制度改革中，也必然在行政处罚、社会保险等各项事业改革中凸显出来；广东面临的问题，其他地方也会陆续遇到。

因此，有必要由最高权力机关出面，设置依法改革的授权、程序、法律责任等制度机制，妥善处置好改革与法治的关系，做到依法改革。

第二节　行政执法规范化

行政执法规范化是建设法治政府的重要内容。广东省为推动行政执法规范化，一方面深化行政执法体制改革，整合执法资源，减少执法层级，推动重心下移，建立权责统一、权威高效的行政执法体制；另一方面推动行政执法的主体合法、程序合法、文书场所规范化等，促进行政执法的合法、规范、文明。

1999 年通过、2009 年修订的《广东省行政执法责任制条例》，通过依法确认行政执法主体资格、明确行政执法职责、实施行政执法评议考核和落实行政执法责任等，规范、监督行政执法活动。江门市、茂名市根据新条例重新修订了行政执法责任制的规定。惠州市作为广东省推行行政执法责任制的创新示范市，自 2010 年正式启动该项工作以来，建立健全 16 个类别的行政执法责任制度 367 项，其中市政府建立行政执法责任制度 21 项，各行政执法部门普遍建立行政执法岗位责任制度，从而初步建成自上而下的、比较完整的行政执法责任制度体系。

一　通过编制权责清单正本清源

权责清单的编制，包括横向、纵向两个方面。横向是界定不同部门之间的权责，争取实现同一事务、类似事务由同一部门管辖，改变过去“九龙治水”的现象；纵向是厘清省、市、县、乡镇各层级之间的管理分工配置，既要克服上级政府特别是省级政府管得过于微观的问题，也要克服乡镇、区县政府作为执行机关却过于宏观、大而无当的问题，或者把本级政府职责往上级推的问题。由此可见，编制权责清单对于厘清政府与市场、政府与社会、省级政府与市县区各级政府、政府部门之间的权力职责分配有着重要作用。权责清单的背后，还蕴含着权力、责任相统一的要求，对于饱受诟病的“有利益各方来争夺、有责任相互去推搡”的现象，将起到一定遏制作用。

早在2003年，深圳市就制定了《深圳市行政执法主体公告管理规定》，要求所有行政执法主体的名称、执法依据等基本情况应报政府法制机构审查后公告，行政机关委托事业单位实施行政执法必须报政府法制机构审查通过。2013年底，广东省结合行政审批制度改革和政府职能转变，着手开展清理行政职权、编制权责清单工作。2014年初，要求各部门全面、细致、准确清理现有行政职权，并提出取消、转移、下放、整合等调整意见，研究制定职能转变方案。同时，围绕科学划分层级政府间权责关系，选择惠州、汕头、揭阳、茂名、韶关等市开展纵向权责清单试点，探索编制省、市、县三级政府部门的权责清单。

二 通过规范裁量权杜绝执法随意性

考虑到地方、案情的实际情况千差万别，法律出台时往往赋予行政执法机关及其工作人员以一定范围自由裁量的权力。因此，在行政执法特别是行政处罚过程中，往往存在着仰赖执法人员主观意志作出裁量判断，处罚结果因人、因时、因地不同，其中难免存在着处罚畸轻畸重、随意性过强等问题，“同案不同判”、“合法不合理”的问题广受诟病，其中也的确可能存在有的执法人员从个人好恶或私利出发，大办“态度案”、“人情案”、“关系案”，既影响到法律的公正实施，也引起一些群众投诉与行政纠纷。显然，规范自由裁量权对于确保行政执法的公平性、客观性至关重要。

早在2009年，深圳市就出台了《深圳市规范行政处罚裁量权若干规定》，市级各行政执法部门已按照该规定的要求制定本系统的行政处罚裁量权实施标准，将行政处罚裁量权区分不同情况，予以细化、量化和固化。中山市全面落实行政处罚自由裁量权量化标准管理，在全面推行规范行政处罚自由裁量权工作、部门网站公开自由裁量量化标准的基础上，将各单位的2600项行政处罚事项、7800多档量化标准统一在市政府门户网站和市行政服务在线网站公开。

2011年，广东省政府出台《广东省规范行政处罚自由裁量权规定》（粤府令第164号），推动全省各级行政机关扎实抓好行政处罚自由裁量权适用规则的制定、审核及公告工作，规范行政处罚自由裁量权的行使。到2014年初，广东省20个地级以上市以及顺德区已完成行政处罚自由裁量权适用规则的制定发布工作，13个地市完成了对市级行政执法主体行政处罚自由裁量权的审核公告工作。[①] 广东省公安、环保、卫生等部门也先后出台规范行政处罚自由裁量权的制度规范。

三　全方位实施行政执法标准化

广东省在实施执法标准化方面，有以下经验：

一是通过编制执法流程图来实施标准化。广州市天河区自2013年开展

---

① 广东省政府法制办《省法制办关于“广东法治社会建设”方面的汇总材料》，系《广东省人民政府法制办公室关于提供“法治建设在广东”专题调研有关材料的函》（粤府法函〔2014〕620号）附件之一。

创建规范行政执法行为示范区工作。天河区政府法制办对各单位梳理上报的3229项行政职权进行了确认和编码。其中对251项提出修改审定意见，对新增的65项职权进行确认，对6项职权进行协调和移交；对全区990份执法文书进行了审核和规范；对全区122份行政行为执法流程图进行备案。区纪委监察局和区法制办编制《行政执法部门行政职权目录汇编》、《行政执法标准化建设资料汇编》和《行政执法人员岗位手册》三套资料汇编的模板，并下发全区参照编印。截至2014年初，试点单位行政执法标准化建设工作已基本完成。

二是以智能化促执法标准化。广州市天河区食药监局等五个试点单位紧贴工作实际，积极探索运用现代信息化技术推进本单位执法行为信息化、智能化，进而为执法标准化提供坚实保障。区食药监局已完成智慧广州先行区（天河1期）增补项目智慧食品药品监管系统开发项目的验收，通过八大工程、八大网络建设，一个中心、六大平台已经试运行，初步实现了食品药品监管的全流程电子化管理。区环保局对现有的环境质量在线监控系统、总量减排综合管理系统、污染源数据动态更新系统、地理信息系统等多个系统进行升级改造，为环境管理提供决策支持。区建设水务局对全区25个重点监管在建工地及项目人员进行24小时视频监控和考勤指模打卡，实现智能监管。

三是执法办案场所的标准化建设。广东省公安机关以开展涉案人员非正常死亡专项整治工作为契机，将推进执法办案场所的规范化作为规范执法行为的重要内容。根据公安部《公安机关执法办案场所设置规范》，省公安厅制定《广东省公安派出所执法办案场所分区设置实施办法》，明确功能区设置尤其是执法办案场所设置的具体标准。2011年，省公安厅对全省执法办案场所建设情况开展了全面排查和督导整改，并在广州黄埔分局、深圳光明分局、惠州惠东县局召开现场会，强力推进执法办案场所规范化建设。2013年，省公安厅通过自查自纠、督导整改、严格验收等阶段工作，重点推进执法办案场所的规范化改造、日常管理使用和全程录音录像、集中视频监控等工作。截至2013年9月，广东省各级公安机关共计投入执法办案场所改造经费2.97亿元；全省2300多间派出所已基本完成执法办案场所规范化改造，全部解决了“三室”设在二楼及二楼以上的问题；全省已经建成并投入使用的县级公安机关办案中心204个，地市公安局办案中心2个。

东莞市公安局设置“东莞市公安局执法办案格式化”电子化平台，包含“如实立案指引”、“接处警指引”、“执法办案”、“范例展示”、“窗口服务”五个模块。在“东莞市公安局法制信息网”设“执法办案格式化网页”，设漂浮窗指引，直接点击即可进入。东莞公安民警只要有一台连接到公安网的电脑，即可将“东莞市公安局执法办案格式化”平台当作一部公安执法百科全书。

四　完善执法资格考核与执法证件管理

执法人员的素质，对于行政执法规范化具有重要的作用。各地出现的野蛮执法、违法执法，往往与执法人员素质不高、缺乏必要考核培训，甚至是“临时工执法”具有密切关联。对此，广东省着眼于执法资格考核，强化执法证件管理，从而在“人”的方面促进执法规范化。

在行政执法资格考核方面，广东省政府法制办开发出一套广东省行政执法人员综合法律知识网上考试系统，在全省范围内实现行政执法人员综合法律知识考试的“三统一”，即统一考试方式、统一考试内容、统一通过标准，达到以考促训、提高行政执法人员素质的目标。

在行政执法证件管理方面，结合《行政强制法》的出台实施，广东省政府修订了《广东省〈行政执法证〉管理办法》（省政府令第196号），健全了行政执法证件的申领条件和考试制度，明确了行政执法证件的申领程序和审核要求。

五　规范执法动作语言

行政执法活动往往直接面对行政相对人的个人、企业或其他组织，其执法行为的文明、理性至关重要。一方面，部分执法人员并未树立起人民公仆的意识，而是以“管人者”自居，执法语气盛气凌人，执法动作粗鲁野蛮，执法态度居高临下，很容易导致人民群众对执法行为认同感不强，产生偏差误解，甚至酿成群体性事件。对此，广东省将规范执法动作、语言作为执法规范化的重要组成部分。

广东全省各级公安机关从规范执法动作语言入手，全面规定民警窗口服务、出警、现场执法、调查走访、交警执勤、监所管理等领域的执法动作语言规范，通过执法行为的文明规范促进执法行为的理性、文明与平和。湛江市公安局制定的《湛江市公安机关执法规范用语指引》，规定了包括接打电话、执法办案、现场处置等八个方面的执法规范用语，有效促进了警民关系的和谐。

六　落实行政执法评查责任制度

《广东省行政执法责任制条例》实施以来，广东各地普遍建立健全行政执法责任制评议考核或行政执法案卷评查制度。例如，深圳市先后制定《深圳市行政执法案卷评查办法》和《深圳市市级行政执法机关行政处罚案卷评查标准》，对执法评查的主体、办法、标准、程序以及结果处理进行了明确规定，并将评查结果纳入政府绩效考核体系。

广东公安系统大力推行案件主办侦查员负责制。全省各级公安机关积极贯彻落实中央政法委《关于切实防止冤假错案的规定》，建立了人民警察权责一致的办案责任制，推行案件主办侦查员负责制，办案民警在职责范围内对办案质量负责。刑事案件主办侦查员承担刑事案件的侦查、案审、卷宗保管、物证移交、移送起诉等职责，对具体案件办案质量负责。发生冤假错案、错误采取刑事强制措施以及违法查封、扣押、冻结的，要追究主办侦查员责任，协办侦查员承担连带责任。

第三节　完善行政决策机制

虽然行政决策往往不具备《立法法》上法律规范的外形，也不像行政处罚、行政许可那样直接形成或变更特定相对人的具体权利义务，但却常常成为行政机关确定自身和下属机关机构特定时期主要任务工作的重要方式，成为大量行政行为特别是具有执行属性行政活动的依据，进而与社会大众、企业法人和其他组织的工作、生产和生活发生紧密关联。因此，研讨法治行政却避而不谈行政决策，建设法治政府而忽略行政决策的问题，将使得行政决策这种基本的、前端性的行政活动回避依法行政的事前、事中规制和行政诉讼等事后责任制度，必然使得法治面临落空危机。为此，行政决策的合法化是推进依法行政、建设法治政府的重要任务。

2010 年国务院发布《国务院关于加强法治政府建设的意见》，要求坚持依法科学民主决策。一是规范行政决策的程序，要把公众参与、专家论证、风险评估、合法性审查和集体讨论决定作为重大决策的必经程序。二是完善行政决策风险评估机制。凡是与解决社会发展和群众利益有关的重大政策、重大项目的决策都要进行合法性、合理性、可行性和可控性评估。未经风险评估，一律不得决策。三是加强重大决策跟踪反馈和责任追究。出现重大决策失误，造成重大损失的，谁决策，谁负责。

一　重视行政决策机制的制度化

决策听证是将司法范式引入行政过程的制度，其实施模拟司法审判，由对立双方互相辩论质证，听证结果通常对最后的处理有约束力。相较于掌握行政权力的政府，社会公众处于明显弱势地位，有必要将听证会程序制度化和规范化，才能对政府形成有效监督和约束。在全国各地普遍将听证引入行政决策的背景下，广东各地注重实现行政决策听证的制度化，避免听证流于形式、走过场。近年来，《佛山市重大行政决策听证暂行办法》（2006 年）、《河源市政府重大行政决策公示和听证暂行办法》（2007 年）、《汕尾市人民政府重大行政决策听证制度》（2009 年）、《湛江市重大行政决策听证和合法性审查制度》（2010 年）、《广州市重大行政决策听证试行办法》（2011 年）先后出台。在此基础上，广东省政府出台了《广东省重大行政决策听证规定》（粤府令第 183 号），明确了听证的范围、功能、程序以及结果运用等内容，以使公众意见得到充分表达，民意得到充分讨论汇集。

深圳市出台了《深圳市市管单位领导集体决策重大问题议事规则（试行）》、《深圳市人民政府重大决策公示暂行办法》、《深圳市行政听证办法》、《深圳市重大事项社会稳定风险评估办法》、《深圳市重大行政决策专家咨询论证暂行办法》、《深圳市行政决策责任追究办法》等一系列文件，规定了重大决策事项专家咨询论证、公示、法律论证、征求公众意见、决策责任追究制度等内容，建立了科学民主决策机制的法律框架，对行政决策的重要环节作出规范。中山市为规范行政决策，也出台了《中山市人民政府重大行政决策程序暂行规定》（中府〔2013〕2 号），推行重大行政决策合法性审查制度和重大行政决策实施情况后评价制度，明确了市政府重大决策的范围和具体程序。

各地方、各领域、各环节关于行政决策的制度化建设，逐步汇集形成合流，使得广东行政决策从议程设置、启动、公众参与、专家咨询论证、方案选择、执行、问责全过程基本上做到了有规可依。

二 通过社会稳定风险评估提升可接受度

从全国范围看，近年来不少地方政府对重大建设项目的决策缺乏民主性、实质性的公众参与，导致一些项目通过了所有的评估，手续完备合法，但却遭到公众的强烈反对。如广东省番禺垃圾焚烧厂在建在哪里、如何建等问题上没有让当地公众参与讨论、听取公众的意见，引发公众反对，导致项目停建。此外，即使一些项目举办了听证活动，但徒有其表，如适用范围过窄、听证主持人制度不合理、举证责任不明确、对第三人的合法利益保护不足、对责任规定的缺失等。

对此，广东省着力实施重大决策的社会稳定风险评估，以预防应对重大决策的实质可接受问题。拟规划建设的深圳市南山垃圾焚烧发电厂二期工程风险评估是较为成功的例子。该工程所在地居民人数近万人。垃圾焚烧发电项目在垃圾堆积及焚烧过程中会产生渗滤液、恶臭、烟尘及氮氧化物等大气污染物，对周边生态环境可能会造成影响，存在一定的社会稳定风险隐患。为评估其风险，深圳市启动了重大事项社会稳定风险评估事项，最后由相关部门出具了一份长达 40 页的文件，有针对性地提出了实施建议。

三 通过公开释明听证等机制与民众有效沟通

大部分公众不具备重大建设方面的专业知识，在对问题的把握和解决对策上，多是感性认识。不少民众对于 PX 项目、垃圾焚烧等建设项目存在着妖魔化的看法，个别群众甚至把公众参与等同于信访投诉。相关部门如能做到充分信息公开，向社会公众全面阐述立法目的、思路和主要制度设计，对于鼓励并引导公众参与决策活动，提高公众意见的针对性和建设性，进而提升行政决策的实质可接受度，显然十分重要。

广东省高度重视决策中的公众参与理念及相应制度建设。《法治广东建设五年规划（2011—2015 年）》明确提出“不断拓宽人民群众参与民主法治的渠道，确保法治广东建设更好地体现人民群众根本利益，让人民群众在法治广东建设中得到更多实惠”。2013 年 2 月，广东省政府审议并原则通过了《广东省重大行政决策听证规定》，确立了“重在推动、机制透明、程序公正、充分参与”的原则，明确了听证范围、功能、程序以及结果运用等内容，以使听证意见得到充分表达，民意得到充分汇集。广东各地市也注重行政决策的公众参与。

在重大项目征求公众意见时，主动向媒体提供信息，一方面是借助媒体的宣传，让广大公众了解决策相关基础信息，扩大公众参与的广度；另一方面，通过对项目征求意见稿的解读，特别是对涉及社会公众切身利益的重大制度的解读，减少公众因为信息不对称而产生的偏差，提升公众参与的深度。例如，广州市还针对一些重点项目或者敏感项目，为避免引起误读，专门约谈媒体，进行答疑解惑。例如，2004 年前，摩托车曾经是广州市使用较为普遍的交通工具，但现实中摩托车的使用却带来各种问题，尤其是社会治安问题。是否限制摩托车的使用，成为公众争议的焦点。2004 年，广州市政府举行了第一场市民听证会，通过听证充分考虑了市民的要求，措施上循序渐进以及给予车主适当补偿等，使“限摩行动”顺利开展。广州市排除了公务员当听证代表的可能，提升了公众参与的有效性。广州市在 2011 年出台的《广州市重大行政决策程序规定》中规定现职公务员不得被选为听证会代表，获得了社会的好评。

四　通过专家咨询论证提升决策科学性

行政决策特别是重大决策往往关乎人民的重大利益和公共安全，如垃圾焚烧发电厂、核电厂、二甲苯化学污染工程项目等基础设施、重大建设项目的上马建设。这些重大项目有利于促进当地经济发展，但存在影响当地环境生态的风险。专家咨询论证不仅能为政府决策提供外部智力支持，弥补政府部门专业技术人才储备不足问题，而且能依托专家学者的社会信誉为政府决策提供更多的权威性，更易于获得社会公众的认可。专家论证会有着“小而精”的特点，参加论证会的大多为相关行业资深从业人员或者相关领域专家学者，提出的意见具有较强的针对性和建设性。

鉴于专家咨询论证既能够克服行政决策的技术风险，又能够削弱行政决策的社会风险，广东省政府于2012年制定了《广东省重大行政决策专家咨询论证办法（试行）》。该办法要求行政机关在作出上述重大行政决策前，应组织相关专家进行咨询论证；应进行专家咨询论证而未进行的重大事项，不得作出决策。为提升专家咨询论证的中立性与客观性，该办法还明确规定，选定专家对重大行政决策进行咨询和论证时，必须实行相关利益回避制度，要保证专家排除干扰、独立自主地开展研究。

2013年，广州市出台了《广州市重大行政决策专家咨询论证实施办法》。2014年3月22日，广州市人民政府办公厅印发《广州市重大行政决策专家论证办法》，对重大决策的专家咨询论证提出系统性要求。包括以下方面：

一是将专家论证作为特定重大行政决策出台的前提条件。所谓特定重大行政决策，指依法纳入重大行政决策目录管理的决策事项。由此，有效避免了一些行政机关在实施专家论证时“避重就轻”的问题——对于一些本不需要专家论证的行政决策，却装模作样，一板一眼地进行专家论证；

而对于社会影响深远的重大决策，却顾左右而言他，将其视为一般决策回避专家论证。在依法纳入重大行政决策目录管理的决策事项范围之内，未经专家论证的决策草案，不得提交审议，不得决定实施。

二是将依法、独立、客观作为专家论证的基本原则加以保障。国内引入重大决策的地方并不少见，但实施效果却往往不尽如人意，甚至南辕北辙。究其根源，与其专家论证缺乏独立性、客观性、合法性具有密切关联。一些地方在专家论证时，或者以车马费等为名高价“收买”专家，或者只选取与自身意向一致的专家而对持不同意见的专家弃若敝履，或者选取专家时只看“知名度”而罔顾针对所论证事项的专业性和能力，成为“人人喊打”的“砖家”，也就不足为奇；而决策失败的风险，并未因专家的粉墨登场而下降。

专家参与行政决策的基础在于相对客观的科学与专业知识，基于专家与专业知识的特性，建立相对独立有效的专家咨询论证制度需要从法律上明确“行政—专家”关系，确定专家的相对独立地位，进而发挥作用。

以广州市为代表的一些地区在探索专家论证的实践时，发掘并高举“依法、独立、客观”的旗帜，已深得专家论证之三昧。即便在实施中有所偏差，但已进入正确的制度建设方向。

三是建立全市统一的广州市重大行政决策论证专家库以及专业分库，明确专家的资格条件、权利义务。一方面有利于遴选出真正具有专业素养的人士，另一方面也使得专家谨言慎行，坚持士人风骨，避免为迎合权势而滥用其专业性。

四是明确专家论证实施的具体环节。分为确定论证事项，选定论证专家，向专家提供论证所需的资料，专家在指定时限内进行相关研究，通过适当方式听取专家的意见和建议，整理、分析、吸纳专家的意见和建议，组织形成专家论证报告，将论证资料立卷归档等基本环节。值得一提的是，该办法还规定根据论证事项的性质和内容，可组织专家展开不可行论证即反向论证。

五是确定多种论证方式。决策专家论证可采取专家论证会议、专家个人分别论证、专家小组论证或其他适当的方式进行。

采取专家论证会议方式的，专家论证组织部门应当组织专家进行充分讨论，做好会议记录，与会专家应当提交个人书面意见；专家论证组织部门应当根据会议记录和专家个人书面意见汇总形成专家论证报告。

采取专家个人分别论证方式的，由专家论证组织部门选定的专家独立开展研究，并在指定时限内以个人名义出具书面论证意见；专家论证组织部门根据各专家书面意见汇总形成专家论证报告。

采取专家小组论证方式的，专家论证组织部门应当从选定的专家中确定一名专家组组长。专家组组长负责组织论证工作并在指定时限内形成专家论证报告。

六是设置责任机制确保规范实施。在决策方面，应当进行专家论证而没有进行，或者对专家提出的合理可行的论证意见和建议不予采纳而导致决策不当，造成损失或不良影响的，应当依照相关规定追究有关行政机关相关责任人的责任。在专家方面，专家在论证过程中弄虚作假、谋取私利或者存在其他严重违规情形的，应当取消其继续担任本市重大行政决策论证专家的资格，从专家库中除名并向社会公告；违规情节特别严重，违反法律规定的，依法追究其法律责任。

五 小结

广东在推动行政决策制度的完善方面，其基本经验可总结如下：

第一，明确应予规范的行政决策的范围。越来越多的地方出台行政决策方面的规章、规范性文件，但效果不佳。其中一个重要原因是“行政决策”的范围不明确，导致本应受规范的决策事项“溢出”其规定要求。对此，广东推行目录管理，明确了行政决策，特别是重大行政决策的内涵与外延。由此，行政决策的制度完善才有了坚实根基。

第二，对决策过程实施正当程序化的改造。程序是为了法律性决定的选择而预备的人们相互行为的系统安排。随着正当程序从事后的司法审查前移到行政过程中去，正当程序对传统的行政主导型决策模式产生巨大冲击。基于正当程序的理念，受到行政决策影响的各方民众、组织，构成法律上应当保护或者决策过程中必须考虑的主体，因而享有知情、参与表达、争议、论辩等程序性权利。其具体要求包括：一是“命令—服从”关系的淡化与“对话—商谈”机制的强化。行政机关在决策的启动、起草和实施中，不能将受到决策影响的利益相关群体视为行政规划的客体，或者仅是应当遵守、配合行政决策的客体。二是行政机关对于可能受到行政决策影响的利益相关群体的尊重。尊重主体性、尊重程序性权利、尊重实体权利利益、尊重正当预期。三是行政机关与利益相关群体的沟通交流的职责。依照法定程序与其他途径，做信息沟通以及偏好交流等。由此，决策信息公开、公众参与、专家咨询论证成为行政决策的基本程序。

第三，行政决策的制度设置与实施必须兼顾形式合法性与实质合理性。在传统法学视野下，形式合法性具有基础意义，也是法学对行政决策评判的基本框架和技术，即主要从主体、权限、内容、程序这几个方面来分析和评价行政决策的合法性。形式合法是现代社会下国家社会对行政决策的最低要求。未能满足形式合法性的行政决策，遭遇社会风险、技术风险的概率显然不会低；但是，满足形式合法性的行政决策，并不意味着就不会导致安全事故，更不意味着就能避免群众“散步静坐”乃至发生群体性事件。在具有高度系统性、复杂性和风险性的现代社会，与专业性、技术性相匹配，行政决策应满足科学、精确计量的要求；“科学决策”、“民主决策”的提法应运而生。这要求行政决策具有实质合理性，以及社会的可接受性。其中既有科学技术层面的技术理性要求，又有社会沟通认可的交往理性要求。

第四节　推动政务公开

公开政府信息、推动政府透明是建设法治政府的基石，是构建服务型政府建设的重要保障。2008 年 5 月，国务院出台的《政府信息公开条例》正式实施，至 2014 年已有 6 年多时间。政府信息公开在中央层面和地方层面都取得了巨大的进步。政府机关承担公开政府信息的义务、公众知情权应得到保障的观念已经逐步深入人心，政府信息公开已成为各级政府机关的重要工作内容。

广东省各级政府和相关部门注重完善政府信息公开工作机制，加强政府信息公开各项制度的落实。其经验突出表现在以下方面。

一　细化规则，实现规范化运行

随着政府信息公开工作的推进，各种新的问题不断涌现，需要逐步细化政府信息公开的各项制度。对此，《广州市人民政府办公厅关于规范行政机关依申请公开政府信息工作的意见》（穗府办〔2013〕25 号）针对当前依申请公开工作中遇到的问题，提出要开设多种依申请公开渠道，健全受理登记制度，正确把握申请诉求，并有针对性地回复申请人，规范答复文书格式，以提升依申请公开工作的规范化程度。

二　以重点工作为抓手满足知情权利

（一）以目录工作为着力点推动公开

编制和公布本机关的政府信息公开目录（以下简称“目录”）是《政

府信息公开条例》规定的各级政府机关的一项重要职责。目录是按照制定部门、标题、关键词、所涉及的事项、内容概述、生成时间等要素，对政府信息进行编辑和归类，以规范政府机关的信息管理活动，提高信息管理水平，方便公众在浩瀚的政府信息中获取自己需要的内容。目录是贯彻政府信息公开，尤其是主动公开的重要保障。

2013 年度中国社会科学院“法治国情广东调研基地”对广东省政府透明度的测评结果显示，广东省下属市级政府的政府信息目录公开成效明显，不但完成了法律、行政法规明确要求的“规定动作”，而且积极主动进行了创新完善，“自选动作”方面也有突破。

其一，信息公开目录均有设置。广东省地方政府都在门户网站上提供了专门的政府信息公开目录，这便于公众在线直接查找所需信息，且省政府门户网站还提供了各地市政府信息公开目录，为集中统一发布政府信息提供了机制保障。

其二，本级政府公开目录信息链接的有效性较好。通过在各地方政府本级信息公开目录中随机选取 10 条政府信息进行检验，所有被选取链接均可以有效打开。

其三，目录信息更新较为及时。地方政府及时发布信息有助于公众准确掌握政府政策，从而指导自己的生活，也便于对政府行为的合法性进行监督。评测结果显示，有 20 家地方政府能够及时更新各自网站上所公布的政府信息。

其四，目录的检索功能有所改善。一些地方政府不仅提供专属于本级政府目录的部分检索功能系统，同时也借助省级检索系统（如潮州、江门）或直接链接到省级检索系统界面（如梅州、汕尾），从而方便了公众检索查询政府信息。

其五，信息发布的指导推进监督力度增强。一些政府在本网站政府信息公开平台上提供了所属部门、下级政府及其所属部门的信息发布数量情况。例如，惠州市提供了信息发布监督平台，按照不同时间段对市政府直属部门、县区政府办、县区政府部门的信息发布情况进行统计和发布，该平台还公开了各自的前十名和后十名的机构信息。

（二）确定每年的重点工作和责任单位

以 2003 年为例，《广东省人民政府办公厅关于进一步推进重点领域信息公开的意见》（粤府办〔2013〕38 号），就中央文件要求的重点工作，提出了具体要求，并落实了主要负责的牵头部门。

重点公开方面成效明显，突出表现在规范性文件的公开上。规范性文件是行政法规明确要求县级以上各级人民政府及其部门重点公开的政府信息。2013 年度的测评结果显示，广东省在重点领域的政府信息公开方面成效显著。广东各地方政府在规范性文件栏目设置、规范性文件链接的有效性、规范性文件的更新情况等几个方面做得相对较好。

其一，在所有被调研地方政府网站中，均能够发现规范性文件栏目，且栏目的链接都可以有效打开。

其二，规范性文件信息链接的有效性很好。调研组在每个地方政府网站的规范性文件目录中随机选取 10 条信息，检验其有效性，结果均可以有效打开。

其三，规范性文件的更新情况相对较好。地方政府基本上能够及时更新规范性文件信息。根据调研结果，66.7%的政府网站提供了 2013 年的规范性文件。

其四，规范性文件废止信息的公开情况良好。大部分市政府的门户网站或当地法制局网站公开了废止的规范性文件信息，占 85.7%。

三 强化考核机制，推动信息公开工作落实

考核是一种手段，有助于提升工作人员的意识，加强其认识，规范其

工作。根据2013年发布的《广东省依法行政考评办法》以及《广东省法治政府建设指标体系（试行）》，政府信息公开是其八大测评指标体系中的一项，所占权重为10%。虽然该考评办法和指标体系在客观性和可执行性等方面还有可进一步完善之处，但对政府信息公开工作的重视可见一斑，也必会强化各级政府机关对此项工作的重视程度。

四　打造全省统一的政府信息公开平台

广东省政府门户网站（http：//www. gd. gov. cn/）的政府信息公开栏目不仅包含了本级政府及相关部门的政府信息公开栏目，还包括了各地市的政府信息公开栏目，不仅可以通过省级政府门户网站直接链接到各地市政府的门户网站，其政府信息公开栏目还配置了各地市的政府信息公开目录栏目，可以直接查询到各地市的政府信息公开目录信息。

五　展望

广东省的政府信息公开工作，今后可从以下方面改进。

首先，着力于各部门政府信息公开工作的协同推进，避免出现“木桶效应”。一个城市的政府信息公开水平如何，不仅要看市政府本级门户网站建设情况和政府信息公开情况，还要看各个部门的公开水平。在推进政府信息公开工作中，应将本地区的政府信息公开工作作为一个整体，同步推进，避免出现短板，因个别部门或者个别方面的公开水平不够，影响整体的公开效果。

其次，以主动公开工作推动整个政府信息公开工作的水准。一个部门政府信息公开水平的高低在很大程度上取决于主动公开的水平和效果。建议各部门对自身政府信息和所涉及的法律法规进行全面清理，清楚法律法规要求公开的信息究竟有哪些、公开方式有什么要求，并严格按照规定，做好主动公开工作。

再次，政府网站应更注重方便易得易用。政府网站是政府信息公开的第一平台，当前，政府网站建设已经基本实现了从无到有的转变，今后的工作重点应是探讨如何使网站更加符合公众查询信息的习惯，优化网页栏目的设计与布局结构，提升用户友好性，方便公众便捷高效查询所需信息。

第五节　经验、启示与展望

一　强化顶层设计，确保统筹协调

规划先行是广东推进法治政府的一贯传统。广东省在1996年就作出《关于进一步加强依法治省工作的决定》，首次对依法治省工作作出全面部署，提出到2010年广东省要建立起比较完备的依法治省体制。2011年，广东省委十届八次全会审议通过的《法治广东建设五年规划（2011—2015年）》提出，到2015年初步建成地方立法完善、执法严格高效、司法公正权威、法治氛围良好、社会和谐稳定的法治省。法治建设规划的出台，有利于法治建设的统筹兼顾与通盘考虑，为法治建设确定了任务目标、工作重点和渠道措施。

值得一提的是，地方法治政府建设应兼顾地方特色与法律制度的统一性、公平性。随着多年各地的自发改革，中国法治建设的地方创新积极性较为强烈，各个地方、部门在推进法治过程中八仙过海，各显神通，其成效非常明显。与此同时，地方特色突破一定界限时，则可能与法律制度的统一性相抵触。

二　依靠党的领导，确保正确方向

基于自身国情，中国的法治在总体上带有强烈的执政党推动型色彩。党委的重视程度，决定了地方法治建设的力度、进度和深度。各地多年实践证明，凡是地方依法治理工作做得好的地方，一定是地方党委重视的地方。虽然法治的推进不可避免受到地方立法权限、中央地方关系、地方领导思想观念的局限，但这种党委重视因素在未来相当长一段时间内，仍将是中国地方法治推进的关键所在。

在依法治省工作中充分发挥党委的领导作用，是广东省法治政府建设的优良传统。广东省委一直重视提高各级党委依法执政的能力和水平，坚持把法治建设纳入省委常委会工作要点。自 1996 年成立广东省依法治省工作领导小组及其办公室起，依法治省工作领导小组一直坚持由省委书记任领导小组组长；每年的依法治省年度工作要点，以省委办公厅文件印发；每三年表彰依法治省工作先进单位和先进个人，也是以省委名义实施。

在行政决策方面，一系列制度机制的建立完善与党的领导重视也具有密切关联。《中共广东省委办公厅　广东省人民政府办公厅关于开展为民办事征询民意工作的指导意见》（粤办发〔2012〕18 号），对行政决策的公众参与具有理念性、方向性的引导作用，并对各地市相关文件规范的出台具有直接推动作用。

值得一提的是，《法治广东建设五年规划（2011—2015 年）》与《广东省委关于制定国民经济和社会发展第十二个五年规划的建议》同时审议、通过，表明广东省委将法治建设摆在与经济社会建设同等重要的位置。这种党委的高度重视与强力领导，是广东法治建设取得巨大成效的重要经验。

三　领导体制与工作机制是实施保障

法治政府建设需要高效的协调机制和强有力的保障机制。对此，理顺领导体制并完善工作机制至关重要。中山市于2012年，经中山市委批准，市依法治市办公室专门成立了协调督查科，对各部门、各镇区落实依法治市工作情况进行专项督查，对依法治市工作的推进起到落实监督的作用。2013年与2014年，中山市依法治市办公室对全市行政诉讼案件情况进行了通报，并对行政诉讼较多的国土资源局、人力资源和社会保障局等单位进行了约谈，提出了改进意见；同时与中级法院、市法制局、市司法局等协调形成会议纪要，对行政首长出庭应诉工作做出了规范，对依法行政工作形成了有力的倒逼效果。

四　惠及民生是法治政府的重要内容

政府守法只是法治政府建设的底线目标，并非最高宗旨。就其终极目标而言，构建法治政府是为了更好地为人民服务，满足现代社会下民众的安全需求、规则需求。对此，广东省的“法治惠民工程”系列工作发挥了重要作用。所谓“良法之治”，是否良法应当以对社会民众的影响为衡量尺度；法治建设的重点工作在确定方式上，也应当以惠民、利民、益民为重要考虑因素。

五　在法律框架内进行探索是改革成功的重要因素

就其积极方面而言，在坚持法律精神、法律原则和法律底线的前提下，要勇于改革、大胆改革；就其消极方面而言，改革也应当有法可依、有法必依，不应当以改革名义随意破坏法律规范的严肃性。各级领导干部要带头学法、用法、守法、护法，牢固树立法律红线不能碰、法律底线不能逾越的观念，想问题、作决策、办事情，必须严格遵守法律规则和法定程序。以往改革中，“先上车再买票”的做法并非罕见，但时至今日，这种做法是不被允许的。换言之，即便是“摸着石头过河”，也不能超越法律规定。

由此可见，有必要通过法治建设为政府改革创新提供制度保障。例如，汕头市人大常委会颁布的《汕头经济特区行政复议条例》，就是全国首个为实施行政复议制度创新通过的地方立法。

就其消极方面而言，政府守法是官民矛盾源头治理的关键。例如，通过改革完善征地制度，规范村级集体财务管理制度，规范农村民主选举和管理决策制度，建立集体资产交易平台，对于减少基层群体事件和大规模信访的发生，有着基础性功能。

六　法治全面推进无死角

各地区在法治推进中，基于诸种因素考虑，往往有着先后厚薄之别。由此，法治“死角”难免出现。例如，学校管理的法治化，一度是法治构建的空白地带。甚至，学校对学生的管理，其法律关系属性为公法关系还是双方平等的民事法律关系，或是所谓“特别权利义务关系”，理论上争议不休，实践中则一片空白。学生权益、学校权益缺乏必要的法律予以规范，更缺乏相应的法律执行体制和实施机制。时至今日，广东省的法治建设突出全面性，让“法治的阳光照亮每个角落”。以往相对受到冷落的区域，也成为广东法治政府建设的重点内容。广东积极探索依法治校工作的实施机制，并出台《广东省依法治校工作评价标准（试行）》。该标准明确要求普通高等学校、成人高等学校和中等职业教育学校设置专门的依法治校工作机构，配备专职或兼职工作人员，并聘请法律顾问；中小学聘请法制副校长或者法制辅导员；要求学校依法制定和修订学校章程，遵照章程实施办学活动。

七　通过法治指标考核推进制度精细化改造

2006年深圳市法制办在市委、市政府的支持下，开始法治政府建设指标体系的研究、拟定工作。2008年12月，深圳市委、市政府联合推出《深圳市法治政府建设指标体系（试行）》，将法治政府建设分解为12个大项、44个子项和225个细项。2010年，深圳市建立法治政府建设考评工作机制，并纳入全市政府绩效评估体系。发展至今，开展法治政府或依法行政考核，在整个广东已经蔚然成风，并逐步走向成熟和规范化。

在广东省政府层面，实施依法行政考评是2013年省政府推进依法行政的重点工作之一。广东省政府根据国务院《全面推进依法行政实施纲要》、《国务院关于加强市县政府依法行政的决定》和《国务院关于加强法治政府建设的意见》等有关规定，结合本省实际，出台了《广东省法治政府建设指标体系（试行）》(2013年粤府令第184号)，共设8项一级指标，40项二级指标，108项三级指标；以及《广东省依法行政考评办法》（2013年粤府令第185号)，考评对象包括法治政府的制度建设、行政决策、行政执法、政府信息公开、社会矛盾防范和化解、行政监督、依法行政能力建设、依法行政保障机制，较为全面、完整地覆盖了行政活动的方方面面。在此基础上，广东省政府组织开展了2013年度全省依法行政考评工作。具体包括：

一是开展依法行政社会评议工作。社会评议是由社会各界对各地、各部门的依法行政状况进行评议，听取社会各界的评价和意见建议。由省人民政府办公厅委托国家统计局广东调查总队实施依法行政社会评议工作。广东省人民政府办公厅印发了《关于开展2013年依法行政考评社会评议工作的通知》(粤办函〔2013〕662号)，对社会评议工作提出了明确要求。

二是实施依法行政内部考核工作。内部考核，是由省政府派出考评组对各地、各部门依法行政状况进行实地考评。2014 年 3 月初，2013 年度依法行政系统内部实地考核工作全面启动，省政府组织 12 个考评组对各地、各部门的依法行政工作进行考评，对全省依法行政工作形成强大的推动。

三是市、县及部门依法行政考评工作全面开展。全省各地、各部门全面启动依法行政考评工作，分别组织开展自评自查，有效发挥了依法行政考评的导向作用。

广东各地也纷纷出台了本地区、本领域的考核办法方案。例如，中山市依法治市办出台《中山市争创法治广东建设示范市镇区量化考核标准（2013 年）》，并对照考核标准的要求，与市人大办、市法制局等单位共同成立考核组，对 24 个镇区的法治工作进行全面考核。东莞市依法行政领导小组印发《2013 年东莞市依法行政考评方案》，由市法制局牵头、统筹组织，市编办、市信访局、市监察局、市行政服务管理办等部门按照各自职责，协助展开考评工作。

应当承认，广东各地实施的法治政府考评，在科学性、客观性等方面还有很长一段路要走。各种考核指标之间如何避免重复考核与考核空白、考核结果如何更好发挥作用等，都是今后需要研讨和解决的问题。但是，“千里之行，始于足下”，第一步的迈出，以及持续不断的努力，就会推动法治政府考评更加完善合理，更好匹配于当地经济社会发展，更好满足当地民众需求。

第五章

司法改革试点与顶层设计

◇◇第一节　广东司法改革概述

一　中国司法改革驶入深水区

维护公平正义是司法的灵魂，而中国的司法却一直饱受诟病，无法摆脱司法不公、司法公信力低的泥潭。以往的司法改革虽然也从程序制度和工作机制等方面进行了改进和完善，但是由于未触及司法体制的深层次矛盾，始终无法拯救日益滑落的司法公信力。令人欣慰和振奋的是，国家高层已经意识到中国司法不公和公信力缺失归结于不合理的司法体制。习近平总书记在十八届三中全会报告的说明中指出："这些年来，群众对司法不公的意见比较集中，司法公信力不足很大程度上与司法体制和工作机制不合理有关。"

对于当下中国司法存在的问题，最高司法机关也有清醒的认识。最高人民法院2014年工作报告从六个方面总结司法体制存在的问题。其中包括：裁判不公和效率不高，损害当事人利益和司法公信；立案难、诉讼难、执行难，无法满足人们的司法需求；法院体制不健全，亟待完善审判权的独立行使机制；法院管理行政化影响了审判质量和效率；干警行为不规范，存在官僚主义和特权思想；案多人少、人员流失、法官断层值得重视，边远地区法院工作条件有待改善。

中国司法体制存在的问题，主要症结在于司法的地方化和行政化，严重侵害了审判权和检察权的独立运行，使得司法公正难以彰显，司法权威和公信力遭受严峻挑战。为此，党的十八大报告将“确保审判机关、检察机关依法独立公正行使审判权、检察权”作为进一步深化司法体制改革的目标。党的十八届三中全会进一步明确了深化司法体制改革具体要求，对深化司法体制改革做了全面部署，吹响了全面深化司法改革的号角。党的十八届三中全会提出的司法改革内容包括“完善司法责任制”、“全面推动涉法涉诉信访改革”、“积极稳妥推进司法管理体制改革和建立符合职业特点的司法人员管理制度”等。

2013 年 10 月 28 日，最高人民法院发布《关于切实践行司法为民大力加强公正司法不断提高司法公信力的若干意见》，成为最高人民法院新一届党组的“一号文件”和纲领性文件，从法院的角度对司法改革提出一系列新思路，如完善四级法院职能定位、深化案件管辖制度改革、深化审判权内部运行机制改革、深化人民法庭改革、深化经费保障体制改革等。

2013 年 11 月，《人民日报》刊发文章全面阐述了深化司法体制改革目标和路径：司法改革的目标之一是确保人民法院、人民检察院依法独立公正行使审判权、检察权，为此一是要推动省以下地方法院、检察院人、财、物统一管理，二是探索与行政区划适当分离的司法管辖制度；目标之二是建立符合职业特点的司法人员管理制度，为此，要推进司法人员分类管理改革，完善法官、检察官、人民警察选任招录制度，完善法官、检察官任免、惩戒制度，强化法官、检察官、人民警察的职业保障制度；目标之三是健全司法权力运行机制，建立主审法官、合议庭办案责任制，探索检察官办案责任制，改革审判委员会制度，建立法院的司法职能分层制，规范和落实上下级法院的审级监督，确保审级独立。

2013 年 12 月，最高人民检察院下发《检察官办案责任制改革试点方案》，计划 2014 年在 7 省 17 个检察院开展检察官办案责任制改革试点。

2014年是中国“全面深化改革元年”，中国的司法体制改革驶入全面深化的轨道。2014年1月，习近平总书记在中央政法工作会议上发表重要讲话，强调司法体制改革是政治体制改革的重要组成部分，对推进国家治理体系和治理能力现代化具有十分重要的意义。中央全面深化改革领导小组第一次会议通过了六个专项小组，其中就包括民主法制领域改革小组；中央全面深化改革领导小组第二次会议通过了《关于深化司法体制和社会体制改革的意见及贯彻实施分工方案》，明确了深化司法体制改革的目标、原则，制定了各项改革任务的路线图和时间表。

与以往的改革推进模式不同，经过多年的推动，主政者越发认识到法治的价值，习近平总书记在中央全面深化改革领导小组第二次会议上强调，“凡属重大改革都要于法有据”，“确保在法治轨道上推进改革”。虽然基于现有的客观事实，推动改革的人治手段还不能完全被法治手段所取代，但是国家领导人明确提出改革法治化具有方向性指引意义。

中央全面深化改革领导小组第三次会议审议通过《关于司法体制改革试点若干问题的框架意见》，提出完善司法人员分类管理，完善司法责任制，健全司法人员职业保障，推动省以下地方法院、检察院人、财、物统一管理等四项改革任务，并决定在东、中、西部选择上海、广东、吉林、湖北、海南、青海六个省市先行试点，为全面推进司法改革积累经验。习近平总书记在会议上强调，“完善司法人员分类管理、完善司法责任制、健全司法人员职业保障、推动省以下地方法院检察院人财物统一管理、设立知识产权法院，都是司法体制改革的基础性、制度性措施”，并对地方试点与中央的关系提出明确要求，即试点工作应在中央层面顶层设计和政策指导下进行，改革具体步骤和工作措施，鼓励试点地方积极探索、总结经验；中央有关部门要支持司法体制改革工作，帮助地方解决试点中遇到的难题，确保改革部署落到实处；试点地方的党委和政府要加强对司法体制改革的组织领导，细化试点实施方案，及时启动工作，按照可复制、可推广的要求，推动制度创新。

中央全面深化改革领导小组第三次会议同时还通过了《上海市司法改革试点工作方案》，提出一是在法院内部改革合议庭负责制，减少行政化，加强对案件的监督；二是摆脱“司法地方化”，中央指导省级以下法院、检察院进行体制性改革，任命和经费做到统一管理。在法院内部改革合议庭负责制并未突破法律框架，可由最高人民法院主导完成；而省级以下人、财统一管理，则触及地方人大的法官任命权，需要全国人大常委会的法律授权。因此，司法改革须在全国人大主导下，通过法律授权才能实施和完成，否则只能是在司法体系框架下调整和修补，或者是“违法”推进。

2014 年 7 月 9 日，最高人民法院发布《人民法院第四个五年改革纲要（2014—2018）》（以下简称《四五改革纲要》），立足于审判权的中央事权属性，严格遵循审判权作为判断权和裁决权的权力运行规律，对深化司法改革过程中的一系列重大问题作出回应，提出到 2018 年初步建成具有中国特色的社会主义审判权力运行体系。《四五改革纲要》提出八个方面的改革内容，包括深化法院人事管理改革、建立与行政区划适当分离的司法管辖制度、健全审判权力运行机制、加强人权司法保障力度、进一步深化司法公开、明确四级法院职能定位、健全司法行政事务保障机制、推进涉法涉诉信访改革等。与前三个五年改革纲要相比，《四五改革纲要》强调法院体制性改革，既有法院内部的人事制度改革，也有不同级别法院之间的职能分层制改革，还涉及外部的法院设置与行政区划的关系。因此，本次改革可谓系统性、体制性改革。

虽然，现阶段的司法改革被视为“全面深化改革的重点之一”，并被提升到完善国家治理体系的层面，但本次改革对于许多问题还没有论证清楚，没有达成共识。例如，如何改革审判委员会制度目前争议还比较大。专家学者认为审判委员会导致“审者不判、判者不审”，建议废除，但是法院系统内部则认为审判委员会某种程度上可以分担法官压力，仍有存在的必要性。因此，审判委员会制度何去何从还需要进一步论证。

二　广东司法改革的早期探索

广东是中国改革开放的前沿阵地，随着经济的迅猛发展，先行一步的经济体制改革与滞后的政治体制改革之间很早就遭遇了尖锐的碰撞和对抗。在经济发展的倒逼下，广东以改革开放的精神和锐气探索政治体制改革，其中包括司法改革。

（一）推行法院内部立、审、执分权

新中国成立以来，我国法院实行“立审合一”，普遍存在司法程序不清、审判庭职能交叉、法官自由裁量权过大且随意行使等问题，缺少明确的立案标准导致多头立案和诉求无门的情况时有发生。针对这一问题，1991年深圳法院设立立案处（庭），统一立案标准，全面推行立案与审判相分离的做法，一改过去各审判庭各自为政的混乱现象。随后，在立审分立的基础上推行审执分立，对执行案件统一立案，执行庭不再立案，也不再对案件实体进行甄别，实现裁决权与执行权分离，同时推行委托评估、拍卖权集中行使等横向分权管理机制。按照“大立案”审判流程管理要求，凡起诉到法院的案件，必须通过立案庭统一立案，由立案庭统一负责庭审前的事务性工作，并运用计算机系统对案件审理的整个流程实行全方位的跟踪管理，统一对排期、送达、开庭、结案、归档等各个环节组织协调，进行全程监督，从而使审判的各个环节丝丝相扣、环环相接，大大提高了司法效率。新的审判流程管理实行立审、审执、审监“三个分立”，强化内部职能的相互制约。“三个分立”解决了立案标准不统一和立案环节上的“关系案”、“人情案”问题。将庭前程序与庭审程序分离，将案件的审判流程控制权与案件审判权分离，交由立案庭、合议庭分别行使，减少法官与当事人的庭外接触，为合议庭公正审判创造了良好条件。将诉讼保全、

司法鉴定、委托评估、拍卖和审计从审判权和执行权中分离出来，交由立案庭、督导室分别行使，保障审判与执行的公开与公正。

深圳法院实行的“立、审、执”分开的改革，在实践层面上厘清了中国恢复司法以来法院立案、审判、执行等各业务庭室的职能划分，规范了法官司法行为，增强了司法的公开性，使当事人一进法院大门就能感受到“看得见的公正”，推动中国向司法文明迈出了最基本的一步。

（二）推行书记员单独序列管理和审判流程管理体制改革

随着 1995 年《法官法》（2001 年修正）的出台，中国司法职业化拉开了序幕。深圳法院以建立符合审判规律的法院管理机制为重点，继续加大审判管理制度和人事管理制度的改革探索。1997 年初，深圳市宝安区人民法院向社会公开招聘了 25 名合同制书记员，这是当时国内司法界一个大胆的改革之举。随后，宝安区人民法院率先建立书记员集中管理制度，使审判人员与书记员相对独立，并对各类案件实行统一排定主审法官或合议庭成员、统一排定开庭日期、统一排定审判法庭、统一排定书记员的“四排定”。1999 年 12 月，深圳市中级人民法院总结基层法院的试点经验，成立了全国第一个书记官室，集中统一管理，同时启动了以“四排定”为核心、以“大立案”为表现形式的审判流程管理改革，将整个审判活动有规律、按步骤组织起来。

深圳市中级人民法院全新的制度设计，完全突破了传统的对人、对案管理模式，形成了公开、透明、规范、高效的审判管理机制，提高了工作效率和当事人的满意度，被最高人民法院确定为全国法官职业化综合改革唯一试点。这种超前的探索，为法院人员分序列管理和案件流程管理提供了鲜活的实践经验。

三　广东近期关于司法改革的总体部署

广东省在《法治广东建设五年规划（2011—2015 年）》中就“深入推

进公正司法”提出，“积极稳妥地推进司法体制和工作机制改革”，“加强依法独立公正行使审判权、检察权的保障机制建设”。广东省依法治省工作领导小组在其通过的《广东省2014年依法治省工作要点》中对广东省司法改革作了全面部署：健全司法权力运行机制，确保司法权依法独立公正行使；推动省内各级法院、检察院人、财、物统一管理，探索建立与行政区划适当分离的司法管辖制度，探索建立知识产权法院；做好劳教制度废止后劳教场所转型改造、职能转换等工作，探索建立轻微刑事案件快速办理机制，逐步扩大短期自由刑的适用；创新司法监督方式，推动人民陪审员“倍增”计划的落实，广泛实行人民监督员制度；探索建立符合职业特点的法官、检察官、人民警察遴选和分类管理、职业保障等制度，强化政法队伍教育培训；开展涉法涉诉领域侵害群众利益行为专项整治行动，提高执法司法公信力等。

广东法院将2014年确立为“改革创新推进年”、“司法公开深化年”和“队伍建设强化年”，并作出统一部署，推动省以下地方法院、检察院人、财、物统一管理，探索建立与行政区划适当分离的司法管辖制度，建立符合职业特点的司法人员管理制度等。中共深圳市委办公厅在其发布的《2013年法治深圳建设工作要点》中提出，要积极稳妥推进司法权力运行机制改革，优化司法职权配置，强化监督制约，确保审判机关、检察机关依法独立公正行使审判权、检察权。最高人民法院确定广东深圳、佛山法院为全国审判权运行机制改革试点法院之一，在珠海横琴、深圳前海探索建立新的法院工作模式。广东省高级人民法院要求上述试点在改革审判委员会制度，完善主审法官、合议庭办案责任制，进行人员分类管理，实施法官员额制，理顺审判权与审理管理权、审判监督权的关系，规范上下级法院审判监督关系等方面进行探索。2013年11月，佛山市检察院和顺德区检察院被确定为全国检察官办案责任制改革试点单位。广东省人民检察院将深圳市福田区检察院、珠海横琴新区检察院确定为广东省这方面的试点单位。

第二节　广东目前司法改革试点情况

根据《关于司法体制改革试点若干问题的框架意见》，本轮司法改革包括完善司法人员分类管理，完善司法责任制，健全司法人员职业保障，推动省以下地方法院、检察院人、财、物统一管理四项改革任务，由于广东司法机关在完善司法人员分类管理的同时，将健全司法人员职业保障作为分类管理和法官、检察官职业化的内在要求同步推进。因此，本节在论及广东司法改革时，将主要从三个大的方面加以论述：完善司法人员分类管理和法官、检察官职业化改革；完善司法责任制；推动省以下地方法院、检察院人、财、物统一管理。

一　司法人员分类管理和法官、检察官职业化改革

司法权是由一个个具体的法官行使，再科学合理的司法权运行机制也是靠人来行使的，因此司法公正与否，最终取决于行使司法权的人，如何选人、对选出来的优秀人才如何管理是司法体制改革首当其冲应该解决的。

（一）现行司法人员管理模式

我国对公职人员的管理经历了一个由分类管理到混同管理的演变。我国最初对公务员和法官、检察官实行分类管理，根据1993年出台的《国家公务员暂行条例》（2006年1月1日起废止）的规定，公务员是指“各级国家行政机关中除工勤人员以外的工作人员”，不包括人大机关和法院、检察院的工作人员。为了加强对法官、检察官的管理，我国于1995年颁布了《法官法》（2001年修正）和《检察官法》（第九届全国人民代表大会常务委员会第二十二次会议修订），进行分类管理。然而，2005年《公务员法》

却将公务员的范围扩展至“指依法履行公职、纳入国家行政编制、由国家财政负担工资福利的工作人员”，将法官和检察官纳入公务员队伍管理。虽然按照《公务员法》的规定，国家对公务员实行分类管理制度，但是《公务员法》同时规定，“对于具有职位特殊性，需要单独管理的”，只有国务院才“可以增设其他职位类别”。而根据《立法法》（2015 年 3 月 15 日修改）的规定，对于法官、检察官职位单独管理事项，由于涉及司法制度，属于法律保留事项，只能由法律规定，国务院无权做出规定。因此，《公务员法》存在自相矛盾的规定，按照《公务员法》和《立法法》（2015 年 3 月 15 日修改）的规定，法官、检察官一旦纳入公务员管理，再试图实行分类管理是很困难的。由于《公务员法》将适用范围扩展至法官、检察官，因此，法官和检察官被纳入公务员序列管理，无法体现应有的司法规律和职业特点，造成法官、检察官管理严重行政化。

1. 职业准入渠道单一

目前招录法官、检察官统一适用公务员考试，法科毕业的本科生和研究生只要通过公务员考试就可以进入司法系统，经过两三年的助理工作，即可升为法官、检察官。司法不仅仅是逻辑推理和分析活动，更重要的是经验，由于没有经过长期法律职业的历练，新任法官的素质和经验是否足以执掌法槌，对当事人人身权和财产权进行合理处分是值得怀疑的。考虑到法官的职业特点，应该拓宽来源渠道，从经验丰富的律师和检察官中选拔招录法官。

2. 日常混同管理

法官招录进来之后，日常管理沿袭和套用一般党政机关公务员的管理模式，与司法行政人员混同管理。虽然法院工作人员依职责分工划分为法官、书记员、法警、行政后勤等各类人员，岗位性质差异大，但是在人事管理制度上统一纳入行政体系进行管理，赋予科级、处级等行政级别，并与工资收入、福利待遇挂钩。在这种管理模式下，很多精英法官不是追求职业发展，而是对行政级别趋之若鹜，跻身于庭长、科长、主任等行政职务。一旦担任行政职务，这些精英法官要么在行政后勤部门从事行政管理工作，要么少办案或者不直接办理案件，造成优质审判资源的闲置和浪费。目前，法官普遍抱怨案多人少，实际上法院工作人员的人数并不少，只是司法行政人员占了一定的比例，并且非从事一线办案的法官的人数也不少。据统计，我国有19.6万名法官，约占全国法院总人数的58%，其中相当比例的法官担任法院的行政领导职务，办案很少。以佛山市中级人民法院为例，非一线办案部门的法官41名，占全院法官的21.6%。要破解案多人少的难题，单方面增加人员编制是不现实的，还是应该重整现有资源，让更多的法官回归到办案业务上，让司法行政人员服务于审判。这就要求改革现有的人员管理体制，在政策制定上向一线办案法官倾斜，凸显法官的主体地位。

司法机关内部的行政化管理体制还会影响依法公正审判，导致审判监督机制难以落实。在现有行政管理体制下，法官、检察官办案要经过层层审批，有的还要经过审判委员会、检察委员会研究决定，不同行政级别的法官存在地位、权力的差异，庭长通过听取汇报、审阅卷宗、签发法律文书等行政管理方式参与案件审理，影响裁判结果。由于审理案件的合议庭无权决定裁判结果，而通过行政审批决定裁判结果的庭长却未亲身参与审判，形成审者不判、判者不审，造成司法责任分散、不明确，出了问题很难追究责任。

3. 职业保障机制不完善

与普通公务员相比，法官的准入门槛高、专业性更强、承担的社会责任更重，且受到更为严格的职业伦理限制，但是待遇与普通公务员并无二致，晋升空间和上升渠道狭窄，社会地位也远不如掌握审批权的行政部门，因此，人才流失严重。以深圳为例，深圳市法官、检察官办案任务重、压力大，职级和待遇较低，缺乏职业荣誉感和使命感，人员流失突出。

2009—2013 年，检察系统共流失 109 人，占在编人员的 8.4%；法院系统共流失 271 人，占在编人数的 15.5%。人才除了涌向行政部门、企事业单位等外部流失之外，内部流失也非常严重，业务好的法官，通过职级晋升走上了领导岗位后从一线岗位上流失，还有不少法官不堪忍受工作压力，主动申请到法院内的司法行政部门从事非业务工作。人才流失造成审判资源的浪费，加剧了案多人少的矛盾，具有丰富审判经验的精英法官资源得不到有效利用，严重影响审判质效的提高。

现有的行政化管理体制也导致审判辅助人员队伍不稳定。包括书记员在内的审判辅助人员由于没有独立的晋升空间，无法长期安心于辅助工作岗位，造成人员队伍不稳定，流动性大。为缓解审判辅助人员不足的问题，法院不得不聘用大量的编外人员充实审判辅助人员队伍。以佛山市中级人民法院为例，编外审判辅助人员 167 人，占全院总数的 36.5%，但是由于待遇低，辞职率高，每年约 30%的聘任制书记员流失。

（二）司法人员分类管理改革相关文件

不少学者认为，法院管理应该去行政化，建立区别于普通公务员的单独的法官职务序列。早在 2002 年，依据《中共中央关于进一步加强政法干部队伍建设的决定》，最高人民法院制定了《关于加强法官队伍职业化建设的若干意见》，全面规划了法官职业化建设问题。2008 年，中共中央转发了《中央政法委员会关于深化司法体制和工作机制改革若干问题的意见》（中发〔2008〕19 号），提出要“建立和完善法官、检察官及其辅助人员分类管理制度”。2011 年，中组部与最高人民法院联合下发了《法官职务序列设置暂行规定》及配套文件，明确指出设置法官单独职务序列，但是仍将法官职级与行政级别相对应，并且薪酬福利与行政级别挂钩。2013 年，中组部与最高人民法院联合发布《人民法院工作人员分类管理制度改革意见》，明确法院人员分类改革的方式，决定法官按照法官职务序列进行管理。2013 年 5 月，最高人民检察院发布了《关于加强和改进新形势下检察队伍建设的意见》，明确了专业化、职业化的建设方向，提出了检察人才建设“六项工程”整体思路。随后，最高人民检察院又发布了《关于加快推进检察人才六项重点工程的意见》，特别强调未来将注重从司法机关、法学专家学者、律师和具有法律实践经验的人员中公开选拔青年检察官。2013年12月，最高人民检察院在《2014—2018年基层人民检察院建设规划》中，再次强调检察队伍建设应遵循专业化和职业化的发展方向。2013年11月，党的十八届三中全会提出，“要建立符合职业特点的司法人员管理制度”。2014年，习近平总书记在中央深改组第三次会议上谈到司法改革，强调的第一点也是完善司法人员分类。国家层面有关司法人员分类管理的文件为深圳推行司法人员分类管理和法官职业化改革提供了法律和政策依据。

深圳市的公务员分类管理改革起步较早，先后在公安系统和行政系统内推行公务员分类管理。为探索公务员分类管理和专业化建设提供了经验。2006年，深圳市人民政府启动了《深圳市公安系统公务员专业化试点改革方案》，按照工作性质和业务特点，将公安系统的全部职位划分为警察类、文职类和雇员类三类。2008年，深圳被国家公务员局认定为开展公务员职位分类制度试点城市。2010年，深圳市人民政府出台了《深圳市行政机关公务员分类管理改革实施方案》，根据职位性质和特点，将行政机关公务员职位划分为综合管理、行政执法、专业技术三大职类。深圳在行政系统内推行公务员分类管理，为深圳司法人员分类管理提供了参考，积累了经验。

深圳早在2003年就曾进行过法官职业化改革方面的探索。2004年，深圳市中级人民法院起草了《深圳市法院法官职业化改革方案》，尝试摆脱案多人少的困境。2008年深圳市委出台《中共深圳市委关于进一步加强我市人民法院和人民检察院工作的意见》（深发〔2008〕13号），提出要加快推进法院职业化改革。真正实现深圳司法人员分类管理突破的是盐田区人民法院。2011年，深圳市委提出建设“社会主义法治模范城市”，盐田区委四届一次会议也明确提出，要切实加快盐田区民主法治进程，深入推进司法体制和工作机制创新，促进司法公正、高效、权威。2012 年初，盐田区人民法院将人员分类管理和法官职业化建设作为改革方向，加强法院干部队伍建设，并专门成立了司法改革领导小组，积极研究起草《盐田区人民法院人员分类管理和法官职业化改革总体方案》。2012 年 5 月，盐田区人民法院被深圳市中级人民法院正式列为“深圳市法院系统深化人员分类管理改革、推进法官职业化建设改革试点单位”。2012 年 7 月，盐田区委研究了盐田区人民法院《关于大力推进区法院司法改革工作的请示》，同意将盐田区人民法院的司法改革工作纳入盐田区改革发展工作计划，并成立了盐田区司法改革领导小组。在广东省高级人民法院、深圳市中级人民法院以及盐田区委区政府的支持下，盐田区人民法院最终得以出台了司法人员分类管理和法官职业化改革文件体系，即一个总体方案和六个配套办法，分别是《盐田区人民法院人员分类管理和法官职业化改革总体方案》和《盐田区人民法院法官管理办法》、《盐田区人民法院法官助理管理办法》、《盐田区人民法院书记员管理办法》、《盐田区人民法院司法警察管理办法》、《盐田区人民法院人员分类考核办法》、《盐田区人民法院法官惩戒办法》等。2013 年，深圳将推进法院工作人员分类管理和法官职业化改革工作纳入全市重点改革项目。2013 年 5 月，深圳市法官职业化改革领导小组成立，对盐田版方案进行修订推广。2014 年 2 月，深圳启动法院工作人员分类管理和法官职业化改革，深圳市委办公厅、市政府办公厅出台了《深圳市法院工作人员分类管理和法官职业化改革方案》，将法官直接作为第四类别公务员，单独按照法官职务序列进行管理，以法官等级定待遇。

（三）广东法院司法人员分类管理改革举措

司法人员分类管理就是突出法官、检察官的办案主体地位，健全有别于普通公务员的法官、检察官专业职务（或技术职称）序列，完善执法勤务机构警员职务序列和警务技术职务序列，健全书记员、专业技术人员等司法辅助人员的管理制度，制定司法辅助人员的职数比例等配套措施，进一步提升司法队伍职业化水平。盐田区人民法院的人员分类管理改革实行“三严一高”和“去行政化”。所谓“三严一高”是指严准入、严管理、严监督与高保障；“去行政化”即法官待遇与法官职级挂钩，不与行政职务挂钩。

1. 将司法人员分为三类

盐田区人民法院根据法院的职能特点、队伍状况和审判工作规律，将全体工作人员划分为法官、审判辅助人员和司法行政人员。法官是依法行使国家审判权的审判人员。审判辅助人员是协助法官履行审判职责的工作人员，包括法官助理、书记员、司法警察。法官助理在法官指导下履行审查诉讼材料、接待诉讼参与人、协助法官进行调解、校对和送达法律文书等职责。书记员承担案件审理过程中的记录工作，负责整理、装订、归档案卷材料以及法官交办的其他事务性工作。司法警察负责警卫法庭、提解、押送、看管被告人等事项，预防、制止和惩治妨碍审判活动的违法犯罪行为，维护审判秩序，保障审判工作的顺利进行。司法行政人员是从事行政管理事务的工作人员，其职责是负责法院政工党务、行政事务、后勤保障等工作。法官按照法官职务序列进行管理，司法警察按照警察职务序列进行管理，司法行政人员、法官助理、书记员按照综合管理类公务员进行管理。司法工作人员分类管理，打破目前法院内各类人员“一体化”的混同管理体制，建立各类人员的分途发展模式和差异化的管理机制。

2. 提高入门门槛，拓宽法官选任渠道

深圳法院严格法官选任条件，要求担任法官必须经过国家统一司法考试取得法律职业资格，经过相应的职业技能培训，且有一定年限的法律工作经历。根据改革方案，高等院校法律专业本科毕业或高等院校非法律专业本科毕业具有法律专业知识的，在深圳各区人民法院担任法官应当从事法律工作满五年，在深圳市中级人民法院担任法官应当从事法律工作满七年；获得法律专业硕士学位、博士学位或非法律专业硕士学位、博士学位具有法律专业知识的，在深圳各区人民法院担任法官应当从事法律工作满三年，在深圳市中级人民法院担任法官应当从事法律工作满五年。为了招募到有经验的法官，深圳法院不断拓宽法官选任渠道：一是从符合条件的法官助理中择优选任；二是探索从符合法官任职条件的检察官、律师、法律研究人员和其他法律工作者中选任法官。深圳法院还积极推行法官逐级遴选制度，在实践中逐步形成了一套有效的法官逐级遴选标准、程序和方法，为建立科学、规范的法官选拔、升迁体制，促进法官队伍的良性循环打下了良好基础。

3. 法官单独序列管理

首先，建立法官员额制。法官员额，即法官人数的编制限额，通过员额制限制法官数量，确保法官整体素质，以法官员额为基数合理配置审判辅助人员，优化司法资源配置。法官员额制是实施法院人员分类管理和法官职业化的前提。深圳市中级人民法院以满足审判工作需要为出发点，以法院审判工作量为主要依据，同时综合考虑法院现有的编制、辖区面积和人口、经济社会发展水平等因素，出台了有关法官员额制度的规定。法官员额实行动态管理，法官全部为政法专项编制。为突出法官的尊崇地位，深圳法院严格控制法官员额，并会进一步减少。根据方案，深圳市中级人民法院法官员额不超过本单位政法专项编制的60%，各区人民法院法官员额不超过本单位政法专项编制的65%。盐田区人民法院严格控制法官员额，根据实际情况，由机构编制部门对法官员额进行核定，不得随意增减，盐田区人民法院法官员额核定为55名。珠海的横琴法院实行法官员额制，以未来每年2000—2500件的收案量、每位法官年均办案250件为标准确定法官员额。按照“法官少而精、辅助人员专而足”的配备模式，该法院配备一名院长、两名副院长，并定编八名专职法官，每名法官配备三名助理和一名书记员。

其次，严格限制法官在司法行政部门任职。深圳市中级人民法院法官设置一级高级法官至四级法官，区人民法院法官设置二级高级法官至五级法官，并严格法官的任职限制。法官可以担任院长、副院长和立案、审判、执行、审判监督、法律研究等审判业务部门的领导职务，但不得在政治部（处）、办公室、监察室等司法行政部门任职。盐田区人民法院设置三年的过渡期，担任非审判业务部门领导职务的在过渡期内逐步调整到审判业务部门，回归司法办案，也可以对自己的职业进行重新规划和选择，选择放弃法官身份继续担任现任领导职务。

4. 法官职业保障

按照责权利相统一的原则，在提高法官入职门槛，强化司法人员办案责任的同时，也要根据社会转型期法官本身的职业风险大小，为司法人员依法公正履职提供必要的职业保障。习近平总书记在中央深改组第三次会议上，强调要健全司法人员的职业保障。职业保障包括薪酬和身份保障。为吸引和留住优秀人才，深圳对法官实行单独薪酬体系，每一个法官等级对应若干薪级，每一薪级确定一个工资标准，参照深圳市行政执法类公务员的薪级工资表制定法官薪级表。法官的住房保障、医疗保健等福利制度及退休待遇政策，与薪级直接挂钩。法官担任院长、庭长等领导职务的，工资等也按照其法官等级确定。为保障法官依法独立公正行使审判权，盐田区人民法院建立健全法官身份保障机制和法官职业风险保障制度。前者是指法官一经任用，非因法定事由、非经法定程序，不得被免职、降职、辞退或者处分；后者主要是指建立健全法官工伤保险制度，探索实施与法官职业特征相适应的人身意外伤害保险制度，完善法官人格尊严和人身安全保护机制。针对法院职能特点和对廉政司法的特殊要求，盐田区人民法院还探索实施廉政勤政保证金制度，进一步建立健全法官职业监督和职业激励的长效机制。

提高法官待遇，是鼓励法官职业化的重要举措。在组建横琴法院之前，改革方案设计者考察了澳门和台湾，决定赋予专职法官很高的地位和薪酬。在珠海，一名基层法院的法官通常为主任科员，其年收入在13万—15万元。而横琴新区人民法院的专案法官，按照珠海市副处级待遇标准，其年收入可达23万—25万元。为了保证法官助理的专业化和相对稳定，横琴法院拟高薪聘请。当然，横琴法院法官高薪与实行法官员额制分不开，目标是法官精英化。横琴法院还在探索建立廉政保证金制度，如果法官在任职期间完全清廉，退休后可以拿到一笔可观的廉政保证金。

二　司法责任制改革

案多人少是法院面临的普遍性问题，在经济发展迅猛的广东省表现最为突出。然而，案多人少只是表象，背后透视的是审判机制上的问题：一是审判职权配置不科学，审与判相对割裂，审判权与管理权错位，监督难到位、责任难落实。二是审判资源配置不科学，作为优秀法官代表的庭长、副庭长管理事务过多，办案数量少；法官在办案过程中又各自为政，资源使用效率不高。根据广东省高级人民法院2013年5月发布的《人民法院人员分类管理改革调研报告（征求意见稿）》，全国法院法官中正副院长有15100人，正副庭长50036人，院（庭）长人数占法官总人数的33.4%。这部分法官因为承担了行政管理等其他工作，不能把主要精力放在办案上，造成了审判资源的大量浪费。三是审理模式不科学，管理的行政色彩浓厚，行政管理与审判管理混同，管理链条长、层级多、效率低。

如何缓解案多人少的压力，有效回应群众的司法需求，广东司法机关做出了很多尝试，其中以深圳市福田区人民法院和佛山市中级人民法院的审判长负责制改革最为引入注目。

（一）福田样本

深圳市福田区人民法院的审判机制改革源于2012年年初福田区委的一

次司法大调研。面对迅猛增长的案件量，基层法官不堪重负，如何在现有的人力资源条件下最大限度激发法官的办案潜能，成为摆在法院面前的一道难题。为此，福田区人民法院开始了审判长负责制改革的探索。深圳市福田区委常委会经讨论，把审判长负责制改革列为建设法治城区的重大改革创新项目。为了确保改革顺利推进，福田区专门成立了区委副书记、政法委书记为组长的改革领导小组。通过借鉴现代企业“项目团队”的管理模式，以及港澳地区、新加坡等地“突出法官主体地位，给法官配备工作团队”的工作机制，深圳市福田区人民法院形成了“审判长负责制改革”的基本思路。福田区人民法院从 2012 年 7 月开始试点“审判长负责制”，弱化行政色彩浓厚的庭室架构，取消庭长的案件审批权和人员管理权，庭长只负责审判业务的对外联络和内部审判长联席会议的协调。

自 2012 年 7 月起，福田区人民法院公开选任了 35 名审判长，将 105 名法官配置到了 35 个审判团队中。福田区人民法院的审判长审判团队实行“1+2+3+4”的“标配”模式，即 1 名审判长、2 名法官、3 名法官助理和 4 名辅助人员，以审判长姓名来为团队命名，强调法官的个体价值，增强审判长的个人荣誉感和责任心。35 个审判长，被赋予“相对完整独立的审判职权”，拥有相当于原来审判长与审判庭庭长的权力：案件分配、工作安排、人员调度、案件审理、文书签发和业务管理监督等。合议庭成员固定，不再临时搭建合议庭，所有案件裁判文书均以审判长名义签发。审判长由选任委员会向社会公开选任。选任委员会由福田区人民法院 8 名党组成员和 13 名来自人大代表、政协委员、学者、律师等的委员组成。2012 年 7 月 6 日，福田区人民法院在深圳市四份主要报纸上同时刊登了选任公告，要求报名者需有法律职业资格、是公务员且有五年法律工作经验。现在审判长只管安心办案，党务、人事等工作已剥离给了专门的“党政事务协理员”。此项改革使越来越多的资深法官出身的庭长、副庭长们摆脱繁杂的行政事务，回到审判席上。

福田区人民法院审判长负责制，已成为中国司法改革的一个品牌。从2012年8月开始到2013年7月，福田区人民法院的审判长负责制改革进行了整整一年。一年来，在人员不增的情况下，福田区人民法院同比上一年度结案数上升31.21%，结案绝对数多出9980件，结收案比同比上升16.92个百分点，结案率上升15.47个百分点，一审服判息诉率同比上升9.13个百分点，信访投诉量同比下降21.59%。广东的司法改革探索也影响到其他省份的司法改革。广西南宁市中级人民法院2013年3月底结束考察后，立即借鉴福田区人民法院的经验，在南宁市兴宁区人民法院进行审判长负责制试点。2013年6月，广西柳州市中级人民法院也选出了一批基层法院，开展审判长负责制试点工作。

（二）佛山样本

2009年4月，珠三角地区举行中级人民法院院长“科学发展、先行先试”研讨班，不少法院院长在座谈会上抱怨案多人少，想方设法向政府要人要物。佛山市中级人民法院院长陈陟云提出审判长负责制的改革思路，即在法院人、财、物短期内不可能出现巨大变化的情况下，通过重新洗牌，让经验最丰富、能力最突出、专业最精深的法官重掌法槌，化解审判压力，有效回应群众的司法需求。佛山市中级人民法院的思路得到广东省高级人民法院和佛山市委的赞同和支持，并受到最高人民法院的关注。然而，由于面临来自内部的压力，方案一度搁置。直到2012年3月，佛山市中级人民法院决定在收案最多的民四庭、刑一庭和行政庭试行审判长负责制。佛山市中级人民法院的审判权运行机制改革试点实施方案已获最高人民法院批准，正式在该院及禅城、顺德两家基层法院试点实施。

佛山市中级人民法院作为最高人民法院确定的审判权运行机制改革试点法院之一，2013年3月起，率先推出审判长负责制，遴选出35名审判长专职办案，建立起“1名审判长+3—4名合议法官+若干名法官助理及书记员”的审判组织模式，赋予审判长相对完整的审判职权，形成以审判长为核心的新型审判工作机制。审判长责任制改革实行团队化运作、团队化管理和团队化考核，审判长独立行使审判实务决定权、主持庭审权、组织评议权、裁判文书签署权等职权，并对审判团队办理的全部案件负责。庭长、副庭长不再签署其他合议庭的裁判文书，破除审判权运行机制中的行政化问题。为确保改革落到实处，佛山市中级人民法院明确：一是“三个亲自”，即审判长必须亲自查阅案件，亲自主持庭审，亲自撰写和签发法律文书，不再提请合议庭以外的其他人（包括其他院、庭领导）签发，遇到重大或疑难案件实在把握不准的，必要时提交审判委员会集体讨论决定，但就具体案件，审判长以上没有“领导”。二是审判长是案件质量的“第一责任人”，对合议庭审理的全部案件负责，一旦被发现办案质量差，或者责任心不强，就会被免去审判长职务。为了保障审判长责任制，佛山市中级人民法院实行过问案件登记制度，庭长、副院长、院长，但凡过问案件的，审判长都会一一记录在案，同时审判长负责制改革也倒逼一线法官们自觉抵御外来干扰。

经过调研论证，佛山市中级人民法院出台《关于进一步优化人力资源配置的若干规定》，按案件的不同类型对不同庭室法官、书记员的配置进行了规定：一是针对审判业务部门，全部实行“以案配人”，即多少案配多少人；二是针对既有审判工作任务，也有非审判岗位的部门，实行“以案配人”与“以案定人”相结合的手段（如立案庭，采用“以岗定人”为主，“以案配人”为辅；对于执行局，采用“以案配人”为主，“以岗定人”为辅）；三是针对纯粹的后勤管理部门，采用“以岗定人”的原则。

佛山市中级人民法院的此项改革，将变相流失的审判人才拉回了审判席，取得了一定的效果。佛山市中级人民法院有 26 名优秀法官经遴选后，重回审判一线，改变了此前的提拔后不办案或少办案的情况。审判长负责制的优点在于审判团队相对于原来的庭室结构更紧密，审判职权层级更加分明，行政管理与审判管理进行适度分离，管理链条缩减，使审判权运行更加规范有序，提升了审判管理精细化水平。

（三）横琴样本

相对于福田区人民法院和佛山市中级人民法院，2014年新挂牌的珠海横琴法院作为建设新型法院的样本，其推进的审判长责任制的改革更为彻底，建院伊始法官判案就告别庭长审批，不设民庭、刑庭等行政性质的审判庭，成为新中国成立以来首个取消审判庭建制的基层人民法院。珠海横琴法院取消了案件审批制和审判庭建制，增强了主审法官、合议庭办案责任制，减弱了传统审判庭运作中的行政化问题，并且简化了案件的办理程序，缩短了办案周期，从而节省了司法资源。传统的庭长审判管理职责转为由法官会议及审判管理办公室履行，行政管理职责主要由院长、人事监察办公室及司法政务办公室履行。法官会议是由全体法官组成的法官自我管理、民主决策组织，负责研究确定法官工作量的分配、各法官承办案件的类型、各专业合议庭的设置等重大审判事务。改革明确了法官的主体地位，按照审判辅助人员专而足的原则，给每一名专职法官配备三名法官助理和一名书记员，即“1+3+1”模式，辅助人员承担事务性工作。

由于取消了审判庭和立案庭的设置，横琴法院由审判管理办公室设“诉讼服务中心”为案件受理窗口，市民在诉讼服务中心递交起诉材料，法院经审查后将依法决定是否立案。立案后，横琴法院将按照法官会议事先决定的分案方案进行分案，将案件移送法官办理。立案通知书等文书上将注明案件的编号、办案法官、法官助理及书记员的姓名和联系方式，便于联系。所有案件案号配置都不再对应审判庭，而是对应法官。分案后，将由独任法官或合议庭对案件进行审理，适用简易程序的，裁决文书将由独任法官签发；适用普通程序的，裁判文书由合议庭成员共同审核，由审判长签发。若院长、副院长不担任独任法官和参加合议庭，将不能签发裁判文书。这一改革的目的就是将法官的审判权还给办案法官，大大降低了法官对行政权力的依附关系，体现了“让审理者裁判，由裁判者负责”的司法改革精神。

横琴法院还探索廉政保证金制度，给依法独立公正行使审判权提供了充分保障。在赋予法官完整的审判权的同时，也加强了对法官的监督。为了强化对法官的监督，横琴法院实行错案责任终身追究制度，建立法官审判档案，法官在职责范围内对办案质量终身负责。在国内，较早推行错案责任终身制追究办法的是河南省高级人民法院。然而实行错案责任终身制的前提是法官独立审判，法官如果不能独立行使审判权，也就不应该承担错案责任，因此横琴法院实行的错案责任终身制是与审判长独立办案相匹配的。

通过此次改革，横琴法官在审判工作中的主体地位及其职业化水平得到大幅提升。横琴法院的改革创新被誉为“特区中的特区”，“‘一国两制’下探索粤港澳合作新模式的示范区、深化改革开放和科技创新的先行区”。

（四）检察官办案责任制

相对于法官责任制改革，检察院推行的检察官办案责任制改革起步更早。早在20世纪末，为应对1997年《刑事诉讼法》修改所带来的挑战，北京、广州、河南、河北等地的检察院就突破司法体制条框的束缚，进行检察官办案制度改革探索。1999年起，最高人民检察院在北京、上海等十个省市开展主诉（办）检察官制度试点。2000年《检察改革三年实施意见》提出，“改革检察官办案机制，全面建立主诉、主办检察官办案责任制”，最高人民检察院要求各级检察机关从2000年1月起在审查起诉部门全面推行主诉检察官制度。2000年5月，最高人民检察院办公厅下发《关于在民事行政检察部门推行主诉检察官办案责任制的意见》、《关于在检察机关侦查部门开展主办检察官办案责任制试点工作的意见》。截至2004年年底，全国超过90%的检察机关均实行该制度。这些先期的试点有助于解决内部审批环节过多、行政化过重、办案人员缺乏积极性等问题，但由于制度空间有限、推进力度和持续性不足、检察院领导不愿放权、部分地区检察队伍专业素质不高等原因，在十多年的实践过程中，多数地方的主诉（办）检察官制度处于被虚置状态，仅少数检察院因“案多人少”的压力或领导重视等原因有所发展。

2013 年 12 月，最高人民检察院印发《检察官办案责任制改革试点方案》，并召开检察官办案责任制改革试点工作部署会，决定在全国 7 个省份的 17 个检察院，试点开展检察官办案责任制改革，突出检察官办案主体地位，实现检察官责权利相统一。此番重新试点，表明检察系统对该制度的重视，试图以此落实检察独立。较之先前，主任检察官办案责任制定位更清晰，主任检察官与部门负责人、检察长及检察委员会的关系更明确，“还权检察官”的范围更宽、程度更高，且注重提高并落实主任检察官待遇。

佛山市检察院和顺德区检察院作为最高人民检察院确定的检察改革试点单位，自 2013 年年底启动检察官办案责任制试点，通过将案件的处理决定权直接授予办理案件的主任检察官，实现责权利的有机统一。目前，佛山市检察院和顺德区检察院已通过严格规范的选拔程序，依法分别选任了 42 名和 43 名主任检察官，主任检察官、检察辅助人员、司法行政人员三类检察人员全部到位。

东莞市检察院实行主诉检察官办案责任制起步较早，1999 年 7 月东莞市检察院制定了《东莞市人民检察院主诉检察官办案责任制实施办法》和《主诉检察官办案规则》。2013 年，东莞市两级检察院共有主诉检察官 40 人。东莞市检察院合理科学配置主诉检察官办案组成人员，优化人力资源配置。主诉检察官实行分组办案，每名主诉检察官带 1—2 个组，个人所带检察员、助检员、书记员数量各不相同。

横琴检察院在宪法法律框架下，大胆进行综合改革，改变“三级审批制”的传统办案模式，全面实行主任检察官制。横琴检察院遵循去行政化的思路，只设置反贪污贿赂渎职侵权局、预防犯罪与公共关系办公室等四个内设机构，其余检察业务均由主任检察官直接负责。为突出检察官的办案主体地位，主任检察官从办案经验丰富的检察员中选任，独立承担一线办案任务，直接向主管检察长或副检察长负责。

三　省以下地方司法机关人、财、物统一管理

（一）改革背景

我国司法机关的设置经历了一个变迁过程。新中国成立之初，按照《人民法院暂行组织条例》（1954 年失效）、《中央人民政府最高人民检察署暂行组织条例》（1954 年失效）、《各级地方人民检察署组织通则》（已失效）规定，司法内设于行政，地方各级法院、检察院是同级人民政府的组成部门，同时在业务上接受上级司法机关的领导和监督。1954 年之后，根据《宪法》、《人民法院组织法》（1983 年、2006 年修订）、《人民检察院组织法》（1983 年修正）的规定，“地方各级人民法院对本级人民代表大会负责并报告工作”，“下级人民法院的审判工作受上级人民法院监督”，人民检察院实行垂直管理，包括检察业务、人事任免、业务经费等均由最高人民检察院垂直管理。现行的司法机关设置确立于 20 世纪 80 年代，按照 1979 年《人民检察院组织法》和 1982 年《宪法》的规定，司法机关向同级人民代表大会负责并报告工作，上下级法院存在业务指导关系，上下级检察机关存在业务领导关系。由于地方司法机关的人、财、物均属于地方权力机关和地方财政，地方司法机关在行使审判权和检察权时往往会受制于地方，为地方发展经济、维护稳定保驾护航，有些行政诉讼以及对地方经济和社会有重大影响的案件在审理时会受到地方政府的干预。我国是单一制国家，司法职权是中央事权，而司法地方化不仅会对司法公正产生影响，还会破坏法治的统一。

（二）省级统管举步维艰

针对司法地方化影响司法公正和司法公信力的问题，最高人民法院在

2013年颁布的《关于切实践行司法为民大力加强公正司法不断提高司法公信力的若干意见》中表达的核心思想就是以司法去地方化、去行政化来深度推进法院独立审判。党的十八届三中全会在《中共中央关于全面深化改革若干重大问题的决定》中也明确指出，要推动省以下地方法院、检察院人、财、物统一管理，探索建立与行政区划适当分离的司法管辖制度，保证国家法律统一正确实施。中央全面深化改革领导小组第三次会议审议通过的《关于司法体制改革试点若干问题的框架意见》和《上海市司法改革试点工作方案》，提出包括推动省以下地方法院、检察院人、财、物统一管理在内的四项改革任务。习近平总书记在会上强调，"推动省以下地方法院、检察院人、财、物统一管理"是司法体制改革的基础性、制度性措施。

根据中央部署，法院人、财、物省级统管的试点包括广东，但是与业已开展的法官员额制和审判长责任制改革试点相比，广东迟迟未启动司法机关人、财、物省级统管的改革。其他地方，如海南，虽然具备省管县的天然条件和基础，但也迟迟未启动该项改革。究其原因，一方面是因为中央所出台的改革框架对省级统管规定得不甚明确，无法确定是由省高级人民法院统管还是由省级人大或政府统管；另一方面是因为在全省范围内实行司法机关人、财、物的省级统管，动静很大，牵涉人事权、编制权、财政权等方面的联动，在改革启动前应进行充分的调研和论证，否则将事倍功半。另外，启动此项改革，还要迈过修法的关卡，如修改《人民法院组织法》，部分改变地方各级人民法院院长由地方各级人民代表大会选举，副院长、庭长、副庭长和审判员由地方各级人民代表大会常务委员会任免的制度。

总之，广东作为改革的桥头堡和前沿阵地，司法改革起步早，积累了较为丰富的经验。在中央对司法改革进行总体部署之后，广东作为试点省份，也在积极落实中央的改革部署，探索尝试各种旨在提升司法公正与司法公信力的改革措施。广东司法改革所积累的鲜活的经验需要认真总结，同时遭遇的制度瓶颈也需要放在全国范围内进行审视，以期对中央的司法改革顶层设计提出更具操作性的意见建议。

第三节　广东司法改革启示：从试点经验到顶层设计

为了维护法治的统一，司法改革应该进行统一部署、统筹、规划，保持全国司法改革步调的一致性，相对于经济体制改革，更迫切需要顶层设计。然而，任何改革都存在风险，为了降低和分散风险，可以在一些省份和地方开辟小块试验田，通过不断地试错与验证、比对与分析，总结出科学的、共性的规律，从而设计一套相对成熟的可行性方案。因此，地方试点是手段，顶层设计是终极目标。虽然，试点的手段可以是多样的，但是任何试点手段都应该有明确的方针和原则，不得违背司法规律。司法改革要遵循司法规律，司法权应该独立行使，司法唯法律是从，否则将与司法公正的终极价值背道而驰、南辕北辙。为了对司法改革进行顶层设计，需要对试点实践进行梳理和总结，对试点所反映出来的共性问题进行归纳和追问，抽象出司法改革的一般规律，最终实现由支离的、感性的地方试点经验向整齐的、理性的顶层制度设计的重要升华。

一　广东司法改革的经验与启示

广东之所以成为司法改革的试点省份，并且能够顺利推进和落实改革方案框架所确定的改革措施，是因为广东的司法改革占尽了天时、地利与人和。所谓天时，是指适逢中央深化改革大潮，并且赶上近年来法治广东建设的风起云涌。法治广东建设，强调按法治的框架解决社会矛盾纠纷。司法作为解决社会矛盾纠纷的主渠道，在法治广东建设中举足轻重，司法改革也相应得到应有的支持和保障。所谓地利，是指广东毗邻港澳，对外开放会进一步催化对内改革，无论从法治意识上还是具体的司法模式的选择上，均受到域外法治的辐射，甚至主动考察、吸收先进的司法经验，从而使广东的司法改革在一定程度上实现了对英美法系与大陆法系的兼容并蓄。所谓人和，即无论民众还是官员，在商品经济和对外交往的过程中都形成了较为强烈的规则意识，对市场的推崇和法治的信仰为司法改革提供了相对丰腴的土壤。更为重要的是，广东的司法改革得益于广东各级党委的重视和支持，在现行的政治体制下，执政者的法治意识和改革决心决定了司法改革到底能走多远。

（一）各级党委对司法改革的重视和支持

任何一项事业离开党的领导，均无法顺利开展。司法改革得到地方党委的支持，不仅体现在人、财、物方面的保障，还包括提供宽松的政策环境。广东的司法改革之所以能够顺利推动，得益于广东各级党委对司法改革践行者的重视、信任和支持。广东省委在其通过的《法治广东建设五年规划（2011—2015年）》中提出，“加强依法独立公正行使审判权、检察权的保障机制建设”，并为推进司法体制和工作机制改革设定了基调，即要“积极稳妥”地推动司法改革。2013年8月，广东省委书记在广东省维稳工作会议上指出，维护社会稳定，根本的出路是建设法治社会，为此要“扎实推进公正司法”。广东省委领导密切关注广东的司法改革，先后于2013年11月、2014年3月到广东省高级人民法院、广州市中级人民法院、深圳市中级人民法院、福田区人民法院专题调研司法体制改革，强调广东在司法体制改革中方向要看准，步子要踏稳，为全面深化改革探索经验。

广东司法改革不仅得到广东省委的支持，有些司法改革方案甚至直接源于当地党委的倡议。例如，深圳市福田区人民法院审判机制改革的启动直接源于福田区委领导2012年年初的一次司法调研。看到基层法院的法官为堆积如山的案件疲于奔命，区委领导深刻意识到第一要务是破解案多人少难题，使审判长负责制的改革思路应运而生。福田区党委将之列为建设法治城区的重大改革创新项目，并专门成立了改革领导小组，由区委副书记、政法委书记担任组长。

（二）司法改革整体推进、配套得力

根据《关于司法体制改革试点若干问题的框架意见》，现阶段司法改革主要指完善司法人员分类管理、完善司法责任制、健全司法人员职业保障、推动省以下地方法院检察院人财物统一管理等四项改革。这四项改革是有机统一体，有着共同目标，即通过去行政化和去地方化的手段推动和保障司法权的独立运行。司法人员分类管理是为了实现司法机关内部司法权与司法行政权的分离，司法行政权服务于司法权，不得干预司法权的行使；完善司法责任制是推动合议庭和法官独立行使审判权，让审理者裁判、让裁判者负责；健全司法人员职业保障为司法权的独立行使免除后顾之忧，让司法人员专心于本职工作；如果说完善司法人员分类管理、完善司法责任制是去行政化，推动省级以下司法机关人、财、物统一管理则是去地方化，保证司法权的行使不受地方行政干预。这四项改革相互之间也存在内在的逻辑关系。完善司法人员分类管理是完善司法责任制的前提，健全司法人员职业保障又是完善司法责任制的必然要求，同时也是完善司法人员分类管理中推动法官职业化不可分割的一部分。

除了省级司法机关人、财、物统一管理由于需要在省一级统一推进，需要进行大量的调研和周密的方案设计，暂时还未启动之外，广东省对其他三项司法改革整体部署和推进，且配套制度完善。例如，盐田区人民法院的司法改革在三个层次上实现了司法改革的整体推进。首先，盐田区人民法院将完善司法人员分类管理和法官职业化改革与健全法官职业保障机制改革一体推进，在《盐田区人民法院人员分类管理和法官职业化改革总体方案》中单独规定了法官身份保障、职业风险保障和加强工资福利待遇等法官职业保障机制。其次，盐田区人民法院将制定改革总体方案与制定各项管理制度一体推进，形成了司法人员分类管理和法官职业化改革的“1+6”文件体系。再次，盐田区人民法院将完善司法人员分类管理和法官职业化改革与司法责任制改革一体推进。2014年4月，盐田区人民法院出台了完善审判权运行机制的配套制度，包括《深圳市盐田区人民法院审判工作总体规定》、《深圳市盐田区人民法院主审法官管理办法》、《深圳市盐田区人民法院合议庭工作规定》、《深圳市盐田区人民法院审判委员会工作规则》、《深圳市盐田区人民法院审判专业委员会工作规则》、《深圳市盐田区人民法院规范法官自由裁量权若干规定（试行）》、《深圳市盐田区人民法院审判流程管理办法（试行）》、《深圳市盐田区人民法院案件质量评查办法（试行）》、《深圳市盐田区人民法院人员分类考核办法》、《深圳市盐田区人民法院审判绩效考核实施细则（试行）》、《深圳市盐田区人民法院法官违纪违法行为惩戒办法》等。

（三）放眼国际视野

中国的司法改革既要立足于中国的司法现实，与中国的发展阶段相适应，也要遵循普遍性的司法规律。司法改革应保持开放的姿态，参考和借鉴海外先进的司法理念与制度。受地缘因素的影响，广东的经济、政治和文化均具有外向型特点，当通过改革寻求一种新的体制框架时，自然会放眼港澳、东南亚，甚至是英、美、德、法等国家。广东司法改革的设计者一方面充分调研法治国情，找出问题的症结；另一方面积极海外取经，借鉴经验。例如，珠海横琴法院在组建之前，改革方案设计者考察了澳门和台湾地区，借鉴大陆法系的司法体制构造，在坚持中国特色社会主义司法制度的前提下，为司法人员分类改革找到了法官精英化的道路，决定赋予专职法官很高的地位和薪酬。

二　广东试点透视和聚焦中国司法改革难题

（一）人大在司法改革中的角色缺位

人大作为权力机关，应在法治建设中担当主导作用，许多改革方案的出台事先要经过人大代表的广泛论证，事后的落实也离不开人大代表的监督，并且一些经过试点检验可复制、可推广的改革经验也需要人大出台制度加以固化。广东省委领导班子具有很强的依法执政意识，深刻认识到并在不同场合强调人大在依法治省以及各项改革中的主导作用。

例如，广东省委在《法治广东建设五年规划（2011—2015 年）》中提出，支持人大及其常委会把有利于推动广东科学发展的政策措施和成功经验，通过法定程序转化为全省人民的共同意志。省委领导在依法治省工作领导小组第 19 次会议上，专门强调要发挥人大在法治建设中的主导作用，省、市、县人大都要把法治社会建设作为推动人大制度与时俱进的一个强有力的抓手，尤其是县级人大的力量应该主要投入到法治社会建设中。广东省委领导还在全省各市依法治市办公室主任会议上提出，“市县人大常委会要切实发挥在法治建设中的主导作用”。

尽管广东省委领导具有很强的法治意识，认识到了人大在法治建设中的主导作用，但遗憾的是，人大在司法改革中的参与度还不够。广东省的司法改革基本上是由司法机关在党委的领导下主导，改革的设计师不是聚集广泛民意的人大，而是改革的对象司法机关自己。

司法改革的实质是改革司法，主要是改革司法制度和司法体制，而现阶段改革的对象成为改革的推动者。这种对象与主体错位的改革模式制约了司法改革的进程与深度。并且，现阶段的司法改革，主要靠法院或地方党委出台规范性文件加以推进，表现出一定程度的任意性，随着领导的职位更迭或者注意力转移，改革将会朝秦暮楚，甚至朝不保夕，也会大大伤害处于改革风口浪尖的司法人员对司法改革的信心。

（二）司法改革透明度不高、民主化不足

改革，是对陈规大刀阔斧的革新，同时也是对未来方向性的试探。因此，伴随着改革的既有发起者的慷慨激昂，也有试探者的谨小慎微。广东的司法改革频频见诸报端，但是具体的方案设计却很难见到庐山真面目。改革者习惯于以不成熟、还处于试验阶段为由，回避公开方案。不过，改革是一项公共事业，一旦失败是要由全社会埋单的，因此绝不是某一个部门或行业的私事，不应该任由少数人闭门造车。改革草案应向社会公开，充分吸收专家学者、实务部门以及普通公众的意见。然而，不仅是广东的司法改革透着神秘感，全国层面的司法改革框架意见也犹抱琵琶，不愿示人。中央深化改革领导小组第三次会议的召开在社会上掀起轩然大波，司法改革被炒得沸沸扬扬，然而其通过的《关于司法体制改革试点若干问题的框架意见》则很难见到全貌，公众只能从知情人士的解读中窥见只鳞片爪。

（三）有些司法改革措施争议较大、尚无定论

与其他试点省份一样，广东省级以下司法机关人、财、物统一管理的改革迟迟没有启动，除了因为涉及整个省份的统一行动，而非个别法院可以单独试点外，更为重要的原因是该项改革本身争议很大、尚无定论。

第一，省级以下司法机关人、财、物统一管理改革本身是妥协的产物。按照司法改革最初的设想，去地方化意味着司法机关人、财、物由最高人民法院垂直管理。由于遭到地方党委政府的强烈反对，省级党委领导人由于地位高、掌握话语权，因此妥协的结果是省级以下的司法机关人、财、物统一管理。然而，省级仍然属于地方，由省级统一管理，司法权仍受制于地方。

第二，司法机关内部对去地方化也存在不同认识。根据与法官座谈，不少法官并不愿意脱离地方，归属地方可以得到地方各种资源的支持。

第三，人、财、物统一收归省级管理，是归属省高级人民法院管理还是归属省级人大管理，是人、财、物统一管理还是分别管理，目前仍有不同认识。按照现行机构设置体制，省级以下司法机关的人、财、物收归省管之后，人员应由省高级人民法院提名，交省级人大任免；法院财政应经省人大批准由省财政部门统一管理；法院的物应归属省高级人民法院统一管理。省级以下司法机关的人员任免应设置法官遴选委员会，但是设置在省高级人民法院还是设置在省人大，尚没有统一的认识。

第四，司法去地方化有进一步改变上下级法院指导关系之虞。法官独立行使审判权，不仅意味着司法权不受地方行政权的干预，还要求上下级法院之间的独立。根据现行法律规定，上下级法院之间存在业务指导关系。但是这种关系会因案件请示制度和考核制度的存在变成实质上的领导关系，而去地方化，将省级以下人、财、物统一管理，会进一步加剧下级法院对上级法院的依附关系，变指导关系为领导关系。

因此，在去地方化的问题上还需要在理论上进一步论证，如去地方化是一步到位还是先省级再全国，法院人、财、物省级统一管理是否是法院垂直管理，去地方化的同时如何防止上下级法院关系的异化等。

另外，为实现听审者裁判、裁判者负责而启动的司法责任制改革，在推行过程中如何处理与审判委员会制度之间的关系也值得进一步研究。广东虽然致力于取消院长、庭长审批案件制度，由主审法官或合议庭审判长签发裁判文书，但并没有完全去行政化，还在继续保留审判委员会。无论是司法改革方案的设计者还是普通法官，都基于风险分担的考虑不愿意在现阶段取消审判委员会制度，而学界对“审者不判、判者不审”的批评，矛头指向的正是审判委员会制度。审判委员会制度的存在与审判长或主审法官责任制的设计理念相背离，形成司法改革悖论。

（四）司法改革不能搞一刀切

随着试点改革的成功和推广，中国的司法改革必将协同推进。然而由于我国经济发展不平衡，各地的案件量不均衡，司法改革中不能搞一刀切，只能抽象出一般的规律，但不能把改革措施原封不动加以推广。例如，广东横琴法院实行员额制，打造精英法官，实行高薪养廉，符合司法的一般规律，值得推广，但是具体到法官的年薪标准以及廉政保证金的额度，则需要因地制宜。毕竟，我国幅员辽阔且经济发展不均衡，省级财政的承受能力不均等。对于横琴法院的法官，年收入为 23 万—25 万元为高薪；但是对于老少边穷的地区，能达到珠海现有的法官年薪标准（13 万—15 万元）就已然是高薪了。在法官薪酬待遇方面，维持法官高薪、提升法官待遇是司法改革的一个趋势，具体额度标准应该由各省市自行确定，但应高于当地公务员薪酬一定的比例。

（五）对法官的行政化考核愈演愈烈

法官司掌审判权，直接决定当事人的权利义务归属，攸关当事人的人身权、财产权甚至生命权，因此对法官业务和职业道德的考核尤为重要。目前我国的法官面临着各种考核，有来自当地对法院的法治评估考核，也有来自上级法院和本级法院组织的审判质效考核。这些考核固然可以起到监督和督促法官工作的作用，但过多的行政性考核会加重法官的额外负担。

另外，有些考核指标的设置不科学，有的本身导向性不明确，有的会导致上下级法院关系的异化。例如，一审案件上诉率的考核指标就明显失当。上诉权是当事人法定的权利，当事人行使该上诉权并不意味着一审案件裁判有问题，设置这样的指标本身的导向性并不明确。还有二审改判率，设置这样的考核指标的本意是督促一审法官审慎行使审判权，避免二审改判。但是，二审改判的原因很多，并不能简单归结为一审法官的审判质量有问题。这样的指标会使考核陷入唯数字论，可能导致两个结果：一是一审法院在做出一审判决前为了降低二审时改判或发回重审的风险，往往会请示上级法院；二是会增加二审法官的顾虑，使其在改判时会考虑到一审法官因考核所承受的压力轻易不愿改判。无论哪一种结果都背离设置审级制度的初衷，对审判独立也是一种伤害。此外，考核制度的存在还是法院内部裁判权与司法行政事务管理权本末倒置的一个原因。司法行政事务管理部门名义上是为审判业务部门和法官服务，但却凭借考核打分机制紧紧牵住审判业务部门和法官的“牛鼻子”。审判人员为了提高考核分数和名次，不得不仰人鼻息，在日常工作中轻易不敢得罪司法行政事务管理部门。

三　中国司法改革顶层设计展望

广东司法改革试点积累了宝贵的经验，也暴露了中国司法改革存在的普遍性问题。要进行司法改革顶层设计必须在试点经验的基础上，明确司法改革的方向，处理好司法与党委、人大、舆论监督等之间的关系，并进行司法体制变革，最终实现制度性突破。

（一）坚持正确的司法改革方向，维护司法权的独立行使

司法作为以国家强制力为后盾的居中裁判权，具有丰富内涵，蕴含着独立、中立、民主、公正、公开、效率、廉洁、职业化、终局性以及程序正义、无罪推定、人权保障等诸多内容。目前，影响和干扰司法改革方向的主要是源于对司法民主的误读和曲解。

司法民主既不是裁判主体由多数人参与的民主，也不是指裁判结果让全社会都满意的民主，司法民主是通过公正适用法律，将法律所蕴含和体现的民意通过法律适用转移到个案上，因此司法民主是一种间接民主，通过公正的裁判彰显法律所蕴含的民意。

民主要体现在立法阶段，立法主体在立法过程中通过充分的利益博弈、吸纳民意，而司法则通过适用法律将立法中的公义和民意传递给当事人，体现为个案的公正。我国 1954 年《宪法》明确规定：“人民法院独立进行审判，只服从法律。”审判唯法律是从才能做到真正的独立审判，为此司法改革要摈弃司法工具主义思想，让司法不再作为为经济发展保驾护航、为

维稳服务的工具，否则为了发展经济、维护所谓的“稳定”，在个案中牺牲法治、牺牲司法公正就在所难免。

不能机械和狭隘地理解司法民主。司法的关键在于由公正的法官遵循正当的程序并正确地适用法律对案件进行裁判。司法改革所有的制度设计都应该是以保障依法独立、公正行使审判权为导向。要确保审判权的依法独立、公正行使，必须明确并处理好审判权的独立行使与党委领导、人大监督、媒体监督的关系。

首先，独立依法、公正行使审判权与党委领导并行不悖。司法改革的方向是依法独立、公正行使审判权，并不意味着不要党的领导，而是更加需要加强和完善党的领导。司法改革涉及国家权力配置和国家治理理念与方式的转变，党的领导非但不能弱化，还要强化。党领导司法改革应主要立足于确定改革的方向性问题、原则性问题，并适时通过立法上升为国家意志。党作为人民利益的代表，与体现和彰显民意的法律是一致的。立法就是人大将党的政策上升为法律、将党的利益转化为全体人民的利益的过程，因此审判服从法律即是服从党的领导，两者是统一的。在明确审判权依法独立、公正行使与党委领导的一致性之后，就应该尽量减少政法委对重大敏感案件的协调。根据中国现行司法制度，法院、检察院和公安机关各有分工、各司其职，如果成立一个专门的机构对个案进行协调，势必会影响司法机关的专业判断，不利于审判权的行使。

其次，人大对司法的监督主要通过法官遴选和惩戒机制。全国人大及其常委会作为立法机关，按照科学民主的立法程序，在各方利益充分博弈的基础上制定法律之后，对于司法机关在个案中如何适用法律不得干预。人大作为监督机关，对司法进行监督应主要通过法官遴选和惩戒机制，建立法官的准入和淘汰机制，实现对审判权独立运行的监督，确保民众在每一个司法案件中都感受到公平正义。

再次，司法在舆论监督面前应保持超然与克制。法官审判案件应接受媒体、公众的监督。实践中，舆论监督对于规范司法行为、促进司法公正的确也起到一定的作用。然而，舆论毕竟存在一定的非理性，当舆论监督偏离理性轨道，司法还是应坚守法律，而不应迁就所谓的“民意”。但在当前司法权威不彰、公信不立的情况下，面对维稳的压力，法官很难保持超然与克制，为了追求社会效果，往往会牺牲法律，长此以往，最终会损害法治。在司法改革推进过程中，也曾经要求司法既要追求法律效果，也要追求社会效果。然而现实情况是，对于个案而言，法律效果和社会效果有时很难统一，甚至难以调和。因此面对舆论监督时，司法应坚持追求法律效果，毕竟长期来看法律效果才是最好的社会效果，但是应保证司法裁判过程公开、透明，增强裁判文书的说理性，最终赢得司法权威和司法公信。

（二）提速司法改革节奏

从1978年开始，司法改革推行了30多年，仍未触动体制性的核心问题，没能实现司法权的独立运行。究其原因，除了司法理念不清晰之外，还与司法改革节奏有关。在历次司法改革文件中，最为常见的一个词就是“积极稳妥”地推进改革。“积极”体现的是态度，“稳妥”体现的是节奏，“稳妥”意味着改革的小范围、小幅度、阶段性和试探性，遇到障碍，则无法跨越，要么停滞不前，要么绕道而行。如果说前些年司法改革还有小步慢走的余地，现在的社会和国际大环境要求司法改革必须触及司法改革的深层次、系统性矛盾，单靠对司法制度进行零敲碎打无法实现体制性突破。司法改革已经积累了30多年的经验，现在到了认真总结和反复论证的阶段，需要在明确方向的前提下，提出系统的体制性变革方案。当然，在实践中还可以对方案中的细节进行修订和调整，但是司法改革的节奏必须提速，否则就有可能错失司法改革良机。当然，司法改革不得脱离司法现实。目前，我国地域差别大、人员素质参差不齐，而且司法机关确保维护司法公正的工作机制也还有待健全，因此，应与法官遴选、法官监督、司法公开、惩戒机制的逐步完善同步推进，并充分考虑地域差异，不能一刀切。

（三）发挥人大在司法改革中的主导作用，依法推进司法改革

司法改革作为国家治理体系和治理能力的一个环节，不仅是司法机关的事情，还涉及司法机关与行政机关、人大等的分权与协作，因此需要从政治权力的配置和司法权在政治体制中的地位的高度加以总体设计。如果司法机关作为司法改革的主体，则具有局限性，过多关注于司法机关内部的权力调整。要整体系统推进司法改革，应建立权力机关主导机制，从方案设计到贯彻落实再到制度固定，实现在法治轨道上推进司法改革。考虑到司法改革是一项关系法治全局的系统工程，应当由全国人大或其常委会制定一部专门规范司法改革的法律规范，内容大致应当包括司法改革的目标、司法改革的步骤、司法改革的原则、司法改革的内容、司法改革中各机关的权责，以确保整个司法改革有法可依。

（四）推进审判与司法行政事务管理的分离

与经济领域改革主要围绕政经分开、政企分开相同，司法领域的改革同样面临着政法分开的问题。所谓政法分开是指行政与司法要分开。司法与行政是两种截然不同的活动，行政属于法律执行活动，以效率为价值取向，强调一致性；司法则是法律适用活动，以公正为价值取向，强调独立性。司法权独立行使包括两个层次：一是司法机关独立行使司法权，即司法机关独立于执行政府决策和维持秩序的行政机关之外运行；二是法官独立行使裁判权，即在司法机关内部实行司法权与司法管理权的分离，法官独立于司法行政系统担当中立的仲裁者角色。

以往的司法改革也提出进一步区分审判权与审判管理权，但是在法院内部法官的主体地位并未得到强化和确立，相反法官作为审判管理的考核对象处处受制于审判管理部门。虽然目前所进行的司法人员分类管理和审判长责任制改革，有助于确立法官的主体地位，但还是应该从体制上落实十八届四中全会提出的“改革司法机关人财物管理体制，探索实行法院、检察院司法行政事务管理权和审判权、检察权相分离”。为了让司法行政事

务管理服务于审判，有一种思路值得关注，即从体制上进行区分，让司法行政事务管理从审判机关中分离出来，归属司法行政机关行使，恢复1954年《人民法院组织法》所确立的体制，让法院专司审判。

（五）完善四级法院的职能定位，构建司法分层制

法院的职能分层制是指以初审、上诉和终审的审级职能为中心，围绕着事实问题与法律问题、私人目的与公共目的之间关系的协调，对一般管辖权法院进行职能划分，确保通过诉讼实现解决纠纷和维护法律秩序的制度目标。域外法院体制的设置通常存在四级法院：简易法院（或小额法院，或家庭法院）、普通一审法院、上诉法院以及最高法院，并且法院数目递减，呈“金字塔”型。这种“金字塔”型的设计强化了塔顶制定政策和服务于公共目的方面的功能，而“越靠近塔基的法院在直接解决纠纷和服务于私人目的方面的功能越强”[①]。法院的职能分层制，一方面能够整合现有的司法资源使上下级法院形成专业化分工，有利于法官的职业化；另一方面契合了司法的金字塔结构，能够兼顾私权保护与法律统一适用的双重目的。[②] 由于在理念上一味追求实体的终极公正，我国法院组织法和三大诉讼法均规定了四级人民法院的一审管辖权，中级法院、高级法院和最高法院既是上诉法院又是一审法院，职能分层不明显。法院职能分层不明显的弊端在行政诉讼管辖中体现得最为明显。西方国家由于职能分层制的存在，对行政机构做出的行政行为进行审查，往往排除初级法院管辖，而直接由上诉法院进行审查。而我国的法院体系并未采取职能分层制。我国行政诉讼法及其司法解释在管辖制度设计时，并未凸显行政诉讼与民事诉讼在审查对象上的区别，仍简单模仿民事诉讼制度中有关管辖的规定，司法审查由基层人民法院而非直接由中级人民法院管辖。由于管辖法院的级别较低，

---

① 傅郁林：《审级制度的建构原理——从民事程序视角的比较分析》，《中国社会科学》2002年第4期。

② 肖建国：《民事诉讼级别管辖制度的重构》，《法律适用》2007年第6期。

为了抵御地方行政干预，最高人民法院鼓励有些地方试点集中管辖和交叉管辖，甚至提出要建立行政法院。《四五改革纲要》也提出："要通过提级管辖和指定管辖，确保行政案件、跨行政区划的民事案件和环境保护案件得到公正审理。"然而集中管辖、交叉管辖和建立行政法院都不解决根本问题。要实现各类案件的公正审理，一方面要致力于坚持审判独立的司法改革而非建立行政法院，另一方面落实十八届四中全会提出的"完善审级制"的要求，在构建法院职能分层的基础上实行司法审查上诉审管辖制度。

（六）摒弃对法官的行政化考核机制

审判有自身的司法规律。如果沿用行政化手段对法官进行绩效考核，在考核指挥棒的引导下，会扭曲审判逻辑，损害司法规律。目前之所以存在对法官的多重考核，一个出发点是基于对行使审判权的法官不信任，包括对其业务能力和职业道德的双重不信任。按照司法逻辑，法官之所以被定位为法律的最终裁判者，其拥有天然的权威，应享受社会普遍的尊重和信任，即所谓"总统是靠不住的"、"法官却值得信赖"，否则，司法权独立运行的逻辑就不存在了。"法官值得信赖"的配套制度离不开两个委员会，即法官遴选委员会和法官惩戒委员会。法官遴选委员会按照严苛的程序，选任出值得信赖的法官，并赋予其尊崇地位和优厚待遇；法官惩戒委员会则确保法官的违纪违法行为及时得到应有惩戒，乃至淘汰不值得信赖的法官。两个委员会严守"准入"和"退出"两个关口，中间环节则借助司法公开，让司法权行使的全过程公开透明，进而实现司法公正，提升司法公信力。

第 六 章

广东有序推进社会建设法治化

改革开放以来，中国经济持续高速增长，城镇化迅速推进，而与此同时，各种社会问题也在不断积累，但社会保障、社会管理等多方面的法律制度建设却跟不上前进步伐，甚至有所缺失。经济社会发展失衡必然导致社会利益冲突，社会利益冲突对社会安定和国家治理形成威胁。为了解决这个问题，需要在政府的积极主导和有效调控下推进社会建设，并鼓励社会各方积极有效参与。中国的社会治理不是政府自上而下的单向过程，而是政府主导的多元主体参与进程。这就决定了政府应当基于法治思维和采用法治方式进行社会治理，畅通民意渠道，依法妥善处置各群体之间的利益诉求。

作为改革开放的桥头堡和对内改革的排头兵，在依法治省进程中，广东省在依法推进社会建设方面进行了大量尝试。

第一节　依法化解社会基层矛盾

随着社会经济持续繁荣，国内流动与国际交往日趋频繁，政治改革稳步推进，社会转型过程中的新现象与新问题不断涌现，我国基层矛盾逐渐呈现出多元化、过激化与群体化特征。曾经适用于化解基层矛盾的传统方法，逐步难以适应新情况，迫切需要新的思路与方法。近年来，广东省积极探索依法化解基层矛盾的制度创新，取得了明显成效，积累了重要经验，从而为进一步深化法治建设奠定了坚实基础。

一 完善信访制度的矛盾化解功能

国务院2005年颁布的《信访条例》规定，信访是指“公民、法人或者其他组织采用书信、电子邮件、传真、电话、走访等形式，向各级人民政府工作部门反映情况，提出建议、意见或者投诉请求，依法由有关行政机关处理的活动”。

作为中国特色社会主义的民主参政和权利救济的独特形式，信访工作是密切党和政府与广大人民群众联系的特殊桥梁和纽带，是党和政府做群众工作的重要窗口和阵地，是促进科学发展的基础性工作和有力保障，有助于解决好人民群众最关心、最直接、最现实的利益问题，促进社会和谐稳定，长期以来发挥着重要作用。

近十年来，中国对信访工作的重视程度进一步增强。2004年，我国建立了处理信访突出问题及群体性事件联席会议制度，开始将信访工作提升到“维稳”工作乃至党和政府全局工作中特别重要的位置。各级信访部门继续升格，全国31个省（区、市）的省级信访机构有19个被提升为正厅级，大部分县建立了基层信访工作机构，形成了“纵向到底，横向到边”的工作网络。[①]

不过，信访工作在取得重要成效的同时，也面临着日益增多的困境与难题。信访数量持续增加，长期在高位运行；信访事项涉及问题日益宽泛和复杂，历史遗留问题难以得到有效解决；越级上访、重复上访、集体上访现象日益增加，过激行为时有发生，甚至引发大规模群体性事件。因此，有关信访制度改革的呼声始终不绝于耳。

---

① 肖唐镖：《信访政治的变迁及其改革》，《经济社会体制比较》2014年第1期。

2014 年，中共中央办公厅、国务院办公厅印发了《关于创新群众工作方法解决信访突出问题的意见》，明确提出“推动信访工作制度改革”，提高解决信访突出问题的能力，提高从源头上预防和化解矛盾纠纷的能力，维护群众合法权益，维护社会公平正义，维护社会和谐稳定。

近年来广东省在信访工作的制度创新方面，进行了多方面的探索与实践，并取得了明显成效。2014 年 3 月 27 日，广东省第十二届人民代表大会常务委员会第七次会议通过了《广东省信访条例》，并于 7 月 1 日起正式施行。该条例遵从中央指示精神，结合广东省经验，全面完善了信访工作制度，从而为化解基层矛盾创造了有利条件。具体来看，以下三方面颇具亮点。

（一）有序推进诉访分离，增强司法权威

近年来，随着社会转型进程的不断推进，越来越多的基层矛盾开始以案件形式进入司法层面，从而使得诉讼与信访交织、法内处理与法外解决共存的状况变得日趋明显，部分群众“信访不信法”、“弃法转访”、“以访压法”等现象日益突出。这一方面制约了化解基层矛盾的工作效率，另一方面也影响到执法司法公信力，很大程度上偏离了法治建设的基本方向。这就使得推进诉访分离成为信访制度改革的迫切要求。

2014 年，中共中央办公厅、国务院办公厅印发了《关于依法处理涉法涉诉信访问题的意见》，明确提出改革涉法涉诉信访工作机制的总体思路：首先，要改变经常性集中交办、过分依靠行政推动、通过信访启动法律程序的工作方式，将解决涉法涉诉信访问题纳入法治轨道，由政法机关依法处理；其次，要依法纠正执法差错，依法保障合法权益，依法维护公正结论，保护合法信访、制止违法闹访；再次，要努力实现案结事了、息诉息访，实现维护人民群众合法权益与维护司法权威的统一。

《广东省信访条例》第 3 条明确规定了“诉访分离，分类处理”的原则，并在第 30 条中规定了应当依照诉讼、仲裁、行政复议等法定程序向有

关机关提出权利救济的各类具体事项。同时规定，国家机关收到信访人提出的信访事项，应当予以登记，如果属于诉讼、仲裁、行政复议等法定途径解决的，不予受理，应告知信访人依照有关法律、行政法规规定程序向有关机关提出。

从制度安排来看，诉访分离的工作流程正在趋于完善，但在实际操作过程中，如何将纸面规定落到实处，却是相当困难的挑战。事实上，除了少部分完全不懂法的信访人之外，对于大多数涉法涉诉案件的信访人，尤其是与信访部门打了多年交道的“老访户”而言，并不是不了解法定途径，而是不愿意走司法程序，其原因或是难度大成本高，或是对执法司法权威性与公正性缺乏信任感。调查显示，在 632 位进京上访的农民中，有 401 位在上访前就上访的问题到法院起诉过，其中法院不予立案的占到 42.9%；认为法院不依法办事判决败诉的占 54.9%。[①] 此外，部分基层干部缺乏法治意识，倾向于采取“人民问题人民币解决”的不当做法，也在理性选择的“成本—收益”层面上，对信访人产生“信访不信法”的偏好起到了逆向激励作用。

如果缺乏切实的引导手段，将很难有效贯彻诉访分离的工作机制，甚至有可能引发更多的矛盾与冲突。从广东省近年来推进诉访分离的实践经验来看，关键是要增加“诉”的便利性与有效性，从而在“成本—收益”的理性选择下，促使信访人自觉自愿地“由访转诉”。

对于信访人而言，如果采取“诉”的途径，很大程度上意味着专业知识、烦琐程序和高额费用，因此容易产生畏惧感，倾向选择门槛更低的信访途径。这就需要相关部门通过法律服务、费用减免、联系协调等方式提供帮助，进而为信访人铺设更简捷、更高效、更舒适的司法途径，促使其在法治框架下化解基层矛盾。广东省珠海市斗门区的案例颇具代表性。2009 年开始，斗门区某小商品城的 200 多个小商户先后多次到镇政府、区

① 《国内首份信访报告获高层重视》，《南方周末》2004 年 11 月 4 日。

政府上访，反映该商品城老板未履行与小商户们签订的经营协议，而且未交水费、电费，未管理好商品城的安全、卫生，造成小商户们生意惨淡、利益受损。地方政府虽然从一开始就认为这是小商户们与商品城经营公司的纠纷，应该通过法律途径解决，但是商品城经营公司不肯出来解决小商户们的诉求，200 多个小商户想法也不一致，缺少领头人，于是“一窝蜂”地来找政府解决问题。面对集体信访，地方政府一方面先做好小商户们的稳定工作：垫钱付清商品城欠交的电费、水费，让商品城通电通水；垫钱支付商品城保安人员、保洁人员工资，管理好商品城，确保小商户们能正常开展经营。另一方面从法院、检察院、司法局抽调法官、检察官、公职律师，组成了工作小组进驻商品城，帮助各方厘清问题，引导、协助小商户们走法律途径解决诉求。在工作小组帮助下，小商户们的诉求得到了斗门区人民法院的调解和判决，商品城其他各方的矛盾纠纷也在法院得到裁决、执行，重新走上了正常经营的轨道。①

对于信访人而言，解决问题才是最终目的，如果通过“诉”的方式，走完程序后，却未能有效解决他们所关切的核心问题，那就必然会再次回到“访”的道路上来。因此，诉访分离的根本目的，并不在于形式上的简单分类，而在于合理分流纠纷的解决渠道，以“访”的解决促进“诉”的顺畅，以“息诉”促“罢访”，形成良性互动，做到两协调、两促进。广东省佛山市顺德区的案例颇具代表性。2009 年，信访人张某的儿子在交通事故中死亡，经顺德法院依法判决，肇事人吴某和李某分别支付赔偿款 45 万余元和 19 万余元。2010 年 1 月，案件进入执行阶段，法院经调查发现两被执行人家境贫困，根本无偿付能力。张某对案件执行极其不满，前后十余次到法院及区委、区政府信访，反映其丈夫长期瘫痪在床，上有 84 岁公公，下有 9 岁孙子，全部靠其打零工维持生计。顺德法院一方面指定专人

---

① 《敞开司法之门引导群众维权》，2011 年 4 月 26 日，法治广东网（http：//www. fzgd. org）。

对案件跟进处理，另一方面积极联络区有关部门。同年 6 月，张某从法官手中拿到了由区民政和慈善机构提供的 3 万元救助款，并签订了息诉罢访承诺书。①

（二）积极开展信访听证，化解疑难矛盾

如何化解疑难复杂信访案件，始终是基层信访工作面临的重要难题。对此，《关于创新群众工作方法解决信访突出问题的意见》明确提出："建立信访听证制度，对疑难复杂信访问题进行公开听证，促进息诉息访。"《广东省信访条例》第 45 条规定，对重大、复杂、疑难的信访事项，国家机关可以根据需要举行信访听证。并规定，听证通过质询、辩论、评议、合议等方式，查明事实，分清责任。近年来，广东省信访部门积极开展信访听证，有效化解了不少疑难复杂的基层矛盾，取得明显成效。从功能角度来看，信访听证的作用主要体现在两方面。

其一，澄清原委。部分信访案件情况复杂，涉及部门多，时间跨度长，容易形成"公说公有理，婆说婆有理"的复杂局面，从而为化解矛盾造成重要障碍。因此，通过信访听证方式，相关各方面对面"摆事实，讲道理"，澄清原委，不仅有助于为处置提供可靠依据，而且也有利于"让事实说话"，化解信访人不满情绪，以及社会质疑。

广东省佛山市顺德区的案例颇具代表性。2014 年 6 月 25 日，顺德区信访局在陈村举行了信访听证会，采用类似于庭审的流程，让信访当事双方轮流陈述、举证，并邀请由人大代表、政协委员、律师、社工、人民陪审员、决咨委委员等九名社会人士组成听证团，试图解决陈村梁某的房屋产权登记问题。在听证会上，信访人一方为陈村勒竹居委会村民梁某，另一方为信访承办方陈村国土城建和水利局及区国土城建和水利局（以下简称国土部门）。梁某曾于 2010 年申请房产管理部门对其丈夫何某位于陈村更

① 《诉访分离的顺德经验》，《人民法院报》2010 年 8 月 19 日。

美路的一处房产确权登记，但遭到拒绝，理由是该房屋已被改建，存在违规用地情况。梁某并不认同申请被拒的理由，并在此后四年里不断上访。针对梁某的信访诉求，国土部门在听证会上展示了大量文件、档案、图片，从而较完整地呈现该案所涉及的房屋变化。根据记录，1988 年，国土部门曾进行宅基地调查，在一份梁某丈夫签字确认的《宅基地调查表》上明确记载其房产土地面积为 131.63 平方米。1991 年，梁某丈夫向房产部门递交《土地登记申请书》，房产部门颁发《国有土地使用证》确认房产土地面积为 132 平方米，建筑面积为 196.14 平方米。1993 年，梁某丈夫再次申请使用房屋周围的边角地进行扩建，经审核，国土部门批准其提交的《个人建房使用土地申请表》，批准其使用边角地 5.13 平方米。但是，根据国土部门最新测量，梁某丈夫目前的房产土地使用面积 165.6 平方米，建筑面积 235.98 平方米，分别多出了 28.6 平方米和 39.84 平方米。从书面资料来看，该房产存在违规用地的情况相当明显。因此在双方进行辩论后，在从观众席中选出的计票员和检票员监督下，听证团九名听证员对国土部门不予受理梁某房产确权申请的信访处置意见进行了投票，并以 7 票赞成、1 票反对、1 票弃权形成听证结果。[①] 通过信访听证，原本相对复杂的情况原委得到了澄清，从而为信访处置提供了有力支持。

其二，争取共识。部分信访案件涉及面广，如果处置不当，容易引发群体性事件。因此，通过信访听证，一方面有利于公开公正地查明情况，防范别有用心者的蛊惑煽动；另一方面有利于解释法律法规，宣讲政策方针，探讨解决方案，取得群众的理解与认同，并在此基础上就信访处置意见达成共识。

广东省中山市民众镇的案例颇具代表性。2013 年 7 月 17 日，民众镇新平四村各生产队的群众代表、新闻媒体、民众镇领导、市信访局和部分镇区信访干部等 40 多人在民众镇的镇政府大礼堂，举行了信访听证会，内容

① 《陈村一产权争议案成佛山首例信访听证会》，《南方都市报》2014 年 6 月 27 日。

涉及新平四村吴某等反映该村村委会强占各村小组围垦地、村务不公开、账目混乱、村干部私自与人合伙承包该村堤围加固工程等问题。听证会由民众镇的司法所所长主持。主持人以中立态度指引各方始终保持冷静理性，在听证会上有序开展举证、辩论、质询等程序。信访人代表向与会人员陈述了信访诉求以及支持诉求的证据；信访事项承办人通报了案件的办理情况，提交了信访事项办理证据以及经办材料；新平四村老支部书记等五位知情人也出席做证，对信访人所提问题一一作答。

从听证材料和辩论来看，有关围垦地权属问题，根据当地的相关文件规定，原各村的集体物业、资产包括属原各村集体拥有的土地、正在出租的厂房、物业及其他属村收取的各种费用都不得由原来的村私自支配或分发至各村民小组，因此围垦地由村集体经营，不能划拨给各生产队符合规定并且是合理做法；有关村务不公开和账目混乱问题，根据2006年核查的情况看，并未发现侵占或挪用公款等违法行为，但是该村各生产队在2001年前未设会计账簿问题情况属实，现已得到整改；有关村干部借工程牟利问题，根据镇纪委调查，相关工程是在1997—1999年期间采用公开招标方式建设，工程质量在通过村两委及村民代表验收合格后才支付工程款，各项手续齐全，未发现村干部违规牟利。由于证据确凿可信，因此在各方提问质询和陈述后，11名听证员对信访事项进行合议，并通过表决得出听证结论："一致同意信访事项承办单位对吴某等信访人的答复意见。"通过信访听证，原本村委会与群众的紧张关系得到缓和，曾经不绝于耳的质疑声逐渐消失，从而有效化解了矛盾，改善了当地的社会关系。①

信访听证尚处于探索过程中，相关制度安排都还有待进一步完善。不过，从广东省的实践来看，有三方面的工作需要重视。首先，是要保证听证团组成人员的广泛性和代表性。由于听证会的意见是由听证团做出的，

① 《民众镇召开中山市首场信访听证会》，中国社会科学院法学研究所"法治国情"调研材料，2014年5月。

因此其组成人员必须拥有中立性、公正性和权威性，否则很难服众，尤其是存在意见分歧情况下，如果听证团组建存在瑕疵，很有可能引起社会质疑，难以取得预期成效。其次，是要保障信访人陈述意见权利。听证会的根本目的是要化解矛盾，因此必须开诚布公，否则很难有效化解信访人的不满情绪。“过去上访人可能觉得自己有话无处说，有苦无处诉，有气无处出，有理也无处讲，现在有了听证会这个平台，问题摊开来讲，确实给上访人提供诉苦讲理的地方。”① 再次，是要做到信息公开。听证会要取信于民，必须做到坦荡光明，相关资料应当提前公示，接受群众监督，以保证其准确性与可靠性，否则就有可能引起群众的揣测与臆断，影响听证会的公信力。

（三）坚决制止违规行为，维护信访秩序

近年来，我国非正常上访的数量和规模都在日益增加，逐渐成为影响社会和谐稳定的重要难题。非正常上访成因相当复杂，其中既有信访渠道不畅、信访处置效率低的因素，使得部分信访案件投诉无门或久拖不决，引起信访人强烈的不满情绪；亦有制度层面的设计问题，过于强调“维稳”的信访考核，使得部分基层干部奉行“搞定就是稳定，摆平就是水平”的办事原则，从而对信访人产生了违规行动的逆向激励，形成了“大闹大解决、小闹小解决、不闹不解决”的信访经验；再有就是少部分别有用心者的恶意行为，试图利用信访制度、滥用信访权利，以信访为名提出无理要求甚至以闹事等极端手段要挟地方政府和国家机关。

从形成原因看，完全恶意的非正常上访仅是极少数，绝大部分的非正常上访者都或多或少地存在迫不得已的理由，但是，采取蓄意的、过激的、相关法律法规明确限制或禁止的方式，以集访、闹访、缠访、越级上访形式表达诉求，客观上影响了党政机关办公秩序，损害了社会治安，恶化了

---

① 《信访听证会化解“疙瘩”案》，《深圳特区报》2010年1月20日。

地区建设发展环境，甚至会妨害国家安全和公共安全，必须加以有效遏制，否则将会引发更多的基层矛盾，使得信访工作陷入恶性循环，从而偏离法治方向。对此，《关于创新群众工作方法解决信访突出问题的意见》明确要求“防止以闹求解决、以访谋私利、无理缠访闹访等现象发生”，并提出“依法维护信访秩序，对信访活动中的违法犯罪行为，由公安机关依法处理”。

《广东省信访条例》在第八章对“信访秩序”进行了专门规定，其中第61条规定，信访人应当“维护信访秩序，确保信访活动依法、有序进行”；第66条进一步规定了信访人及有关人员在信访活动中不得实施的九类行为；并在第十章“法律责任”第75条中明确规定，信访人或者其他相关人员在信访活动中违反第66条，实施妨害公共安全、扰乱公共秩序、妨害社会管理、妨碍他人合法权益的行为，经劝阻、批评或者教育无效的，由公安机关予以警告、训诫或制止；违反治安管理等法律、行政法规的，由公安机关依法采取必要的现场处置措施，并根据《治安管理处罚法》等法律、行政法规予以行政处罚；构成犯罪的，依法追究刑事责任。

对于信访秩序的重要性，在道理上很容易理解，在条文上也很容易规范，但要稳妥地付诸实施，却是颇具挑战性的重要任务。因为在非正常上访事件中，如果处置失当，很容易产生激烈的冲突，甚至是引发群体性事件。近年来，广东省在处置非正常上访方面，进行了广泛探索，并取得了一定成效。其中，广东省惠州市的相关做法，颇具借鉴意义。[①] 具体来看，包括以下方面。

首先，制定出台了《关于进一步维护市行政中心信访秩序的有关规定》、《关于进一步规范群众到市上访接访和处理工作的规定》等相关配套规章制度，并根据非正常上访的规模、可控性、影响范围和严重程度，建

① 惠州市维稳及综治办：《坚持运用法治思维和法治方式依法依规处理非正常上访》，中国社会科学院法学研究所“法治国情”调研材料，2014年5月。

立不同等级的应急处置预案，从而切实做到信访管理行动有据可依。

其次，专门组建了一支由40人组成的公安特警分队，昼夜值勤待命，一旦发生群众非正常上访，第一时间疏散滞留的上访人员和围观群众，并做好法律法规宣传教育和疏导劝说、调查取证、应急处置等相关工作，同时赋予特警分队长对30人以下非正常上访活动的现场临机处置权。

再次，绝不姑息违法犯罪行为，秉持“打击极少数、教育大多数”原则，对相关人员甄别处理。对组织策划者、现场为首者和存在极端倾向者，依法从严打击；对被鼓动参与一般性活动的人员，认错态度好且情节轻微的，以教育转化为主，打击处理为辅；对被蛊惑、不明真相参与活动的人员或围观群众，讲清政策，加强现场教育，及时劝离现场，防止被煽动利用。

2013年以来，惠州市共处置非正常上访事件苗头240起，立案查处23起，强制带离违规上访人员222人，刑事拘留9人，行政拘留77人，先后成功处置了“4·28”市汽运公司员工串联聚集罢驶等13起群体性事件苗头，有效维护了信访秩序与社会稳定。

二　提高基层法律意识与调解能力

随着社会经济的发展与转型，很多传统人情社会的习惯做法开始变得不合时宜，难以适应现代法治社会的思维方式与办事规则。近年来，我国社会的基层矛盾不断增加，很重要的原因就是基层法律意识淡薄，无论干部还是群众，都还没有适应从传统到现代的重要跨越，因此在面对社会经济转型过程中出现的新现象与新问题的时候，未能及时有效运用法律手段加以调解，使得误会与摩擦不断积聚，并最终发酵成为基层矛盾。针对这一情况，《关于创新群众工作方法解决信访突出问题的意见》明确提出，“进一步强化基层基础工作，把更多人力物力财力投向基层，把问题解决在基层，把矛盾化解在基层”。近年来，广东省地方政府积极推进基层法治建设，通过聘任“村（社区）法制顾问”、组建民间调解委员会、评选“四好居民”等方式，切实提高了基层干部群众的法律意识与调节能力，从而为化解基层矛盾创造了有利环境。

（一）聘任“法制副主任”，改善基层法律服务水平

广东省惠州市于2009年开始试点“法制副主任”制度。所谓“法制副主任”是指自愿参加惠州市法制宣传志愿者服务总队的，由村（居）委会自主自愿聘请担任副主任的法律专业人士。到2012年年底，惠州市全市1249个村、社区都已聘请“法制副主任”，并在基层依法治理工作中取得明显成效。2014年，广东省在深入总结惠州市“法制副主任”经验的基础上，着手部署“一村（社区）一法律顾问”工作，首先在粤东西北地区12个地级市各选择两个县（市、区）开展试点，并在珠三角地区各地级以上市全面推进，计划2015年在全省形成一整套比较系统完备的工作程序、工作规范和评估标准。①

从表现形式看，“法制副主任”具有三方面重要特征：首先是专业性。据统计，截至2013年年底，在惠州市的“法制副主任”中，有执业律师530名，占比超过60%，有公检法干警171名，以及其他法律志愿者200多名，普遍具有较高法治素养。其次是公益性。“法制副主任”为基层各村、社区提供的所有服务都是非营利行为，基层群众无须支付任何费用，就能获得高质量的法律服务。作为志愿者，“法制副主任”并不收取劳务费，而政府会提供少量的交通、误餐、通信等费用补贴。惠州市现已将“法制副主任”补贴经费列入财政预算，由市县（区）共同负担，市每年安排600万元，各县（区）共配套安排600万元。再次是中立性。“法制副主任”不是村（居）干部，不参与村务决策管理，不干涉村日常事务，而且通常

① 《广东惠州“法制副主任”制度将在全省推广》，《南方日报》2014年3月26日。

也不是本地人，因此在各村和社区中处于相对超然的中立地位，从而在评判和化解基层矛盾的过程中，拥有较强的公信力。

从职责安排看，“法制副主任”主要负责10类工作，具体包括：(1)协助做好村（居）“两委”班子换届选举工作，协助村（居）委会推行“四民主工作法”和“村（居）民小组议事规则”，健全村（居）民会议、村（居）民代表会议制度，引导村（居）民自治工作依法开展。(2)协助村（居）委会制定、修改和完善村（居）民自治章程或村（居）规民约，参与起草和审核工作，确保内容及制定程序合法。(3)列席村（居）委会召开的有关民主法治建设、涉法事务调处等方面工作会议，提供法律意见，参与研究和处理相关事务。(4)帮助村（居）委会开展法制宣传教育工作，强化法治实践教育，增强村（居）民法治观念。(5)推动村（居）委会开展“民主法治示范村（社区）”创建活动，稳步推进基层民主法治建设。(6)帮助审查村（居）委会各类经济合同，对合同的合法性和规范性进行审核。对经济事务多的村（居）委会可以建议聘请法律顾问，并协助法律顾问开展工作。(7)解答群众法律咨询，引导村（居）民群众依法理性表达合理诉求，帮助农村和社区困难群众和城镇困难居民申请法律援助。(8)协助村（居）委会完善基层调解组织建设，依法调处矛盾纠纷。协助村（居）委会综治信访维稳工作站工作，及时发现并反映信访维稳工作的有关信息。(9)积极参与农村和社区群众性文化活动，倡导诚敬和睦互助的家庭邻里关系，促进形成诚信守法文明的道德风尚。(10)村（居）委会认为需要“法制副主任”提供法律服务的其他事项。

从功能成效看，“法制副主任”的核心作用主要体现在三方面。

首先是提高普法效率，培养基层法律意识，增加群众法律知识。到2014年5月，“法制副主任”共解答群众法律咨询12万次，提供法律意见3226条，开展法制宣传、讲座3100多次。事实上，对基层群众而言，并不是不知道法律在现代社会中的重要作用，但是要找到明白人深入讲解却并非易事。尽管每年都有普法活动，但是通用式的标准普法材料，很难满足基层群众的特定需求。“法制副主任”为基层群众提供了近距离与法律知识互动的重要机会，因此深得好评。“土地法、婚姻法等法律法规，是村民最关注的”，因此在“法制副主任”运用通俗易懂的语言，深入浅出地讲解相关法律知识时，村民们没有人中途退场，课后还有不少村民围着咨询问题。①

其次是化解基层矛盾，提高基层群众法治观念。到2013年年底，“法制副主任”共化解各类矛盾纠纷3210件，协助调解矛盾纠纷965宗，提供法律援助1765人次，妥善处理集体上访事件28宗。得益于“法制副主任”的有效引导，为数不少的村（居）民都由原来遇到矛盾纠纷动辄讲“我揍你”，转变为“我告你”，开始学会用法律手段解决问题。惠州市惠阳区沙田镇田头村的两个村民小组曾因为土地权属纠纷，引发了多年的冲突，成为当地的老大难问题。“法制副主任”制度建立后，新任的法制副主任以中立方的身份受邀参与调解，并以两个村民小组都未申领土地使用权证为切入点，动之以情，晓之以理，最终促使双方平分了两个村民小组交界处的土地，妥善化解了困扰当地多年的基层矛盾。②

再次是加强基层民主建设，提高基层法治水平，维护群众权益。到2013年年底，“法制副主任”共审查各类经济合同639份，制定、修改、完善村规民约620条，列席村（居）委会会议3816次。惠州市惠阳区角村在1998年将一块集体土地出租给大亚湾城景公司，2004年城景公司将土地转租给香港俊宏公司。由于转租时村委会干部缺乏法制观念和保护意识，并未严格依照法律程序办理，使得部分材料缺失，结果造成俊宏公司拖欠租金180多万元。角村村民群情激奋，准备在当地中学百年校庆时进行集体上访。角村聘任的“法制副主任”在了解情况后，依据信访条例相关规

① 《“法制副主任”制度推进农村民主法治》，《法制日报》2014年3月8日。

② 中国社会科学院法学研究所“法治国情”调研材料，2014年5月。

定，劝退了上访群众，并很快着手收集证据材料，通过与俊宏公司的多次协商，成功拿回了拖欠的租金，不仅化解了矛盾，而且为村民上了一堂生动的法治课，有效增强了村委会的法治意识。①

从推广前景看，“法制副主任”的可持续性与可复制性，主要面临两方面的问题：一方面是如何提高“法制副主任”的工作能力。作为基层法治建设的重要载体，“法制副主任”不仅要有法律专业素养，而且要有基层交流的社会经验，从而在“情、理、法”三者间协调平衡，切实做到明之以法、晓之以理、动之以情，否则很难赢得基层群众的认可与信服。因此，从长期看，可能需要建立针对“法制副主任”的培训项目，以提高其综合素养。另一方面是如何满足“法制副主任”的服务需求。“法制副主任”的参与者多是具有奉献精神的志愿者，并不收取劳务费，仅有少量经费补贴。但从长期来看，完全依靠志愿者将很难满足基层不断增长的法律服务需求。根据规定，“法制副主任”每年履职不低于 48 小时，但在实践中，多数提供法律服务的工作时间都远远超过这一标准。因此，有必要在志愿服务的基础上，通过政府购买社会服务的方式进一步满足基层法律服务需求。

（二）构建人民调解委员会，调动社会力量化解矛盾

随着社会经济的发展与转型，曾经在协调基层社会关系中发挥重要作用的传统结构逐渐衰落和瓦解，从而使得原本通过社会自我协调即可化解的基层矛盾，开始大量进入行政和司法领域，导致近年来基层矛盾大量增加。因此，重组稳定的基层社会结构也就成为化解基层矛盾的重要内容。《关于创新群众工作方法解决信访突出问题的意见》明确要求，“组织动员社会力量参与”化解基层矛盾，通过政府购买服务、提供办公场所等形式，发挥好社会组织的积极作用。

---

① 中国社会科学院法学研究所“法治国情”调研材料，2014 年 5 月。

近年来，广东省积极推动社会组织发展，通过组建人民调解委员会，有力促进了基层矛盾化解，尤其是行业性的专业调解委员会，更是在解决劳资纠纷、医患纠纷等方面取得了明显成效。从人民调解委员会的组建和运作来看，主要有两种模式。

其一是市场化运作模式。以医患纠纷为例，市场化运作模式是以医疗机构购买医责险为基础，在保费中提取一定比例给第三方中介组织，并由该组织出资建立并且运作医疗纠纷专业调解委员会（以下简称“医调委”）。广东和谐医患纠纷人民调解委员会是依照市场化运作模式组建，由江泰保险经纪公司发起设立，并经广东省司法厅批准的医患纠纷人民调解组织。广东省阳江、肇庆和清远等市的医调委就是由该组织出资设立。这一模式的主要优势，一是财政负担较少，二是医疗机构统一委托第三方江泰保险经纪公司发包给保险公司承保医责险，通过保险协议约定，保险公司必须认同医调委的调解结果，因此调解协议执行效力高。不过，如果采取这一模式，政府部门难以对医调委及其工作人员进行监管和考核，而且，目前并不强制医疗机构购买医责险，因此医调委工作有可能难以覆盖未购买医责险的医疗机构。

其二是政府购买服务模式。其特征是办公场所、启动资金、日常运作和工作人员薪酬等经费都由政府财政支付。还以医患纠纷为例，广东佛山、珠海两市医调委，即采取政府购买服务模式组建。这一模式主要有以下优势：一是有利于保证医调委日常运作；二是有利于稳定调解队伍；三是政府可以对医调委进行管理、监督和考核。不过，如果采取这一模式，政府财政负担将明显增加，并且在调解协议现场签订后，还须得到医疗机构或保险公司认同，因此执行力略显不足。

两种模式各有利弊，但就目前而言，由于医调委尚属新兴事物，社会认可度有待进一步提高，因此通常认为，初期采取政府购买服务模式更稳妥，随着制度建设完善，可再转为市场化运作模式。广东省东莞市医调委于 2013 年 10 月成立，采取政府购买服务模式，起步阶段由政府出资搭建平台，由市司法局负责日常管理，市卫计局负责指导，依法独立受理和调解医患纠纷，现有 13 名专职人民调解员和 3 名社工。其职能是通过调解，引导医患双方当事人依据事实和法律解决纠纷，从而防止医疗纠纷激化，维护社会稳定。

东莞市近年来的医患纠纷相当严重，调处压力不断增加。其表现有：首先是医患纠纷数量居高不下。据统计，2011 年东莞医疗纠纷 162 宗，其中“医闹”事件 37 宗；2012 年医疗纠纷 106 宗，其中“医闹”事件 35 宗；2013 年医疗纠纷 130 宗，其中“医闹”事件 24 宗。其次是索赔金额不断攀升。据统计，2011 年东莞医患纠纷赔偿金额 830 万元，2012 年达到 1240 万元，2013 年更是超过 1300 万元。其中，索赔金额在 10 万元以上的医患纠纷占总数的 80%以上。发生在东莞莞城医院、大岭山镇金桔村卫生站的数起医疗纠纷案件，患方索赔金额均超过 300 万元。再次是医患纠纷激化程度增强。为数不少的医患纠纷都从语言争执发展成为围攻、打砸等严重治安事件。2013 年 5 月，东莞市妇幼保健院患者家属持两把菜刀，对医院办公室防盗门进行打砸，随后到门诊楼、医技楼、住院部骚扰就诊患者，严重影响了医院正常医疗秩序。①

作为新成立的第三方调解组织，东莞市医调委快速赢得了社会的认可与信任，并在化解医患纠纷方面取得显著成效。据统计，到 2014 年 6 月，东莞市医调委半年内已接待来访 3107 人次，电话咨询 3342 人次，及时介入“医闹”现场 5 次，接到医疗纠纷报案 253 宗次，其中符合受理条件的 136 宗，成功调解 132 宗，案件索赔金额 6545 万元，结案金额 696 万元，协议履行率和双方满意率均达到 100%，切实做到了“案结事了”。②

---

① 东莞市卫生局：《医患纠纷情况报告》，中国社会科学院法学研究所“法治国情”调研材料，2014 年 5 月。

② 同上。

从工作机制来看，东莞市医调委能够成功运作，主要得益于以下因素。首先是独立性。医调委是独立于卫生、司法、保险、医院和患者的第三方调解组织，不受任何部门掣肘。这就使得医调委在调解工作中相对超然，有利于“一碗水端平”，切实保证调解的客观公正。其次是专业性。医调委调解员由医学和法学等领域的专业人员组成，并设有医学和法律专家库，从而为医疗纠纷的调查、评估和调解提供了强有力的技术支持，有利于增强调解工作的权威性。再次是联动性。医调委建立了多方联调处理机制，其中包括与法院建立诉调对接和司法确认的“绿色通道”，与镇街综治维稳中心建立“医闹”化解机制，与市司法局法律援助处建立医调委工作站，与卫生部门建立信息共享制度，从而有效整合资源，切实提高了医调委的执行力。最后是规范性。医调委建立了医患纠纷接待受理、定期排查、重大医患纠纷报告、医患纠纷集中研讨、医患纠纷定期分析等工作制度，明确咨询受理、调查调解、专家评估、认定责任、协商赔偿、回访结果、卷宗管理等工作流程，从而保证了医调委工作的井然有序与公开透明，切实提高了调解工作的公信力。

（三）评选“四好居民”，强化基层群众法治自觉性

对于基层法治建设而言，切实提高基层群众的法治意识始终是最根本的工作目标。具体来看，这不仅要通过生动活泼的法治宣传，增长基层群众的法律知识，使之“懂法”；而且要通过制度安排，对基层群众的日常行为加以引导和规制，逐步将法律法规内化为惯性思维，使之自觉自愿“守法”。中山市火炬开发区从2007年起推行“四好居民”评比制度，通过较为完善的奖惩规范，有效增强了当地基层群众遵纪守法观念，维护了社会和谐与稳定，颇具借鉴意义。

根据2008年《中山火炬开发区“四好居民”评比奖励实施办法（修订）》相关规定，“四好居民”是指“拥政爱党好、遵规守法好、爱护环境好、就业创业好”。其中，“遵规守法好”主要表现在：（1）遵守党和国

家的各项法律法规和规章制度，依法行使民主权利，通过合法途径反映诉求。按照《信访条例》规定，不违规参与集体上访或越级上访，自觉抵制非法筹款信访活动。（2）自觉抵制各种歪风邪气，不散播谣言，不参与散发、张贴未经批准的各种标语、横幅、大小字报。（3）不组织、不参与堵塞交通、阻挠施工、扰乱政府机关、事业单位和社区“两委”的正常工作秩序及影响企业正常生产的各种非法集会、聚众闹事活动。（4）主动参与全区经济发展和社会各项事业建设，积极支持区委依法进行的征地行为。（5）自觉执行政府依法对征地补偿款的补偿、分配、使用原则，对历史遗留征地问题，尊重客观事实，顾全工作大局，通过正常渠道依法进行利益诉求。（6）不参与赌博、吸毒、抢劫偷盗等违法活动，自觉维护社会良好治安环境。（7）坚决贯彻执行国家、省、市计划生育政策。

根据评比办法规定，火炬开发区所有的户籍居民都有权参与评比，符合奖励条件的，都将获得成年人每人每月200元奖励金，老年人每人每月100元奖励金。但是，任何人有违反“遵规守法好”，不仅本人将被“一票否决”失去“四好居民”参评资格，而且视其行为性质及情节轻重，还有可能导致其家庭全部成员失去季度或年度“四好居民”参评资格。具体来看，违反“遵规守法好”主要包括以下行为：（1）煽动、串联、胁迫、以财物诱使、幕后操纵他人信访或以信访为名借机敛财的；（2）不听劝解，不通过正常渠道信访，参加五人以上非法集体上访或越级上访的；（3）在国家机关办公场所周围、公共场所非法聚集，围堵、冲击国家机关，在信访接待场所滞留、滋事，扰乱信访秩序的；（4）参与拦截执行公务的车辆，扰乱公共秩序、妨碍国家和公共安全的；（5）参与以非法手段干扰、阻碍城乡重点基础设施项目建设和企业正常生产经营活动的；（6）参与利用征地等历史问题，教唆、组织、煽动村民进行违规上访、堵塞交通、围堵党政机关、破坏企业生产秩序等违法违纪活动的；（7）对政府的合法征地行为以及国家、省、市、区有关重大基础设施建设和公共设施建设工程项目征地行为人为设置障碍和无理取闹的；（8）参与侮辱、殴打、威胁国家机关工作人员，或非法限制他人人身自由的；（9）参与故意破坏水利、电力、环保、绿化等公众设施的；（10）参与赌博、吸毒、偷盗抢劫等违法活动的；（11）参与利用宗族、宗派、恶势力操纵社区“两委”换届选举，通过请客送礼、欺骗贿赂、伪造选票、撕毁选票、毁坏票箱、起哄闹事等手段破坏社区“两委”选举工作秩序的；（12）违反计划生育政策生育的夫妻及不参加季度查环查孕的育龄妇女。

从运作过程看，“四好居民”评比制度能取得预期成效，主要得益于以下因素：首先是奖惩规则具有可操作性。“遵规守法好”的奖惩事项都是在当地最常见的生活事件，因此对基层群众有很强的约束性和指导性，有助于基层群众在日常行为中反复警醒，从而自然而然地形成守法习惯。其次是通过重奖重罚，促进自律和家庭监督。据统计，火炬开发区 2012 年的人均纯收入为 17137 元，因此每人每年 2400 元的奖励金，将是相当重要的额外收入，尤其以家庭成员多人合计，更是有助于明显改善家庭生活，从而促成基层群众自律和家庭成员互相监督。[①] 再次是扩大奖励范围，形成全民守法的常态机制。据统计，2009 年火炬开发区评出“四好居民”2.63 万人[②]，2010 年增至 3.1 万人[③]，2011 年进一步增至 5.37 万人，占到当地户籍人口总数的 80%[④]。随着获奖覆盖面不断扩大，基层群众开始对“遵规守法好”习以为常，逐渐形成常态化的遵规守法氛围，并对少数违规违法者形成明显的社会压力。

---

① 中山年鉴编纂委员会：《中山年鉴·2013》2013 年 12 月 1 日，中山市档案信息网（http：//www.zsda.gov.cn）。

② 同上。

③ 同上。

④ 同上。

三　构建基层矛盾预防与发现机制

从化解基层矛盾的有效性来看，防微杜渐地将矛盾解决在萌芽状态，毫无疑问是最经济、最合理的策略选择。因此，《关于创新群众工作方法解决信访突出问题的意见》明确提出，“加大社会矛盾纠纷排查化解工作力度”，要求“把矛盾纠纷排查化解工作的重心从事后处理转移到事前预防上来，做到发现得早、化解得了、控制得住、处理得好”。近年来，广东省在基层矛盾预防与发现机制建设方面进行了广泛探索，并取得明显成效，尤其在化解异地务工人员社会不安定因素、预防劳资纠纷风险等方面的制度建设，颇具借鉴意义。

（一）构建村（居）特别委员制度，化解二元结构障碍

随着国内社会流动性的不断增强，作为沿海劳动密集型产业中心，广东省的异地务工人员数量持续保持高增长态势。到 2013 年年底，广东省异地务工人员总数超过 2700 万人，其中省内 1040 万人，省外 1660 万人，部分沿海城市的外地人数量已远远超过本地人。因此，如何引导异地务工人员有序融入当地社会，也就成为亟待解决的重要课题，否则就有可能引发本地人与外地人的深刻矛盾冲突，影响地区社会经济的和谐与稳定。针对这一问题，近年来广东省中山市创设村（居）特别委员制度，从而为新中山人参加居住地社区建设搭建了平台，促进了新中山人参与社区服务和管理，并为及时解决新中山人的合理需求，提供了制度支撑，促进了基层社会的和谐善治。

村（居）特别委员制度，是指在外来人口达实有人口 40% 以上的村（居），由村（居）“两委”或者村（居）代表推荐产生特别委员，主要负责收集和反映包括异地务工人员在内的辖区居民诉求，收集苗头性、倾向性信息，调解民间纠纷，并根据需要，列席村（居）内重大会议，对村

（居）工作提出意见和建议。至2013年底，中山市218个村（居）聘请了560名新中山人作为特别委员，分别来自于全国18个省（市、自治区）及广东省内各市。从社会身份来看，特别委员的构成主要有以下三种类型：一是同乡中有一定威望的人士；二是当地较大企业的业主或高层管理人员；三是在当地居住时间长，当地群众熟识的异地务工居民。

从近年来的实践情况看，村（居）特别委员制度取得了明显成效。这主要表现在三方面。

首先是作为异地务工人员的诉求表达渠道，切实解决现实困难，化解基层社会隔阂。南头镇南城社区的特别委员傅某在了解到新中山人子女“入学难”的问题后，通过向社区提出建议，引入民办学校，从而解决了社区500多名异地务工人员子女的入学难题。特别委员表达了新中山人的诉求和心声，使得异地务工人员的诉求得到解决，利益得到保障，促使其在心理上实现了从“过客”到“主人”的身份转变，增强了归属感和凝聚力。

其次是促进异地务工人员与本地人的沟通交流，促进社会融合。东凤镇东兴社区特别委员邓某，长期关切新老中山人的邻里和谐与新中山人婚恋等问题，并通过与社区“两委”沟通，创建了集课外辅导、婚恋交友、矛盾调解等多功能的“东兴社区”七彩驿站，累计为500多人次提供服务，受到广泛好评。

再次是在收集苗头性信息、维护社会稳定和化解基层矛盾方面等发挥积极作用。沙溪镇龙山村特别委员高某，长期率领社工、义工等志愿服务队伍，深入辖区宣传社会治安知识。2013年5月，龙山村接连五辆面包车被撬盗，结果引发20多名异地务工人员聚集，准备通过媒体宣泄不满情绪。高某了解情况后及时介入，并第一时间向村委会汇报，使得事件迅速得以平息。

从运作机制看，村（居）特别委员制度能取得预期成效，很大程度上得益于“驻、访、议、督”一体化工作方法，保证了特别委员有序参与居住地社会管理和社区事务，从而在复杂的二元结构下，有效接纳和梳理不同利益诉求，及时化解社会矛盾，促进共建共治共享。

所谓“驻”，是指驻室接待。各村（居）为特别委员提供工作室，定期接待来访群众，接听电话咨询和情况反映，并将问题及时反馈给村（居）委会，共同研究解决。圣狮村特别委员林某在接待群众时，了解到异地务工人员子女“上学难”问题，即向圣狮村“两委”反映情况，后经村“两委”会议商议，并报经镇有关部门批准，将圣狮小学接收新沙溪人子女比例提高到2/3，从而妥善解决了村内异地务工人员子女的上学问题。

所谓“访”，是指走访调查。特别委员定期深入异地务工人员集中的企业、居住区，倾听民声，将异地务工群体最关心、最迫切的利益诉求向村（居）“两委”反映，对发现的矛盾纠纷参与调处化解。南头镇南城社区特别委员彭某是一位企业主。他在走访员工时，发现企业的育龄女职工每季度都要向企业请假参加妇检。女工奔波劳累，既影响工作又影响生活，企业生产也受到明显影响。为此，他向社区反映情况，建议镇卫生计生部门到各企业为妇女们妇检。他的建议得到镇与社区的重视，南头镇购入B超车，用于企业妇女妇检。此后，每一季度B超车都会根据需求开入企业，为企业的女工提供妇检服务。

所谓“议”，是指参与议事。村（居）委会讨论异地务工人员相关议题时，必须有特别委员参加，并且特别委员可将收集到的热点问题提交村（居）委会讨论。沙溪镇龙山村特别委员高某在了解到村内异地务工人员居住地的环境、卫生条件较差的情况后，即在村“两委”会议上，提出该问题。后经村“两委”会研究，增设了80个垃圾箱，增加了1名清洁工人，加强了环境卫生黑点的清理，从而为异地务工人员提供了更为舒适的居住环境。

所谓“督”，是指督察落实。特别委员对村（居）民代表大会、村

（居）委会有关异地务工人员服务管理事项，有权进行跟踪督察，并就落实情况听取群众的意见建议。南头镇南城社区特别委员黄某向社区提出的加强新中山人育龄妇女孕期健康筛查、增加文体娱乐设施等建议，都被社区采纳，并得到逐一落实。

从长期发展看，村（居）特别委员制度尚在不断创制过程中，依然面临不少问题。具体来看，主要包括村（居）特别委员的工作保障问题，尤其是如何完善经费保障问题；基层自治组织的身份定位问题，尤其是与村（居）“两委”的关系协调问题；以及特别委员的激励机制问题，尤其是通过政府购买服务方式使特别委员专职化的可行性问题。这些都有待在实践中进一步探索和完善。

（二）构建劳动关系预警系统，防范劳资纠纷风险

近年来，随着我国产业结构调整的步伐加快，沿海劳动密集型产业生存压力明显增加，再加上受全球经济危机的沉重冲击，使得很多中小企业破产倒闭，部分老板卷款逃匿，结果导致广东省的劳资纠纷数量在2008年和2009年呈现井喷式增长态势，并从2010年开始保持高位运行。由于劳资纠纷涉及面广，如果调处不及时，很容易引发大规模群体性事件。据统计，从2000年到2013年的全国百人以上大规模群体性事件中，由于劳资纠纷引发的占30.7%。[①] 于是，如何有效预防劳资纠纷风险，就成为广东省各级政府的重要议题。

广东省东莞市石龙镇于2009年出台了《石龙镇企业欠薪逃匿风险预警和应急工作方案》，并且开发了“石龙镇企业风险预警应急系统”，形成了覆盖全镇的风险预警网络，对企业的欠薪逃匿问题做到“及时预警、及时介入、及时化解”，发挥了有效防范作用。据统计，2012年石龙镇劳资纠

---

① 中国社会科学院法学研究所法治指数创新工程项目组：《群体性事件的特点、诱因及其应对》，载李林、田禾主编《中国法治发展报告 NO.12（2014）》，社会科学文献出版社2014年版，第279页。

纷群体性事件为5宗，相比2010年下降17宗，降幅达77%。近年来，东莞市在石龙镇经验的基础上，逐步推广全市劳动关系风险预警系统建设。到2013年底，东莞市已有32个镇街建成劳动关系风险预警系统，并在运行过程中取得初步成效。[①]

从工作机制看，石龙镇企业风险预警应急系统主要包括四个环节。首先是信息采集。根据规定，统筹人力资源、经信、外经贸、综治、司法、社保、公安、税务、工商、水电以及各村（社区）等涉及劳资与企业管理的25个单位组成领导小组，镇领导为组长。对用人单位的工资、租金、水电费、社保费、税费、经营管理异常、法律事务、警情访情等10项信息进行综合监控。各成员单位如发现用人单位发生群体劳资纠纷、非法转移资产设备、企业主非正常失去联系两天以上等重大经营管理异常，必须立即上报预警系统和领导小组办公室。

其次是风险评级。根据成员单位上报的相关信息，预警系统将按照“逢二进一，逢高就高”的原则将企业综合风险评定为正常、问题、风险、危险、高危五种级别，并结合空间地理信息技术，在石龙镇电子地图上以不同颜色闪动展现。具体而言，正常是指在法定工作时间内正常生产，按时发放工资，无拖欠租金、社保、税款、水电的用人单位信息；问题是指不按时缴纳和发放有关费用（指租金、社保、税款、水电、工资中的任意一项），但未构成拖欠费用一个月；风险是指未能正常生产或拖欠一个月费用（指租金、社保、税款、水电、工资中的任意一项）；危险是指未能正常生产或拖欠一个月费用（指租金、社保、税款、水电、工资中的任意一项），出现不正常的裁员、停工现象或企业和法定代表人重要异常情况；高危是指出现大量裁员、停工待料、有企业非法转移资产设备、法定代表人和实际经营者非正常失去联系两天以上等重大异常情况，或拖欠2个月以

① 石龙镇人民政府：《首创劳动关系预警系统》，中国社会科学院法学研究所“法治国情”调研材料，2014年5月。

上费用。所谓“逢二进一”是指在风险评定中，任何两项指标出现除“正常”以外的相同风险等级，那么，风险评级将自动上调一级；所谓“逢高就高”是指，风险评级将以各项评级中最高的风险等级为准。

再次是应对管理。针对潜在风险，预警系统将发出部门跟进、部门到场、领导小组办公室协调、领导小组组长协调等综合处置指令，书记、镇长、副书记和领导小组组长可对指令进行优化调整。各成员单位必须根据指令对用人单位进行给力帮扶、督办整改、跟踪监控，并作相关预案。

最后是考核管理。成员单位于每月12日至月底向预警系统上报用人单位的问题信息，系统将于次月6日发出预警信息及处置指令，次月7—11日各成员单位履行监管职能和协同处置，并于12日前向系统上报处置结果。为保证工作流程有序运行，石龙镇设立了各成员单位报送和处理信息的第一责任人和信息员，明确突发事件及时报告、月预警工作报告、月处置工作报告等“三报告”制度，制定了预警信息和应急信息处置规定，以及信息报送、处置的统计、通报和追责细则，从而增强了责任分工和工作落实。

从运作成效看，石龙镇企业风险预警应急系统的作用主要表现在以下方面。

首先是预警作用，有助于防范企业欠薪逃匿等风险。通过预警系统的预警功能，使得各成员单位和相关部门能及时跟踪处置，使劳资纠纷和工资支付诉求得到提前介入和有效解决，从而有效遏制企业欠薪逃匿事件，尤其是在发生企业倒闭和企业主逃匿时，有助于防止企业转移资金和财产。据统计，2010年石龙镇通过预警系统收到上报预警的企业案件共531宗次，其中高危企业180宗次。2011年上报387宗次，涉及高危企业160宗次。2012年，预警系统发出预警的企业案件共497宗次，其中涉及拖欠工资的企业有23家次，涉及拖欠税款企业有53家次，涉及拖欠社保的企业有133家次，涉及拖欠租金的企业有95家次。所有预警均得到有效响应和处理，最大限度避免了欠薪逃匿等突发事件发生。

其次是帮扶作用，有助于企业渡过经营管理难关。预警监控一方面是为了防范风险，另一方面也是为了帮扶发展，根据预警系统提示的预警信息，“领导小组”在对问题企业采取监控、处置措施的同时，也会提供帮扶服务。2011 年，“领导小组”协助泛蓝科技解决了经营资金续借、协助金轮印刷公司解决了用电问题。通过扶持企业渡过经营难关，有助于减少因经营困难引发的劳资纠纷和欠薪逃匿等群体冲突。

再次是应急作用，有助于处置劳资纠纷的突发性群体事件。预警系统的运行不仅加强了石龙镇对辖区内企业运行状况的监测分析，而且有效提升了各部门在面对突发事件时的应急协调处置能力。预警系统能帮助“领导小组”和办公室快速启动应急程序，并进行综合研判和有效调度，从而及时化解群体性劳资冲突，有效防止事态升级。得益于此，石龙镇近年来未曾发生严重的冲击社会秩序和越级上访事件。2011 年，石龙镇处理突发事件 6 宗，涉及 519 人次，其中 4 宗属企业欠薪逃匿案，涉及 216 人次，涉及金额 100. 4 万元；2012 年处理突发事件 5 宗，涉及 665 人次，涉及金额 230. 8 万元。根据预警系统提供的程序指令，所有事件都得到了有序处置。2012 年诺丰印刷有限公司倒闭，由于预警系统提前预警、成员单位协同防范、公安部门有效防控，才得以制止了公司财产转移，从而有序完成了工人工资支付、垫付和垫付款追偿。

最后是效能作用，有助于提高政府的行政监管与社会服务能力。预警系统拥有信息监控优势，有关问题报送、处置指令下达、处理结果反馈、报表统计、数据分析、工作考核等可以通过计算机网络平台加以整合，从而有效提高了部门间的情况通报、协助请求的效率，加快了传输和处理速度，简化了工作流程。通过事前信息采集、事中预警提示、事后归档分析，预警系统为政府的企业监管提供了全面的、可视化的、可追溯的数据，有效增强了政府工作效能。

第二节　依法推进社会保障体系建设

作为一个劳动力人口流入大省，广东省特别是珠三角地区具有陌生人社会和流动性社会的特点。多样化、多层次和不断提高的公共服务需求与供给不足的矛盾越来越突出，特别是服务对象的不断扩大、利益主体的日趋多元化以及劳动者对体面劳动和尊严生活的更高追求，使社会保障建设面临巨大挑战。为了促进社会融合、增强社会稳定性，广东省对加强社会保障建设从制度性和操作性两个方面做了大量工作，其中包括加快建立健全覆盖全省城乡居民的社会保障体系，推进社保信息联网互通，逐步提高统筹层次和保障水平，加强街道（乡镇）社区劳动保障工作平台建设，加强社会救助体系建设等。

一　社会保险制度

在现代风险社会的背景下，社会保险并非可有可无，而是为“盎格鲁—撒克逊”模式资本主义、“莱茵河”模式资本主义、社会主义共同承认的人权保障机制与风险克服模式。在现代中国，社会保险制度具有以下功能：

一是通过社会保障维护社会和谐稳定。随着越来越多的人参加社会保险，领取养老金，享受医疗保险待遇、工伤保险待遇的普通民众日渐增长，其后顾之忧不断减少直至消除，有助于减少暴力性的违法犯罪，化解社会戾气，维护当地社会稳定。

二是通过社会保障改善民生水平。社会保障的制度建设与实施有利于解决群众关心的热点难点问题，免除公众的后顾之忧。社会保险体系的完善，特别是社会养老保险体系（包括职工基本养老保险、城镇居民养老保险、农村居民养老保险）、社会医疗保险（包括职工基本医疗保险、城镇居民医疗保险、新型农村合作医疗）覆盖全民，基本实现了当地民众（既包括具有当地户籍的人口，也包括外来务工人员及其家属）老有所养、病有所医，民众的安定感大幅提升，民生水平显著改善。

三是通过社会保障促进城乡统筹发展。《中共中央关于全面深化改革若干重大问题的决定》提出“推进城乡最低生活保障制度统筹发展”。广东各地较早推进最低生活保障的城乡一体化，在社会保险、养老服务等方面也将城乡统筹发展作为重要考虑因素。

四是通过社会保障促进社会公平。随着广东一些地方社会保险制度率先走向城乡一体化，以及本地户籍人员与外来务工人员社会保障待遇差别的逐步缩小乃至抹平，不同群体之间社会保障的落差减少，社会公平性大幅提升。

（一）广东省社会保险制度现状

广东省 20 世纪 80 年代开始进行社会保险制度改革。1998 年以来，广东省逐步建立起覆盖养老、医疗、工伤、失业和生育五个险种和社会保险基金监督的地方性法规和政府规章体系。目前已基本建立了以养老、医疗、失业、生育保险为主要内容、覆盖全体城乡居民的社会保险制度体系，并且不分职工户籍、城乡身份等，将在用人单位就业的异地务工人员全部纳入了职工养老、工伤、医疗、生育保险范围。

广东省人大通过制定出台地方社会保险法规，对《社会保险法》进行细化，落实社会保障制度。广东作为人口大省、用工大省，对各类社会保障的需求都非常大，但广东作为改革开放的前沿，首当其冲地遇到了一些问题和困难。这些问题和困难往往在其他兄弟省市尚未出现，上位法也没有涉及，因此，广东社会保险立法的另一个重要任务就是填补上位法空白，切实解决广东社会保险工作中的现实问题，为国家立法积累宝贵经验。

广东省在社会保险法治方面的成效，可概括为以下方面：一是落实“底线民生”保障，确保当地全体社会成员的生存权利。二是从城乡一体化出发，推动基本公共服务的均等化、公平化。三是对外来务工人员及其家属尽可能一视同仁，给予其平等权利，使其享受到尽可能完善的社会保障与福利待遇。

1. 社会保险制度基本概况

到2013年年底，广东省全省参加企业基本养老、失业、工伤和生育保险的人数分别达到4137.1万人、2705.1万人、3057.2万人、2711.6万人；有2488万人参加了城乡居民养老保险，3472.9万名城镇居民参加基本医疗保险等。其中基本养老、失业、医疗、工伤四个险种参保人数连续多年居全国首位。全省五大险种（含城乡居民养老、医疗）参保人数达2.42亿人次，基金结余6985亿元，分别占全国的1/8和1/7，持续保持全国第一。以民营企业和民办非企业单位等非公有制经济组织为重点，进一步加大政策宣传力度，鼓励符合条件的单位建立企业年金，推动多层次养老保障体系建设。

其中，异地务工人员参加城镇职工基本养老保险的人数达1809万人，占全省总参保人数的51%，约占全国外来务工参保人数的40%，切实维护了异地务工人员的养老保险权益。异地务工人员也可参加统账结合类型的职工医保、单建统筹类型的职工医保或专门的异地务工人员医保以及生育保险。截至2014年3月，全省异地务工人员参加职工医保、生育保险的人员分别为1835万人和1394万人，分别占全国的37%和44%。2011年10月，省政府将“外来务工人员工伤保险覆盖率”纳入了“建设幸福广东”评价指标体系，促进各地继续加强农民工参保扩面工作。

广东社会保险制度建设存在城乡、区域发展不平衡的问题。养老保险省级统筹不到位，养老保险单位缴费比例和缴费基数仍未统一：珠三角地区参保覆盖率高、参保人数较多、基金结余较大、单位缴费比例较低、企业负担较轻；欠发达地区的覆盖率较低、参保缴费人数较少、基金结余较少，有的市出现当期赤字，单位缴费比例普遍较高，企业负担较重。工伤保险发展也不均衡，珠三角地区集中了90%左右的参保人数和基金结余，待遇水平和缴费工资也明显高于粤东西北地区。社会保险信息系统由各地自行建设，虽然已经基本实现了非实时的信息联网，但由于信息系统不统一、数据库不集中，各地数据难以共享，管理难以规范。

2. 养老保险制度

早在1998年，广东省就制定了《广东省社会养老保险条例》，并于2012年进行了修订。该条例适用于所有企业、城镇个体经济组织和与之形成劳动关系的劳动者，国家机关、事业单位、社会团体和与之建立劳动合同关系的劳动者。2008年广东省出台了养老保险关系省内转移接续办法，按照“待遇分段计算、发放责任共担”的原则，实现了养老保险关系省内无障碍转移接续。2010年起，广东省贯彻国家基本养老保险关系跨省转移接续办法，实现了养老保险跨省顺畅转移接续。2014年，《广东省城乡居民基本养老保险实施办法》提高了政府补贴标准，对城乡居民基本养老金的基金筹集、个人账户、待遇享受、基金管理及监督等方面作了具体规定，原新农保和城居保统一并入城乡居保。

3. 医疗保险制度

2012年4月省政府印发《广东省深化城乡医疗保障体制改革方案》（粤府办〔2012〕19号），明确规定：“在本省就读的异地务工人员子女，符合条件的可参加学校所在统筹地区城镇居民医保，并享受同等财政补助政策。”广东省各市已将异地务工人员在本统筹区就读的子女，纳入参加居民医保，享受同等财政补助。出台《广东省流动就业人员基本医疗保险关系转移接续暂行办法》，实现参保职工在省内不同统筹地区参保年限互认、累计计算，保障职工流动就业时的医保权益。

建立资助困难居民参保机制。全额资助低保对象、丧失劳动能力的残疾人、低收入家庭中60周岁以上的老年人和未成年人、农村“五保户”以及低收入重病患者等困难居民参加居民医保。率先建立财政和基金共担机制和财政逐年投入制度，各级财政投入45.18亿元（含向中央争取的10.13亿元财政补助），共帮助105.5万名困难企业退休人员参加医疗保险，解决困难企业退休人员参保问题。率先提出利用失业保险基金为失业人员参加职工医保，确保失业人员享受与在职人员同等的医疗保障。率先实施一次性缴费办法，将早期下乡知青、离开机关事业单位人员、未参保企业人员等纳入保险范围，惠及人群超百万。

2014年全省全面实施城乡居民大病保险，探索推行重特大疾病特殊项目补助试点，有效缓解群众“因病致贫、因病返贫”问题。加快建设集服务、管理、监督、决策等功能于一身的全省医疗保险结算管理平台，推进异地就医即时结算。继续深化医保支付方式改革，全面实施《广东省基本医疗保险诊疗常规》，规范医疗行为。

4. 工伤保险制度

2011年修订通过的《广东省工伤保险条例》将包括事业单位、社会团体在内的各类用人单位纳入了工伤保险范围，明确建立预防、补偿、康复三位一体的工伤保险制度目标。完善工伤康复管理制度，加大工伤康复费投入，拓展工伤康复服务网络，合理利用工伤康复资源，继续扩大工伤康复受益面，建立“先工伤康复，后评残补偿”的工作机制，努力降低工伤后致残率。按规定提取使用工伤预防费，全面实施工伤保险行业差别费率和浮动费率，建立健全工伤预防长效机制，努力降低工伤发生率。增强工伤保险待遇保障功能，规定伤残退休人员基本医疗保险费由工伤保险基金承担、一次性伤残就业补助金和医疗补助金计发基数就高不就低、工伤保险基金先行支付未参保职工工伤待遇后再向用人单位追偿等。

5. 失业保险制度

2013年修订通过的《广东省失业保险条例》打破了户籍界限，取消农民工一次性生活补助，将失业保险金的发放范围覆盖到所有参保人，使农民工和城镇职工享受同等的失业保险待遇，实现了农民合同制工人与城镇职工失业保险制度的并轨。降低了缴费负担，规定职工缴费工资下限为当地最低工资，上限为所在市在岗职工月平均工资3倍；单位缴费基数为应当参加失业保险的职工缴费工资之和。提高了生活保障水平，在保持原失业保险金标准的基础上，额外加发最长六个月的求职补贴；求职补贴标准与本人缴费水平挂钩，体现权利义务对应原则；女性失业人员在领取失业保险金期间生育的，加发三个月失业保险金。强化了预防失业功能，统筹地区可以按照省政府规定通过浮动费率，对稳定就业岗位的用人单位下调费率；省政府将按照规定批准的职业技能鉴定补贴纳入失业保险基金支出范围，鼓励职工和失业人员提升技能，提高就业能力。强化了促进就业功能，对提前就业、自主创业的失业人员允许其一次性领取一定期限的失业保险金。完善了失业保险经办服务管理，对失业保险关系的省内转移和异地领取、失业保险金的领取手续和办理期限等作出了具体规定。社会保险经办机构可以委托公共就业服务机构在办理失业登记的同时接受领取失业保险金的申请，并建立了失业登记管理与失业保险经办业务的信息共享通道。

6. 社会保险监察监督

加强对企业参保缴费的执法监督，重点检查企业职工人数、参保人数、职工工资、职工缴费工资等，核实用人单位依法全员参保和按时足额缴费情况，对不符合规定的责令其限期改正，推动全员参保和足额缴费。加大宣传，以非公有企业为扩面重点，充分发挥人大政协、各类行业协会在开展扩面征缴工作中的纽带作用，营造典型企业带动全面参保的良好氛围。

（二）社会保险制度的地方立法与执法

以中山市社会保险制度建设为例。1998年7月，中山市开展企业职工养老保险扩面征缴，将养老保险覆盖面扩大到所有非公有企业及个体工商户，至2013年12月底，全市企业职工参保人数达190.05万人，其中外来务工人员参保人数为92.1万人。中山市从2010年起全面停止外来工退保，跨地区转移就业或回原籍定居的，均按规定转移社会养老保险关系，实现了所有外来务工人员养老保险关系跨地区无障碍转移。2011年，中山市出台《中山市城乡居民社会养老保险实施办法》，将从未参保的城乡未就业居民纳入养老保险基本保障。至此，中山市实现了养老保险制度全覆盖，统筹城乡的养老保险体系基本建立。符合条件的外来务工人员参保人与本地户籍参保人享受同样标准的待遇，实现了外来务工人员与本地劳动者“同参保，同待遇”。

中山市通过政策调整，使医疗保险参保覆盖面从城乡居民扩大至本市行政区域内的国家机关、事业单位、社会团体、企业、民办非企业单位、个体经济组织、其他经济组织的在职职工，本市户籍城乡居民，已参加本市基本医疗保险的，达到国家法定退休年龄非本市户籍人员及各类全日制高等学校和中等职业学校的非本市户籍学生。2010年6月，中山市将原来的综合医疗保险、住院基本医疗保险两个险种整合成一个险种、两个层次。第一层次为基本医疗保险，为基本保障层次；第二层次为补充医疗保险，参保单位和城乡居民家庭在参加基本医疗保险的基础上，根据自身经济情况选择参加补充医疗保险。建立缴费基数与中山市经济社会发展水平及医疗消费水平相适应的动态调节机制。在保持参保人原有医保待遇不降低的情况下，增加生育医疗费用报销待遇，建立特定病种和特殊病种门诊费用报销制度。通过上述的制度整合，彻底解决了并轨之前不同人群不同待遇问题，打破了身份限制及城乡二元结构，实现了医疗保险服务的均衡化发展，进一步增强了医疗保险基金抗风险能力，构建了覆盖所有社会成员、满足不同人群的医疗保障需求的公平的医疗保障体系。2013年7月1日正式实施重新拟定的《中山市门诊基本医疗保险办法》，建立了筹资标准和待遇水平与社平工资相挂钩的正常增长机制。2014年7月实施的《中山市大病医疗保险暂行办法》，使大病医疗保险保障范围扩展为基本医疗保险所有参保人。

为解决生育保险覆盖面过窄的问题，中山市从2010年6月1日起，对医疗保险政策做了重大调整，取消原社会生育保险，在社会基本医疗保险待遇基础上增加生育医疗待遇，实现生育医疗待遇覆盖至中山市社会医疗保险所有参保人。中山市外来务工人员随单位参加社会医疗保险，并享受相应险种的医疗保险待遇和生育医疗费用报销待遇，与本市户籍职工无差别。大中专学校非本市户籍学生和义务教育阶段的非本市户籍以积分入学学生可参加中山市社会医疗保险，与本市户籍学生享受同等财政补助政策，纳入扶贫助学范围的大中专学校的非本市户籍学生，个人缴费部分由城乡基本医疗救助金支付。

2001年3月起，中山市地税全责征收工伤保险费，单位在办理税务登记的同时要办理社保费的缴费登记，社保费与税款捆绑式的征管办法，借助税收刚性作用，有效促进了缴费单位按时申报和及时缴费。至2013年12月底，中山市参保单位13万家，工伤保险参保职工151万人，基本实现了用工单位全覆盖。2010年开始，中山市全面提速工伤申报工作，在全市范围内推行通过网上和12333电话申报工伤事故的新方法，简化了工伤认定审核流程，实现了工伤医疗费由工伤保险基金和医疗机构联网结算，用人单位和参保人不再需要垫付医疗费用。用人单位和工伤职工在工伤处理中，充分享受到“一站式”服务，工伤认定工作取得了明显的效果。中山市在工伤事故处理过程中，仅对案件事实进行区分，并不对受伤群体进行区分，且工伤事故处理程序全市统一，实行属地就近申报申请工伤认定，实现公共服务均等化。

二　社会救助制度

对因遭受自然灾害、失去劳动能力或因其他原因陷入生活困境的社会成员实施社会救助，维持其最低的、基本的生活水准，是社会保障制度的最后一道防护线。从世界各国看，贫困都是制约社会发展、影响社会稳定的重大问题。在宏观上，减轻贫困是经济社会协调发展的重要条件；在微观上，从政府和社会获得救济帮助，是社会成员的基本权利。创建并实施社会救助，是政府必须履行的职责。

我国自古以来就有着扶贫济困的传统，新中国成立后很快建立起计划经济体制下城乡分割的社会救助制度。改革开放以来，特别是 20 世纪 90 年代以来，我国对社会救助制度实施了一系列重大改革，推动了社会救助事业的大发展。

广东省意识到，“保障与改善民生是政府一切工作的根本出发点和落脚点，底线民生是民生工作的重中之重”。广东省在全省范围内已经建立起以低保制度为基础，医疗、教育、住房、就业等专项救助相配套，临时救助和社会互助为补充的全方位、多层次的社会救助体系，并要将法律援助纳入社会救助的框架之中。广东省制定了《广东省社会救济条例》、《广东省城乡居（村）民最低生活保障制度实施办法》、《广东省城乡特困居民医疗救助办法》、《关于在全省开展医疗救助“一站式”结算服务工作的通知》等一系列规范性文件。2013 年 11 月，广东省政府出台《关于提高我省底线民生保障水平的实施方案》，将低保、五保、医疗救助等社会救助的重点、难点工作均纳入底线民生范畴。

（一）总体成效评估

在项目上，广东省的社会救助走向多样化，最低生活保障制度、农村五保供养制度、医疗救助、教育救助、自然灾害救助、流浪乞讨人员救助、住房救助、法律援助等一系列社会救助项目陆续建立并不断完善。这逐步弱化并克服了市场机制和“三农”问题、城镇化等对个人、家庭、社会的冲击。

一是保障水平不断提高并走向科学化，有效保障急难群体的基本生存权利。早在2006年，广东省领导就提出："我省要继续巩固和完善农村最低生活保障制度，切实做到贫困人口无饥寒。"广东省政府办公厅于2013年出台《关于建立全省城乡低保最低标准制度的通知》，全省分四类地区设立城乡低保标准和低保补差水平。

二是城乡救助标准一体化快速推进。广东一些地区较早展开社会救助一体化的探索，其中重要内容是救助标准的一体化。早在2007年东莞市就将城乡低保标准并轨统一，实行城乡统一的最低生活保障制度。

三是注重社会救助的制度化建设。为贯彻落实《国务院关于进一步加强和改进最低生活保障工作的意见》（国发〔2012〕45号）和《广东省人民政府转发国务院关于进一步加强和改进最低生活保障工作意见的通知》（粤府〔2012〕142号），2013年4月18日，广东省政府办公厅印发《关于建立广东省社会救助工作联席会议的通知》（粤办函〔2013〕188号），正式建立社会救助联席会议制度。联席会议主要职责是：研究拟定社会救助的政策和措施；统筹做好最低生活保障与医疗、教育、住房等其他社会救助以及促进就业、扶贫开发政策的协调发展和有效衔接；研究解决救助申请家庭经济状况核对跨部门信息交换共享问题；促进部门协作配合，督导推进社会救助体系建设。

四是社会救助制度全面覆盖当地户籍人员并将外来务工人员涵盖在内。2010年，《广州市慈善医疗和应急救助试行办法》出台。该办法对患重大疾病，自负医疗费用较大，经社会医疗保险、新型农村合作医疗和政府医疗救助以及其他专项救助后仍然困难的广州本市户籍人员实施医疗救助。与此同时，首次将正在广州本市工作并在广州市连续交纳两年以上社会养老保险的外来务工人员和正在广州市就读的外地户籍大中专学生，或在广州市行政区域内遭遇突发灾害造成医疗或家庭临时生活困难的人员纳入慈善医疗和应急救助范围。

五是家庭经济状况核对机制、社会救助信息化与信息共享机制逐步建立。自 2011 年起，中山市开始筹建新型社会救助网上协同平台。该平台在广东省范围内率先整合救助信息共享以及经济收入核查功能，创新了部门联动救助的方式，形成统一的运作系统。各有关救助部门在实际操作运行中肩负起独立操作、信息共享、资源整合、救助预警预报等的责任分工，各部门通过救助协同平台记录上传救助对象的资料信息、救助情况等，实现信息互通，切实做到救助不重复、不遗漏，实现社会救助体系管理功能规范化、现代化、信息化。在新型社会救助网上协同平台的基础上，中山市进一步完善救助平台的经济收入核查功能，该功能涉及与地税、人社、工商、公安、国土等多个部门数据对接及查询，市民政局将与各有关部门从法规上、技术上进行深入的沟通协调，逐步开展部门间数据对接，确保尽快全面实现救助申请对象经济收入的联合审查。在切实保护市民个人信息的前提下，有利于实现对救助申请人纳税、房产、存款、有价证券等关键经济收入情况的核对，进一步提高社会救助工作的瞄准率。

（二）最低生活保障

最低生活保障是以保障全体公民的最低生活为目的，由政府对家庭实际人均收入低于最低生活标准的居民，给予差额补助的社会救助制度。1993 年，城市居民最低生活保障制度试点在上海率先建立。1994 年在第十次全国民政工作会议上，民政部提出“对城市社会救济对象逐步实行按照当地最低生活保障线标准进行救济”的改革目标。由此，我国开始在全国层面建立城市居民最低生活保障制度。2012 年，国务院下发《关于进一步加强和改进最低生活保障工作的意见》（国发〔2012〕45 号），对最低生活保障工作的加强和改进提出一系列要求。但从全国范围看，仍存在对最低生活保障工作重视不够、责任不落实、管理不规范、监管不到位、工作保障不力、工作机制不健全等问题。

1. 着力制度化建设满足社会安全预期

制度建设对于最低生活保障的实施具有重要意义。通过制度建设，一方面有利于确保最低生活保障的确定性、稳定性，避免政策的朝令夕改，以及实施的随意性；另一方面也有利于确保低保对象的生活安定感与安全感。广东各地在最低生活保障制度的实施中，高度重视制度化建设。

2012年，深圳市民政局研究制定了《深圳市民政局五年立法计划》，明确提出要加强行业协会、社会救助、殡葬、慈善公益、社区建设等方面的立法，力争通过3—5年的努力，逐步形成具有时代特征、深圳特色、内容完备的民政法规体系框架。深圳市积极推动《深圳市经济特区社会救助条例》的出台，将成为首部全国地方政府统筹各类社会救助制度的行政法规，拟将最低生活保障等八项社会救助制度和社会力量参与作为社会救助基本内容，构建一个分工负责、相互衔接、协调实施，政府救助和社会力量参与相结合的，具深圳特色的社会救助制度体系。

东莞市自1997年实施城乡最低生活保障工作以来，着力通过制度建设提升最低生活保障的稳定性、操作性与可预期性。先后制定颁布最低生活保障的“三个办法”和“两个保障机制”，包括《东莞市城乡最低生活保障制度实施办法》、《东莞市城乡低保家庭收入核定办法》、《东莞市城乡最低生活保障对象分类施保暂行办法》，《东莞市最低生活保障标准自然增长机制》和《东莞市低收入群众临时价格补贴与价格上涨联动机制》。2012年，东莞市对上述“三个办法”予以整合，形成修订后的《东莞市城乡最低生活保障制度实施办法》（以下简称“新办法”）。新办法细化了家庭收入认定和财产核算，规范了申请审批程序，引入收入豁免机制、低保延伸救助机制、赡养（抚养、扶养）给付比例标准等制度机制。由此，初步实现了最低生活保障制度的规范化、法制化。

2. 确定城乡低保标准的分类管理模式

根据《广东省政府办公厅关于建立全省城乡低保最低标准制度的通知》（粤府办〔2013〕17号），广东省分四类地区设立城乡低保标准和低保补差水平。四类地区的设立依据是各地经济社会发展水平。第一类：广州市、深圳市；第二类：珠海市、佛山市（含顺德区）、东莞市、中山市；第三类：惠州市、江门市（不含台山、开平、恩平）、肇庆市（不含所辖县）；第四类：汕头市、韶关市、河源市、梅州市、汕尾市、阳江市、湛江市、茂名市、清远市、潮州市、揭阳市、云浮市、江门市列入三类地区以外的市、肇庆市所辖县。

在具体标准制定上，自2013年起，每年由广东省民政厅会同有关部门根据各地城乡居民人均消费性支出、人均财力等因素，分区制定全省城乡低保标准和城乡低保补差水平最低标准。各地根据省城乡低保最低标准，综合考虑维持当地城乡低收入居民基本生活必需的消费品支出数据，统筹考虑困难群众基本生活保障需要、当地经济社会发展水平和财力状况等，按照当地上年度城乡居民人均消费性支出的一定比例，制定公布各地城乡低保最低标准和城乡低保补差水平最低标准。各地城乡低保最低标准，不得低于省城乡低保最低标准，不得低于当地现行城乡低保最低标准。

中山市实施低保分类救助制度，对“双老”低保家庭、重大疾病的低保家庭成员和城镇“三无”人员三类低保特殊对象每人每月按低保标准的20%增发补助金。2012年再新增“重度残疾人”、“单亲家庭”和“未成年人的低保家庭成员”三个分类救助项目，实施分类救助，为部分存在特殊困难的低保对象提供更健全的保障。

3. 建立完善最低生活保障的调整机制

在现代市场经济条件下，价格波动往往带来基本生活支出明显增加，对低收入群众的基本生活造成严重影响，甚至妨碍其生存权利与人格尊严。对此，有必要完善低保的调整机制，主要包括常态的自然增长机制与临时补贴机制。在常态的自然增长机制方面，广东省已建立低保标准自然增长机制，每两年调整一次；在临时补贴方面，东莞市、佛山市等地建立临时补贴与物价上涨联动机制。

东莞市政府颁布《关于建立东莞市低收入群众临时价格补贴与价格上涨

联动机制的实施意见》（东府办〔2011〕75号），针对低保对象、五保对象、优抚对象、一至四级困难残疾人（含已治愈的麻风病人）、贫困归侨、福利机构集中供养的孤儿（弃婴）和社会散居的孤儿等人群，当消费者价格指数同比连续涨幅超过3%，或食品类价格同比连续涨幅超过7%，或居住类中水、电、燃料类价格同比连续涨幅超过7%，将启动临时价格补贴联动机制。

佛山市政府办公室出台了《关于进一步完善低收入群众临时价格补贴与物价上涨联动机制的通知》（佛府办〔2012〕41号），要求市民政局与市物价局、国家统计局佛山调查队等部门积极联动，根据全市物价上涨情况，及时向各区通报低收入家庭基本消费价格指数，并要求各区根据指数波动情况，适时启动低收入居民临时生活补助联动机制。从2014年1月开始，佛山市已有三个月向全市低保对象、五保对象和城镇“三无”救济对象，分别按每人每月20元的标准及时发放了临时物价补贴共224.73万元，救助共112378人次。

佛山市注重调整机制的制度化与科学化建设，并出台了《佛山市人民政府办公室关于印发佛山市城乡最低生活保障标准动态调整机制实施方案（试行）的通知》（佛府办函〔2012〕568号）。“低保标准动态调整机制”采用马丁法作为调整城乡低保标准的测算方法，贫困线（最低生活保障线）由食物贫困线与非食物贫困线组成，即本年度全市城乡平均低保标准=本年度食物贫困线+本年度非食物贫困线。根据“实施方案”的调整方法，佛山市民政局将会同各区民政部门根据国家统计局佛山市调查队于每年2月底前提供的“上年度低收入居民平均食品价格指数”和“上年度城镇居民人均可支配收入增长率”等数据进行科学测算，并以测算结果为依据于4月底前提出年度低保调整标准，经市政府审定后执行，低保标准原则上于每年的7月进行统一调整。

4. 完善救助对象的家庭经济状况核对监督机制

其典型如深圳市推动建立社会救助申请居民家庭经济状况核对机制，

完成起草并准备颁布实施《深圳市社会救助家庭经济状况核对办法》，探索建立与国际贫困线标准对接的贫困标准机制，建立全市贫困动态监测体系和福利保障体系；定期跟踪社会救助对象家庭变化情况，形成救助对象有进有出、补助水平有升有降的动态管理机制，建立街道与申请人签订协议的制度，明确政府管理部门和救助对象的权利和义务；完善社区公益性劳动制度，街道每月组织在劳动就业年龄内有劳动能力未就业的低保对象参加公益性劳动；建立社会救助对象家庭人口、收入和财产状况定期报告制度，并根据报告情况分类、定期开展核查。

（三）医疗救助与公共卫生保障体系

健康是实现人的全面发展的内在要求。病有所医是古往今来人类社会的共同追求。基本公共卫生与医疗保障事关每个社会成员的生命健康与生活质量，属于重大民生问题。其法治化水平，受到广泛而深刻的关注。广东等地也积极展开改革探索。

1. 医疗救助

医疗救助对于解决困难群众的医疗难题，保障其健康权与基本医疗权益具有重要作用。基于抗击“非典”的经验教训总结，2003 年开始进行农村医疗救助制度试点，民政部、卫生部、财政部联合发布《关于实施农村医疗救助的意见》（民发〔2003〕158 号），通过政府拨款和社会各界自愿捐助等多渠道筹资，对患大病农村五保户和贫困农民家庭实行医疗救助。到 2005 年底全国已普遍建立农村医疗救助制度。2005 年《国务院办公厅转发民政部等部门关于建立城市医疗救助制度试点工作意见的通知》（国办发〔2005〕10 号），对建立城市医疗救助制度试点工作提出一系列要求：要求用 4—5 年时间在全国建立起管理制度化、操作规范化的城市医疗救助制度。

广东省建立实施医疗救助是一个渐进的过程，从报销基本医疗费解决门诊救助，发展到购买住院医疗保险对重大疾病给予救助；从社会捐资，发展到医疗救助资金纳入各级财政预算；从建立城乡医疗救助示范点，到形成医疗救助制度，逐步使全省困难群众的医疗难问题得到基本解决。

2010年，经广东省政府同意，民政厅、财政厅、人力资源和社会保障厅、卫生厅、审计厅五部门联合出台《广东省城乡特困居民医疗救助办法》（粤民助〔2010〕1号）对当地的城乡医疗救助制度进行完善。在此基础上，一些地市也出台了实施办法。例如，中山市于2013年12月制定《中山市困难居民重特大疾病医疗救助暂行办法》，结合中山市的具体情况，对重特大疾病医疗救助对象、定点医疗机构、部门责任、救助资金筹措、救助标准、结算方式、救助范围等进行了详细的规定。

东莞市于2000年开始实施低保基本医疗救助。2010年出台《东莞市最低生活保障对象基本医疗救助暂行办法》（东府办〔2010〕6号），在为低保对象购买社会基本医疗保险的同时，对于患病住院或特定门诊低保对象，经社保报销后的个人自付医疗费用，给予80%左右的医疗救助。根据《东莞市最低生活保障对象基本医疗救助实施办法》（东府办〔2012〕184号），低保基本医疗救助实现住院、普通门诊、特定门诊一站式结算服务，医疗救助支付的比例提高到90%，每人每年累计享受低保医疗救助的最高限额提高到8万元。另外，东莞市还积极探索建立全民医疗保障体系，推广政府购买重大疾病商业医疗保险、镇级财政划拨资金建立专项医疗救助金等措施，探索建立全民医疗保障体系。

2006年12月，佛山市下发了《转发市民政局等四部门关于健全和完善城乡医疗救助制度实施意见的通知》，标志着佛山市以资助城乡困难居民参加政府指定的医疗保险制度、门诊基本医疗减免救助制度、大病医疗救助制度为框架的医疗救助体制全面建立。

在资助困难居民参加医疗保险方面，对于低保对象、城镇“三无”人员、农村五保供养对象参加居民医疗保险，其个人应缴纳的保险费用从医疗救助资金中列支。从2013年7月1日起，佛山市全额资助低收入重病患者、丧失劳动能力的残疾人、低收入家庭60周岁以上的老年人和未成年人等困难群体参加居民医疗保险。据统计，2013年，佛山市共出资2903万元资助50988名困难救助对象购买城乡居民医疗保险。

在门诊基本医疗方面，一是对城乡低保对象由医疗救助定点单位给予门诊基本医疗减免。救助对象到定点医疗救助单位就诊时，定点医疗救助单位免收普通门诊挂号费、诊查费、门诊病历费，减免一般检查项目。二是救助对象门诊医疗发生的费用，在扣减医疗救助定点单位对救助对象实施的门诊医疗优惠减免费用后，政府负担不低于70%，救助对象个人负担不高于30%。

在大病医疗救助方面，佛山市为患大病、重病，在享受城乡居民基本医疗保险后仍因医疗费用支出过大、影响家庭基本生活的特困居民，提供大病医疗救助。救助对象因患重大疾病住院治疗所发生的费用，在扣除居民基本医疗保险等报销金额后，剩余住院费用中纳入医保用药范围、医疗服务设施使用范围以及支付标准相关规定的费用按相应比例予以报销。截至2014年4月，佛山市共救助了3098人次，共支付大病医疗救助金404.59万元。值得一提的是，顺德五区还全面提高救助水平，取消医疗救助起付线，取消住院押金，取消病种限制。

在支付结算方式上，佛山市下发《关于进一步完善优抚对象及困难救助对象医疗费“一站式”结算服务工作的通知》，通过“一站式”结算，更加高效便民，避免困难对象之前需要先行支付部分医疗费用带来的医疗障碍。

2. 基本医疗保障的城乡一体化

广州市着力推动基本医疗保障制度的城乡一体化。广州市人力资源和社会保障局已起草《广州市城乡居民社会医疗保险试行办法》、《广州市城乡居民大病医疗保险试行办法》及《关于明确2014年城镇居民基本医疗保险过渡期有关问题的通知》等三个文件。2015年，广州市将实现城乡居民医保制度全面并轨，现有的城镇居民医保、新农合以及城乡居民医保的469万参保人将统一参保标准和待遇。改革不仅带来医疗资格、标准的统一与公平，也给社会成员以更多选择空间和更高保障水平。新农合并入城乡居民医保后，农民的就医选择范围更广，医疗保障范围更大，报销比例和封顶线普遍有所提高，将与城镇居民一样享受门诊慢性病及门诊特定项目待遇，普通门诊报销额度由300元/年·人提高到600元/年·人，未成年人每年增加到1000元/年·人。

3. 规范医患双方，引导合理医疗行为

东莞市所有社区卫生服务机构均纳入社保定点医疗机构，坚持社区首诊，规定社区居民必须按属地原则到指定的社保定点社区卫生服务机构就诊，并可享受规定范围内基本医疗费用最高报销70%。由此，既规范参保人的就医行为，又引导参保人形成“小病在社区、大病到医院”的合理就医观念。

东莞市在医疗保障方面，从专科医生向全科医生角色转变；从“坐堂等人”向“主动上门”为病人服务转变；从单一开展基本医疗服务，向疾病预防、妇幼保健、慢性病管理、健康教育等综合服务转变；从“阶段服务”向“持续服务”的转变，采取“全科医生团队”在辖区内分片负责、定点包干的服务方式，与辖区群众间交流互动，让社区卫生服务人员准确掌握本辖区居民的健康状况和基本卫生服务需求，从而建立长期、稳定、和谐的医患关系。

4. 医疗保障的流程再造与无缝衔接

在程序上，医疗救助、医疗保险的“一站式”结算服务，起到便利民众的良好效果。2013年10月8日，广东省民政厅等四部门联合下发了《广东省民政厅、财政厅、人力资源和社会保障厅、卫生计生委关于开展城乡困难群众医疗救助和优抚医疗费“一站式”结算服务的通知》（粤民助〔2013〕27号），方便困难群众和优抚对象看病就医。

佛山市自2012年年底正式实施医疗救助“一站式”服务管理，困难救助对象凭身份证到定点医疗机构就医时所发生的医疗费用，应由医疗救助支付的，由定点医疗机构垫付并即时结算，救助对象只需支付自付部分即可出院，真正做到救助程序简、救助时效强、救助效果显著，有效保障了困难群众的健康权利。

（四）教育救助

世界各国普遍认为，公共教育对国家整体发展有着不可或缺的战略作用。无论是美国在南北战争到一战前快速成为世界头号工业强国，还是日本在第二次世界大战后的经济崛起，公共教育都功不可没。为贫困地区、贫困学生提供接受基本教育机会的保障，通过减免、资助等方式帮助贫困人口完成学业，进而提升教育公平性和促进国家持续繁荣稳定，正是教育救助的重要任务。

2004 年 8 月，民政部、教育部颁布《关于进一步做好城乡特殊困难群体未成年人教育救助工作的通知》，为我国城乡的教育救助提供了基本的制度框架。广东省在全国性制度规范出台之前，就开始了教育救助的探索。

东莞市于 2002 年起建立低保助学制度，覆盖学龄前、小学、初中、高中、大学等阶段。一个值得关注的问题是，收入略高于低保标准的家庭，无法享受到最低生活保障待遇，也无法享受到附着于低保之上的低保助学制度。就全国范围看，此类低保边缘家庭子女的教育保障，一直是社会保障制度的死角。直到 2014 年《社会救助暂行办法》（国务院令第 649 号）出台，其规范的教育救助依然仅适用于最低生活保障家庭成员、特困供养人员和不能入学接受义务教育的残疾儿童，在全国层面仍未能解决低保边缘家庭子女的教育救助问题。

对此，东莞市于 2002 年建立低保助学制度，并在 2008 年将高中（中专）和大学（大专）低保助学金范围，向低保边缘家庭延伸，适用于人均家庭收入在低保标准以上但低于低保标准的 1.5 倍，补助标准为低保家庭在校学生的 50%。2014 年，东莞市印发《东莞市低保家庭在校学生助学补助实施方案》，在基本不低于原补助标准的基础上，将低保助学金和寄宿补助金合并为助学补助金，具体包括生活费补助、学费补助和住宿补助三项内容。在补助发放方式上，从按年发放改为按月发放。佛山市出台的《关于加强我市扶贫助学的工作意见》，构建了幼儿救助、九年义务教育阶段救助、高中阶段救助、大学阶段救助四位一体的扶贫助学长效机制。

（五）临时救助

临时救助对于化解城乡贫困居民的突发性、临时性生活困难有着积极作用。如果将社会救助视为整个社会保障体系的兜底性制度安排的话，临时救助可谓“兜底之兜底”。2007年，《民政部关于进一步建立健全临时救助制度的通知》（民发〔2007〕92号）对于健全临时救助的基本制度框架做出安排。

1. 综合性的临时救助

2004年，广东省首个地方性的临时救助文件《顺德区城乡居民临时救助实施办法》颁行，对于当地城乡居民因遭受突发性危重疾病、自然灾害、车祸等严重人身伤害，导致家庭生活需要救助者，最高可获一年一次5万元的“救急”金。2012年5月，东莞市颁布《东莞市困难家庭临时救助暂行办法》，对本地户籍的困难群众实行分级分类救助。2013年全年，东莞共向477户因长期患病和临时出现生活困难群众发放临时救助金186.78万元。此外，东莞还将各村（居）委会民政窗口业务中有关救助的部分独立出来，增设“社会救助窗口”，畅通村民、市民的急难救助渠道，便利提出申请。

2014年，深圳市民政局调研起草《深圳市临时救助办法》，拟全面建立和实施临时救助制度，并探索将因病、因灾、突发事件、意外事故等特殊原因造成生活困难的常住非户籍人口纳入临时救助范围。

2. 道路交通事故受害人救助

每年发生的交通事故中，有不少因为各种原因未能及时支付医疗费用，从而耽误了受害人的治疗。对此，中山市于2008年5月成立了道路交通事故社会救助基金进行救助，但是由于资金缺乏、程序烦琐等问题效果不佳。该救助基金申请程序烦琐，实际申请成功者不足10%。即使得到批准的案例也都在数月后才兑现，甚至出现要用10个月才获得资助的情况。最后，救助费用主要覆盖前三日内抢救费用，之后的医疗、康复、护理等费用基本不能得到保障。显然，交通事故类临时救助并未达到预期目标。

2014年，中山市重新颁布了《中山市道路交通事故社会救助基金管理实施办法》。办法规定，符合一定条件的伤亡人员的丧葬费和抢救费用都可由基金垫付，因交通事故造成家庭困难的也可获得最高5万元的救助。救助基金一半垫付受害人自抢救之时起72小时内的抢救费用。遇受害人伤势严重，抢救时间超过72小时但不超过7日，个人抢救费用不超过6万元的都可以申请垫付抢救费用。而丧葬费用则一般垫付受害人死亡后60日内产生的费用。另外，受害人如果是家庭唯一或主要经济来源，又或是受害人部分或全部丧失劳动能力的，也可以向基金申请一次性困难救助。死亡人员一次性困难救助费用最高限额为5万元，受伤人员一次性困难救助费用最高限额为3万元。

3. 涵盖非当地户籍人口的临时救助

顺德区龙江镇的慈善会通过了《“慈善映夕阳”门诊救助办法》和《“爱心救助金”发放实施办法》。不仅镇内年满60周岁的在册在保的五保户、“三无”、低保、低保临界人员每月可享受四次的普通门诊医疗费用救助，每次救助额30元以下，每人每月最高可享受120元的门诊救助金；而且，龙江镇户籍人员和非龙江镇户籍的务工人员如因遭遇突发性疾病、意外性事故等原因，导致生活陷入困难的，龙江慈善会将联动村居福利会，给予合计8000元以下的爱心救助。

（六）农村“五保”

农村五保是指由农村社区（集体）负责保证无法定扶养人、无劳动能力、无可靠生活来源的老年人、残疾人和孤儿基本生活需求的社会保障，即对他们“保吃、保穿、保住、保医、保葬（保教）”，简称“五保”。农村五保制度在中国有着悠久历史。20 世纪 50 年代中期，中国农村实现合作化以后，对无依无靠无劳动能力的孤寡老人、残疾人和孤儿，则由集体实行“五保”供给制度，并在 1956 年的《高级农业生产合作社示范章程》（1987 年失效）中得到了确认。20 世纪 80 年代初，农村土地承包经营制逐步普遍推广，由集中供养的五保户的生活来源成了问题。民政部门及时采取措施，主要是对五保供养所需经费以乡镇为单位进行统筹，并大力发展农村敬老院，实行集体供养，政府给予必要的支持。

实施税费改革后，五保供养工作面临着新问题。广东省及时调整政策，在经费来源渠道、供养标准、发放方式以及合作医疗等方面采取有效措施，有效解决了五保供养经费来源、供养标准等问题。2010 年 1 月，广东省政府颁布《广东省农村五保供养工作规定》，明确要求“农村五保供养标准由县级人民政府或者不设区的地级市人民政府每年按照不低于当地上年度农村居民人均纯收入的 60%确定”。广州市、珠海市、汕头市、佛山市的五保供养标准为 70%，东莞市、中山市是 60%。

（七）其他救助机制

在其他社会救助机制方面，广东省各地也进行了积极探索。

“安得广厦千万间，大庇天下寒士俱欢颜”自古就是中国人的理想。2014 年《广东省住房城乡建设事业深化改革的实施意见》（粤建办〔2014〕61 号）出台，其中要求积极推进廉租住房和公共租赁住房并轨运行，建立以公共租赁住房为主要保障方式的新型住房保障制度。拓宽保障房房源筹集渠道，扩大保障房覆盖面，按“以需定建”的原则逐步增加保障性住房供应量；健全保障房申请登记和轮候保障制度，完善申请、审核和准入退出机制；以及建立保障房使用管理购买服务机制、物业服务费补贴和小区公共设施维护更新制度，加强保障房小区属地管理力度，搭建政府和保障对象议事协商平台。

在特殊群体的社会救助与帮扶方面，中山市在全市统筹规划建设和明确一批刑释解教人员过渡性安置基地、戒毒康复人员就业安置基地、精神病人治疗管护专业机构、违法犯罪艾滋病人收治中心、流浪儿童救助机构，配备相关工作人员；建立对积极有效安置刑释解教等特殊人员的企业给予政策支持的机制；推进“回归社会工程”，加强市法制教育所（学校）建设，加强对邪教痴迷者的帮教工作。中山市完善对行为偏常和闲散青少年群体分类动态服务管理和社会化帮教机制；采取有效措施防止义务教育阶段学生失学或流失，加强职业技能培训、职业介绍、信息咨询等服务，拓展就业渠道；建立健全流浪未成年人救助机制；健全服刑在教人员未成年子女和农村留守儿童关爱服务体系；在社区建立对有不良行为青少年进行有效教育帮扶的工作机制；建立完善未成年人刑事案件配套工作体系，实行未成年人轻罪记录封存消灭制度。

在法律援助与司法救助方面，广东省法律援助工作起步早，发展迅速，拥有全国“四个第一”：一是出台了第一部由省级人大制定的法律援助地方性法规——《广东省法律援助条例》；二是组建了第一家政府法律援助机构——广州市法律援助中心；三是成立了第一个县级法律援助机构——深圳市宝安区法律援助中心；四是颁布了第一批地方政府制定的法律援助规章。

另外，广东省法院、检察院将信访与司法救助相衔接的经验值得一提。刑事案件被害人及其近亲属或者民事侵权案件受害人，无法获得足额赔偿，造成生活困难，符合国家规定的司法救助条件的，法院指导并协助信访人向相关部门申请司法救助。省检察院修订广东省检察机关司法救助办法，将刑事被害人救助和涉法涉诉信访人救助统一于司法救助中，明晰对象范围、标准和程序。在此基础上，东莞市检察院从被动救助向主动救助转变，丰富救助方式，对于接访中发现信访人存在实际困难的，及时向其提供人道救助，或通过指引协助其申请法律援助，从而增强通过法律手段解决问题的能力。

在具体做法上，一是完善不起诉案件的备案审查机制。通过刑申部门与公诉部门的信息沟通，对决定不起诉案件实行一案一通报，刑事被害人救助办公室收到案件通报后在七日内做好审查、评估，对于其中符合救助条件的主动联系并落实救助，同时将相关情况反馈给公诉部门。二是规范主动告知机制，将告知刑事被害人可获得救助的告知机制明确列入申诉案件的办理程序中，对于符合救助条件但被害人并未申请救助的，办案干警应主动向其告知申请救助的权利和相关办理手续。

三　广东社会保障制度建设的经验

（一）扩大覆盖面，实现城乡、本外地人口社会保障权益的均等化

在扩大覆盖面上，广东一些地方走在全国前列。例如，中山市自1998年7月就开展企业职工养老保险扩面征缴，将养老保险覆盖面扩大到所有非公有企业及个体工商户，到2011年已实现了养老保险制度全覆盖，统筹城乡的养老保险体系基本建立，达到“老有所养”目标。到2013年12月底，中山市企业职工参保人数达190.05万人，其中外来务工人员参保人数为92.1万人。

在城乡一体化逐步落实的背景下，社会保障改革在今后相当一段时间的重要任务是，逐步实现异地务工人员及其家属享受社会保障的均等化。广东省的流动人口在2012年有3097万人，2013年更是达到3239.7万人，是全国流动人口最多的省份。广东省的流动人口呈现以下特点：一是集中度高，珠江三角洲地区八市占全省总数的96.3%。二是流动性强，来自广东省外地区的有2250万人，占比69.5%，当年流动率超过50%。三是居住分散，64.9%的流动人口散居在出租屋。四是就业低端，主要从事建筑、来料加工及低端服务等劳动密集型行业，其中务工、从事服务业（包括保

姆）的有 2601 万人，占比 80.3%。在这种情况下，流动人员特别是外来务工人员及其家属的服务、管理，就成为影响广东经济发展、社会安定的难题。

从近两年广东省违法犯罪人员统计情况看，无论是治安行政案件还是刑事案件，流动人口都占据较高比例。在治安违法方面，2012 年全省共查处治安违法人员 685514 人，其中流动人口 550307 人，占违法人员总人数的 80.3%；2013 年全省共查处治安违法人员 663159 人，其中流动人口 550207 人，占违法人员总人数的 83.0%。在刑事犯罪案件方面，2012 年抓获刑事案件犯罪嫌疑人 218916 人，其中流动人口 167085 人，占犯罪嫌疑人总人数的 76.3%；2013 年抓获刑事案件犯罪嫌疑人 200049 人，其中流动人口 151809 人，占犯罪嫌疑人总人数的 75.9%。

仅惠州仲恺高新区，就有来自不同地区、不同民族的异地务工人员超过 30 万人，其思维方式、道德观念、宗教信仰都存在巨大差异，而多维度的利益诉求、维权要求更加强烈。如何将这些外来务工人员及其子女、家属融入当地经济社会文化环境中，如何获得无差异的社会保障，是困扰广东各地政府的重要问题。在此方面，广东积极探索通过社会保障制度的有效覆盖、各项社保待遇的获得享有，有力提升了外来人员对广东当地的认同感和归属感。

从 2010 年到 2014 年，中山市共提供积分入户指标 16600 个，积分入读公办中小学一年级指标 42000 个，保障性住房指标 700 个（2013 年度首次）。其间，共受理流动人员积分管理申请 5.6 万余宗，给予 10765 名流动人员积分入户资格，包括随迁、投靠，预计 3 万余名流动人员可通过积分制入户中山；给予 25530 名流动人员子女积分入读公办中小学一年级待遇；给予 78 名流动人员积分入住保障性住房资格（不含 2014 年）。积分制的实施，基本确立了“福利型、人性化”的中山流动人口管理工作模式，既让广大流动人员得到了实惠，也优化了城市人口结构。

《广东省失业保险条例》打破了户籍界限，取消农民工一次性生活补助，将失业保险金的发放范围覆盖到所有参保人，使得农民工和城镇职工享受同等的失业保险待遇。如佛山市规定，与该市各类用人单位建立劳动关系的劳动者，不分本市户籍与外市户籍，均按法律法规参加职工社会保险。异地务工人员在参加该市社会保险后，其社会保险关系管理均与该市户籍人员一样，如参保人个人信息资料记录、信息资料变更、保险关系的转移等。2009 年起，佛山市进一步规定，参加职工社会保险的异地务工人员的子女纳入保障范围，符合参保条件的异地务工人员子女可参加居民医保，享受居民医保待遇。

（二）通过板块整合逐步消除制度的碎片化之弊

由于地方试点先行，各项保障制度、项目起点先后不一，各自分别发展，导致中国社会保障制度出现严重的碎片化。例如，医疗保障体系就被区隔为新型农村合作医疗、职工基本医疗保险、城镇居民基本医疗保险、大病医疗保险、医疗救助等板块。一个人得一种病的医疗花费，先后需要基本医疗保险、大病医疗保险、医疗救助多种渠道才能得到基本保障。这种状态给参保人带来了极大不便，也导致制度的公平性、统一性严重缺失。对此，广东着力推进社会保障的板块整合，包括城乡之间的整合，项目之间的整合，本地户籍与外来人员之间的整合，起到良好效果。

（三）通过政府购买服务等方式创新解决经办瓶颈

随着社会救助项目的不断充实，社会救助条件的日渐完善，基层社会救助经办力量不足带来的各种弊病在全国范围都成为日益突出的问题。体现在：经办力量不足导致困难群众求助无门；经办力量不足导致社会保障经办质量下滑，“关系保”、“人情保”、“错保漏保”等现象频发。为实现救助工作“管得住”、救助对象“保得准”、补助资金“用得好”，广东省民政厅与财政厅于 2014 年联合印发《关于通过购买服务解决社会救助等民政业务服务人员的通知》，部署各地民政部门通过购买服务充实基层社会救助等民政业务服务力量。要求综合考虑辖区内社会救助服务事项、服务范围、服务对象数量以及当地经济社会发展水平等因素，合理确定开展社会救助服务所需的专职工作或服务人员。原则上各市、县（市、区）应指定1—3名社会救助专职工作或服务人员，各乡镇（街道）至少要指定1名社会救助专职工作或服务人员。对于无法通过编制内解决经办人员的，应当通过政府购买服务方式予以解决。与此同时，要求落实购买服务的经费保障。对于社会救助工作和购买服务所需经费，各地可从财政安排的最低生活保障工作经费中支付，并按财政国库集中支付的相关规定，拨付政府购买服务人员经费。

（四）统筹协调促成优势互补与实施合力

其内容包括内部协调与外部协调。在内部协调方面，主要是增强社会保障项目之间的协调衔接。东莞市探索多元化救助，市民政局、教育局、卫生局、司法局、社会保障局、检察院、法院加强联系，为刑事被害人争取低保救助、刑事被害人救助、法律援助、医疗救助等。

在外部协调方面，主要是社会保障与其他社会政策、经济政策的协调衔接。深圳市注重加强社会保障与就业政策的衔接、社会保险与最低工资的政策配套、居民经济状况核对工作机制等。

（五）财政经费保障为社会保障关键所在

在这方面，广东既有很多成功经验，也存在一些不足。就经验而言，广东省在教育福利方面，将义务教育全面纳入各级公共财政保障范围，实现了义务教育经费快速增长。2012年，全省财政性义务教育经费投入848亿元，是2006年的3倍，年均增长20%；小学、初中生均预算内教育事业费支出分别达到5681元和6116元，比2006年分别年均增长20%和18%；农村小学、初中生均公用经费补助标准分别达到550元和750元，今后三年还将逐步提高到1150元和1950元。就不足而言，广东省虽然在法律救助方面取得巨大成效，但由于缺乏专项法援经费保障，对于3000多万外来务工人员的法律援助工作仍基本处于空白状态。由于类似原因，特殊人群的重特大疾病医疗保险和医疗救助制度，也未能全面落实。

值得一提的是，广东外来务工人员及其家属的社会保障实施经费压力仍然相当严峻。仅以教育福利为例，广东省义务教育阶段进城务工人员随迁子女规模大，呈快速增长趋势。2012年义务教育阶段随迁子女在校生300.6万人，比2008年增长52%，占全省义务教育在校生的24%，占全国随迁子女在校生的21.6%，与北京、上海、天津、江苏、浙江五省（市）随迁子女的总和相当，其中省外迁入占54%。广东各地已经新建、改扩建一批学校，但仍然无法适应随迁子女人数增长速度，中心城区公办中小学学位紧张。进一步提高随迁子女进入公办学校就读比例，需要新增大量公办中小学学位，增加土地、校舍、设备、师资、公用经费等投入，地方财政压力巨大。外来务工人员及其家属的迁出地与迁入地如何加强合作，也应当提上议事日程。

（六）通过法律制度建设赋予强制性提升可预期性

法律规范的出台，对于确保社会保障制度的稳定性、可预期性、强制性具有不可替代的重要意义。广东省的社会保障制度建设，一直注重通过法律制度建设巩固社会保障改革成果，赋予社会保障制度以强制力和可操作性。在广东省层面，省人大常委会于1999年颁布《广东省社会救济条例》，2010年修改通过。2013年11月，《广东省失业保险条例》经省人大常委会审议通过，于2014年7月1日起实施。为实施好农村五保供养制度，2010年1月，广东省政府颁布《广东省农村五保供养工作规定》，明确规定了农村五保的社会参与机制，未成年五保对象免费接受义务教育、高中阶段教育，其费用由县级以上人民政府解决。

为配合《社会保险法》的实施，中山市出台了《中山市城乡居民社会养老保险实施办法》，将从未参保的城乡未就业居民纳入养老保险基本保障，明确符合条件的外来务工人员参保人与本地户籍参保人享受同样标准的待遇，实现了外来务工人员与本地劳动者“同参保，同待遇”。

珠海市认真落实共建全省社会建设法制化示范市项目，制定《珠海市社会建设立法规划纲要》，积极推进社会领域法规规章的废、改、立，加快建立健全社会建设基本法规规章体系，并配套建立相应的工作机制。其正在调研论证的《珠海经济特区社会福利条例》，将为当地社会福利工作提供刚性的法律标准和法律保障。

深圳市针对民政领域法规不够健全、已有立法较为滞后的情况，在2012年初研究制定《深圳市民政局五年立法计划》，明确提出要加强社会救助、慈善公益、社区建设等方面的立法。《深圳经济特区社会救助条例（送审稿）》已经2014年深圳市社会救助联席会议研究讨论，经过各部门修改完善后将提交市政府常务会议审定；《深圳经济特区慈善事业促进条例》也在面向全社会征求意见。

（七）标准化建设是落实社会保障法规政策的重要保障

近年来，随着社会保险、社会救助、社会福利等各项社会保障业务量剧增、业务交叉重叠较多、复杂精细程度凸显，管理难度较大。这种背景下，各地区、各部门之间社会保障的经办实施的统一性、协调性问题凸显，相同情形不同处理，导致制度的公平性受到质疑。

通过经办管理的标准化，有利于严格落实法规政策要求，提升制度实施的统一性和公平性，从长远看对于社会保障的管理规范化与信息化也有着基础作用。具体说，社会保障的标准化包括以下方面。

一是社会保障经办服务的基础标准、技术标准和服务标准。对于经办机构的名称、服务所使用术语、标志等内容可以出台统一的基础标准；对于经办服务的技术事项，可以出台统一的技术标准；对于工作人员的仪表、语言、态度和行为，可以出台统一的服务标准。

二是社会保障的管理标准和工作标准。在国家法律法规和广东省地方性法规、地方政府规章和政策文件的基础上，就管理事项、业务流程的主要环节、工作人员资格能力等出台协调统一的管理标准和工作标准。

通过将社会保障纳入标准化管理的轨道，既有利于提升社会保障的管理水平与公共服务能力，也有利于对社会保障工作的规范监督，实现对关键环节、核心因素的有效监控。另外，将社会保障制度实施成效纳入考核评价标准体系中，也具有积极作用。例如，《广东省企业依法治理工作评价标准》明确要求“及时足额为职工缴纳基本养老、医疗、工伤、生育、失业保险费和住房公积金”，并将参保情况纳入对企业依法治理的工作评价标准体系。

（八）注重发挥法院、检察院在民生保障中的作用

一方面，通过法院、检察院，有利于赋予民生保障以司法强制力和执行力；另一方面，在法院、检察院的当事人，也可能成为需要救助的对象，如打赢抚养权等类型官司却得不到执行的当事人，其基本生活就有待救助。中山市中级人民法院发现，实践中确实存在案件难以执行给当事人带来严重生活困难的情形，并由此引发上访和不稳定因素。对此，中山市中级人民法院党组高度重视，在穷尽司法执行手段的前提下，主动争取市委市政府支持，与市财政和民政部门建立和完善特殊当事人救助机制，在一定程度上解决了当事人的困难，也对维护社会稳定起到积极作用。

第三节　依法加强社会组织管理与培育

根据《广东省2014年依法治省工作要点》，广东省加大社会组织培育力度，引导社会组织完善以章程为核心的内部治理结构，充分发挥社会组织反映社会诉求、提供公共服务、化解社会矛盾、规范社会行为的作用。畅通社会组织参与社会治理的渠道，建立重大事项听取相关社会组织意见制度，进一步促进决策的民主化、法制化和科学化。加快出台《广东省社

会组织条例》，完善社会组织政策法规，及时发现并依法查处社会组织的违法违规行为，取缔非法社会组织，确保社会组织规范发展。

广东省已经制定了《中共广东省委　广东省人民政府关于发挥行业协会商会作用的决定》、《广东省民政厅关于进一步促进公益服务类社会组织发展的若干规定》、《广东省省级培育发展社会组织专项资金管理暂行办法》、《广东省省级培育发展社会组织专项资金竞争性分配评审管理办法》、《广东省社会组织登记管理机关实施行政处罚程序规定》、《广东省民政厅关于民办非企业单位变更登记有关问题的复函》等一系列规范性文件，有效加强了对社会组织的培育和管理。

一　社会组织登记与管理

深圳从2004年开始，广东全省从2006年开始，从行业协会、商会民间化改革起步，到2011年年底，经过在综合配套改革中签订民政部与广东省、民政部与深圳市合作协议，民政部下放登记管理权限，到广东省和深圳市召开社会建设工作会议，确定了加快社会组织登记管理体制改革的步伐。广东省从2012年7月1日起，除特别规定外，将社会组织的业务主管单位改为业务指导单位，社会组织直接向民政部门申请成立，无须业务主管单位前置审批后再向登记管理机关申请登记；同时，行业协会将允许一业多会。

（一）社会组织改革统筹规划先行

2010年，东莞市出台了《关于进一步发展和规范社会组织的意见》；2012年，陆续出台了《中共东莞市委　东莞市人民政府关于加强社会建设的意见》及其七个配套文件，以及《东莞市加快转变政府职能深化行政审批制度改革实施方案》等一系列纲领性文件；2013年又出台了《东莞市关于进一步培育发展行业协会商会的意见》和《东莞市构建现代化社会组织体制试点工作方案》等文件，为推动东莞市社会组织发展和发挥作用提供了良好的政策环境。

2011 年以来，深圳市先后出台了《中共深圳市委、深圳市人民政府关于进一步推进社会组织改革发展的意见》、《深圳市推进政府职能和工作事项转移委托工作实施方案》、《深圳经济特区行业协会条例》等政策法规，不断完善顶层制度设计。

（二）社会组织直接登记改革

为了从制度上解决深圳市社会组织发展面临的登记管理制度障碍，提高社会组织自主性与规范性，促进社会组织作用的发挥，深圳市从 2004 年起，通过行业协会"民间化"改革、行业协会直接登记、三类社会组织直接登记、八类社会组织直接登记等"四个小步走"，逐步深化社会组织登记管理体制改革。工商经济类、社会福利类、慈善公益类、社会服务类、文娱类、科技类、体育类和生态环境类等八类社会组织由过去的"双重管理"转为"直接登记"。截至 2014 年 3 月底，深圳市共登记社会组织 7194 家，同比增长 24.1%，其中，社团 3515 家、民非 3596 家，基金会 83 家。

东莞市对社会组织登记注册行政审批进行改革，积极推动直接登记，鼓励社会力量举办有规模、有特色的社会组织。2012 年年底，出台了《东莞市社会组织登记注册行政审批改革方案》，共取消社会组织登记注册前置审批事项 83 项，将社会组织前置审批许可事项压缩为 5 项，社会组织的业务主管单位均改为业务指导单位，直接到市民政部门登记。将行业协会的筹备成立和正式成立合并为直接申请成立登记。社会组织成立登记审批时限由原来的 60 日缩短为 20 个工作日。

佛山市在 2006 年实行了行业协会直接登记。2011 年在工商经济类、公益服务类、慈善类和社会服务类社会组织中实行直接登记。2012 年，佛山市将社会组织的业务主管单位改为业务指导单位，社会组织直接向登记管理机关申请登记，依法降低社会组织登记准入门槛，并且将社会组织登记管理权限下放到了全市所有镇和街道。

（三）完善社会组织内部治理结构

深圳市在“公开、公平、公正”的基础上，实现独立的法人治理结构。探索对市、区两级慈善会的行业协会功能和基金会功能实行分离，分别成立慈善公益联合会和慈善基金会两个独立的法人机构，建立各自独立的法人治理结构和现代慈善基金会管理制度。

（四）制度创新为社会组织“松绑”

一是改革年检制度。深圳市从 2014 年起，以行业协会为突破口，对年检制度进行了重大改革，将年检制度改进为年度报告与登记管理机关抽检相结合的方式，同时建立行业协会活动异常名录和活动异常永久名录制度，并在行业协会信息平台上予以披露。从被动式的年检改为主动抽查制度，由登记管理机关单一监管转变为行政和社会监管相结合。佛山市则自 2013 年起试行年检的委托制。

二是探索小微社会组织的登记管理制度创新。对于一些还达不到登记条件的社区社会组织，东莞市社会组织管理局主动研究，出台了《东莞市社区社会组织登记备案管理暂行办法》（东社区办〔2013〕10 号），尝试实行登记和备案双轨制管理。自落实“宽进严管”政策以来，公益慈善类社会组织从放开登记前的 27 家快速增加到 196 家，其中社会团体 44 家（含分支、代表机构 24 家），民办非企业单位 152 家（社区服务中心 24 家、社工机构 22 家、其他 106 家），是历年登记总和的 7 倍。

2014 年 3 月，深圳市民政局出台了《深圳市社区基金会培育发展工作暂行办法》，对社区基金会的发起设立、治理结构、定位和业务范围、管理运营、支持和保障政策等问题进行了规范。目前，深圳市已登记成立社区基金会七家，还有部分社区基金会正在筹备。为加强对社区基金会的培育发展和规范管理，深圳市民政局还制定了《社区基金会培育孵化规范监管的管理办法》及《深圳市社区基金会发展指南》等配套政策文件。

三是引入公益信托。2014年《深圳市人民政府关于充分发挥市场决定性作用全面深化金融改革创新的若干意见》，提出了积极开展慈善公益信托等创新产品试点，加大对慈善公益事业等领域的金融支持力度，推动社会资本和慈善公益资产等新型要素平台组建运行，探索公益项目资产等特定种类的资产证券化等问题。《深圳市2014年金融改革创新工作重点》明确提出："探索在深圳设立专业公益信托管理机构，开展公益信托业务试点。"

（五）理顺政府与社会组织关系

深圳市明确市、区两级慈善会作为慈善公益组织的公共目的和民间属性，慈善会与政府在机构、人事、财务等方面全面脱钩，破除行政化对慈善会发展的制约。中山市一方面建立公共财政对社会组织的资助和奖励机制，完善政府向社会组织购买服务机制推动社会组织发展；另一方面严格执行社会组织负责人任职制度，并推动社会组织在机构、人事、资产、财务等方面与政府部门脱钩。这样一来，既明确了政府的扶持促进职责，又不会因为政府扶持而定位模糊，有利于保持明确的权责关系。

（六）实施严格监管

针对民办非企业单位，深圳市制定了《深圳市民办非企业单位年度检查须知》、《关于授权有关组织作为民办非企业单位业务主管单位的通知》等规范性文件。深圳市对民办非企业单位按照法定的内容和程序进行全市性年检，以确认民办非企业单位是否具有继续开展活动资格的行政执法行为。2012年，深圳市19家民办非企业存在未按规定参加年度检查的违法行为，违反了《民办非企业单位登记管理暂行条例》相关规定，被撤销登记。

深圳市由民政与公安、外事、市场监管等部门联合成立了市社会组织管理服务领导小组和协调联络工作组，建立了沟通联系、预测预警、联动执法等七项社会组织管理服务长效机制，近六年共对1165起社会组织违法违规行为进行了查处，其中撤销登记社会团体82家、民办非企业单位173家；建立社会组织综合评估机制，近两年开展了四批次共196家社会组织评估，并将评估结果作为承接政府转移职能和购买服务的主要依据；建立社会组织信息公开平台，接受舆论和公众监督，有效促进了社会组织的健康发展。

中山市在加强社会组织监管方面的主要做法包括：建立社会组织基础信息库和监管信息平台，建立社会组织的退出机制，严格执行境外组织准入制度，加强境外非政府组织活动的依法管理，以及发挥工会、共青团、妇联等群众团体的枢纽作用，对社会组织实施社会监督。

佛山市则注重在社会组织中大力发挥党群组织作用，运用网络媒体打造信息公开平台，并且引进第三方审计对社会组织进行财务监管等。

二　政府购买服务

政府购买服务是政府利用财政资金，采取市场化、契约化方式，面向具有专业资质的社会组织、企业、事业单位购买服务的一项重要制度安排。2008年，广东省印发了《中共广东省委办公厅　广东省人民政府办公厅关于发展和规范我省社会组织的意见》，要求“采取购买服务等方式重点扶持一批具有示范导向作用的公益服务性组织”，随后广东省财政厅印发了《关于开展政府购买社会组织服务试点工作的意见》，在全省试行政府向社会组织购买服务工作。2012年印发了《政府向社会组织购买服务暂行办法的通知》和《2012年省级政府向社会组织购买服务目录（第一批）》，进一步明确了服务主体、服务范围、服务程序、经费保障机制等。随后，广东省财政厅印发了《关于政府向社会组织购买服务供应方竞争性评审的管理办法》，规范了竞争性评审相关工作职责、程序、管理要求等。

（一）社区矫正和刑满释放人员帮教工作中的政府购买服务

广东省司法厅制定了《广东省司法厅关于社区矫正人员考核及分类管理的暂行规定》，用以规范社区矫正人员日常考核管理，从而形成了以县

（区）司法局为主要工作平台，司法所负责日常工作，社会工作者、志愿者及其他社会力量共同参与的社区矫正工作方式。

专业社工直接加入社区矫正人员矫正小组，共同承担社区矫正人员监管、教育和帮扶工作。广东省现有社区矫正专职社工 415 人、志愿者 24271 人。借助社会资源建设社区矫正专门服务机构。各地与企业、社会组织等合作，利用社会资源和社会力量，以阳光中途之家、教育服务中心、社区服务基地、便民服务站等形式，建立社区矫正专门场所。建立社区矫正管理教育服务中心（中途之家）6 个、教育基地 90 个、社区服务基地 337 个、就业基地 128 个。通过协调社会团体、企业等开展帮困扶助，开展就业指导和培训，对生活困难的社区矫正人员给予救助和帮扶等。通过政府招聘或购买服务的方式，引进教育、法律、社会工作等方面的专业社会工作者，对社区矫正人员进行道德、法制、时事政治等方面的教育，确保每名社区矫正人员每月参加教育学习和社区服务时间均不少于 8 小时。

珠三角地区学习借鉴香港经验，成立专职社会工作者机构，聘请 367 名专业社工到街道、社区从事安置刑满释放人员帮教工作。佛山市规定企业或社会组织每接收 1 名刑释解教人员，并且连续工作 6 个月以上，财政部门将给予不少于 4000 元/人的一次性经费补贴。广州市明确家庭人均月收入低于当地最低生活保障标准的刑释解教人员，按有关规定发放最低生活保障金，并办理参加城镇居民基本医疗保险。

（二）深圳市的政府购买服务：多种方式购买

结合近年来开展的行政管理体制和事业单位改革，深圳市加大政府职能转移委托力度，将政府承担的部分社会管理和公共服务职能交由社会组织行使。探索运用市场化手段，以政府采购、定向委托等方式向社会组织购买服务，既最大限度地满足服务对象的多样化需求，又提高了服务效率和质量。2013 年底，深圳市公布了首批 248 家具备承接政府职能转移和购买服务资质的社会组织目录。同时，加快制定政府转移职能目录和政府职能部门购买服务目录。例如，深圳市商业联合会过去六年来，先后承接了20多项政府购买服务，其中包括8个国家级项目、5个省级项目、10余个区域级项目，年均接受政府购买服务经费逾千万元。从2014年起，每年编制公布一批深圳市具备承接政府职能转移和购买服务资质的社会组织目录、政府转变职能目录、政府职能部门购买服务目录，建立健全政府向社会组织购买服务的奖励、资助机制，将转变政府职能和购买服务常态化、制度化。

（三）东莞市的政府购买服务：目录式管理

东莞市政府向社会组织转移职能和购买服务工作由市社工委牵头统筹，市编办负责研究拟定政府向社会转移职能目录，市财政局出台向社会组织购买服务目录，市民政局负责出台市级具备承接政府职能转移和购买服务资质的社会组织目录。在各个部门的协调配合下，2013年东莞市出台了《东莞市政府向社会组织购买服务工作暂行办法》（东府办〔2013〕31号）。市财政局出台了《2013年市级政府向社会组织购买服务目录（第一批）》，提出了266项政府向社会组织购买服务的具体内容，明确了购买社会组织服务范围、条件、流程、资金使用等事项。市民政局出台了《关于确定东莞市具备承接政府职能转移和购买服务资质的社会组织目录的实施方案》，参照省的相关指标，把年检、非营利组织免税资格、捐赠税前扣除资格、社会组织获得荣誉等情况也纳入社会组织考察的优先条件，并规定从2014年7月1日起，凡未列入具备承接政府职能转移和购买服务资质目录的社会组织，原则上不能承接政府转移职能和购买服务。2013年东莞市出台了《东莞市政府向社会转移职能暂行规定》（东府〔2013〕81号），进一步推动了政府职能事项规范有序向社会转移。目前，东莞市已公布两批共146家具备承接政府职能和购买服务资质的社会组织目录。

（四）佛山市的政府购买服务：政社共治模式

佛山市出台了《佛山市政府向社会组织购买服务实施办法》，并已公布两批政府转移职能目录。2013 年，佛山市财政安排了 5000 万元用于各部门向社会组织购买服务：禅城区通过招标等方式引入专业社工机构参与居家养老服务中心的运营管理；南海区借助“关爱桂城创益中心”等平台，通过政府购买服务的方式，为企业、社区免费提供有关服务；顺德区在镇街设立社会服务综合中心，以“购买项目”的方式将社工机构服务与政府需求对接。

佛山市顺德区陈村镇用法治引导、规范和促进政府与社会的协同共治。探索政府外购服务，充分保障社会群体权益。2010 年以来，该镇发生数起因土地利益纠纷引发的严重违法犯罪事件，60 多名村民被判处有期徒刑或缓刑。为做好该批重点人群及其家属的法制教育及疏导稳控工作，该镇创新引入第三方机构，成立陈村镇彩虹社工服务站，统筹管控镇内近 270 名社区矫正人员、安置帮教对象、社区康复戒毒人员，并提供帮扶矫正，引导重新投入社会，严防缠访闹访、减少二次犯罪。此外，该镇引入香港家庭福利会成立“花香家园”社会综合工作服务中心、妇女儿童之家，成功争取省政府和李嘉诚基金的资助，以家庭服务为核心，重点为妇女、长者、残疾人群体提供优质、免费的社工服务，并打造残障人士就业平台，促进社区共融和谐。

（五）中山市的政府购买服务

中山市政府于 2011 年 3 月颁行了《中山市政府购买服务工作暂行办法》，系统规定了如何将政府直接承担或政府通过举办事业单位承担的技术性、服务性、辅助性的公共服务事项，通过向社会购买的方式，交由企业和社会组织完成。

三　培育社会组织

为了培育社会组织，广东省制定了《关于进一步培育发展和规范管理社会组织的方案》和《广东省省级培育发展社会组织专项资金管理暂行办法》等一系列规范性文件。

（一）深圳市培育社会组织：彰显专业性并提升服务能力

深圳市规定，凡是能由市场和社会组织提供的，政府不再设立新的事业单位，而交由市场和社会组织承担，逐步向有承接能力、公信力高的社会组织转移职能。根据深圳市社会结构和社会发展需求，大力培育发展社会组织，重点培育发展行业协会、社区基金会、民办科研机构、民办学校、民办医院、养老机构等六类社会组织。例如，根据《深圳市人民政府关于加快发展老龄服务事业和产业的意见》，建立健全基本养老服务体系，大力培育养老机构。完善社会组织法人治理结构，强化社会组织的社会责任，提升社会组织服务能力，提高社会组织自律能力和社会公信力。积极引导社会组织、行业协会加强行业自律，制定诚信廉洁从业的行业道德准则。认真落实税收优惠政策、设立社会组织发展基金、加强社会组织人才建设等扶持举措，引导“孔雀计划”和“人才安居工程”等重大人才政策和重点人才工程惠及社会组织人才。

（二）东莞市培育社会组织：凸显品牌打造

东莞市已建立了财政、国税、地税、民政等部门“非营利组织免税资格”认定联合工作机制，目前已发布了5批共85家免税资格认定名单。为加大财政扶持力度，东莞市投入了两个“1000万”对社会组织进行资助。第一个1000万元用于设立东莞市社会组织发展扶持专项资金，并配套出台了《东莞市社会组织发展扶持专项资金管理暂行办法》，重点资助枢纽型社会组织发展、社会组织孵化基地建设、社会组织开展活动、社会组织能力建设等方面，2013年共有28家社会组织申报的28个项目获得专项资助金共391.48万元的资助，提升了社会组织的造血机能。第二个1000万元用于推动“公益创投”，通过政府向社会组织买点子的办法，共与16家民办非企业单位签订了28个项目，拨付资助款近900万元，并吸纳了来自企业、个人和社会组织的定向捐助近140万元。2013年年初，东莞市对2012年“公益创投”的项目进行了评比，共有8家社会组织的13个项目被评为优秀项目。2013年，东莞市在专项资金中专门拨付300万元，推动这些项目打造服务品牌。

东莞市在培育扶持社会组织发展的过程中，一直高度重视打造精品，先后涌现出了名家具俱乐部、汽车维修行业协会等多个行业自律好、服务能力强、社会影响大的行业协会，较好地发挥了行业自律和行业管理的作用，并培育了莞香花青少年服务中心、白玉兰家庭服务中心等优秀的公益服务品牌。例如，东莞名家具俱乐部积极联系政府有关部门，为企业质量检测、专利申请、商标注册、法律咨询、知识产权保护、申报政府支持的科技创新项目等提供优惠、便捷的服务。又如市汽车维修行业协会编印《东莞市汽车维修行业的诚信优质服务企业指导手册》、《东莞市汽车维修行业诚信企业评估指标体系》等文件，并配合政府部门深入开展“三打两建”工作，先后协助23个镇街开展打击“制假售假”、“无牌无证经营”和“超范围经营”专项行动。由团市委指导建设的莞香花青少年服务中心目前已有20多家青年社会组织入驻，600名志愿者已与全市1200多名重点帮扶青少年实现了联系对接，共开展活动51次，服务居民3000多人次。由市妇联指导建设的白玉兰家庭服务中心，成立以来在全市19个镇街共建立23个服务站点，在社区综合服务中心建立白玉兰家庭服务室45个。2011年，该中心被评为全国妇联系统先进集体；2012年，被列为省社会管理创新观察项目，获得民政部举办的“首届全国优秀专业社会工作服务项目三等奖”、第二届“广东省省妇联工作创新奖”等。此外，在东莞市公益创投实施项目中，“东莞市反家暴社工援助计划”和“东莞市新莞人社区学习与培力中心项目”分别被评为“广东省社工委社会组织创新观察项目”和民政部主办的首届中国公益慈善项目大赛铜奖，初显品牌效应。

（三）佛山市培育社会组织：发挥在社区的服务作用

佛山市通过建立社会组织孵化培育基地、推进政府职能转移和购买服务等方式，扶持社会组织成长。例如，佛山市南海区社区建设引入社工组织，成立社工服务站，推行政府购买服务，由社工机构派驻社工开展社会工作专业服务，为社区居民提供多元化人性化服务，覆盖社区建设、长者服务、青少年服务、残障康复、外来务工人员等服务。建设民间社团组织，如老年大学、票友队、健身武术队、老年文艺队、艺术活动组、球类活动组、托老所、妇女儿童保护协会和环保协会等，平均每个社区有五个以上服务组织开展活动。大力发展志愿服务，各社区均建立志愿组织、老人协会、计生协会、残疾人协会、社区慈善机构等组织，活跃在各社区的志愿组织 76 个，志愿者 14 万人，每年为社区居民提供 23 万人次服务。社工和志愿服务彰显了工作的服务性、公益性和互助性。

（四）惠州市培育社会组织：凸显维护行业从业人员权益

惠州市出租车司机之家是由惠州市交通运输协会出租汽车分会发起成立的，以畅通出租车司机诉求渠道、切实保障出租车司机合法权益为目标，是促进全市出租车行业和谐发展的一个服务平台和活动场所，为政府、企业、司机之间建立了劳资和谐关系，在维稳工作中发挥作用明显。为充分发挥平台作用，出租车司机之家与市交通运输协会联合办公，完善组织架构，安排专职人员服务和管理，并制定了出租车司机之家《座谈会制度》、《工作人员接访制度》等 10 多项制度和《出租车司机诉求办理流程》。畅通出租车企业、出租车司机与政府和各有关职能部门沟通联系的新渠道，打造新载体和新平台，为出租车司机争取权益。建立从业人员质量信誉档案，净化市场环境。在市交通运输协会和出租车司机之家的推动下，依照国家相关法律、法规规定，结合“三打两建”工作，所有出租车企业、客运企业签署了《惠州市道路运输行业诚信自律公约》。由协会牵头建立严重违法违规从业人员内部通报信息平台，实现信息共享，让失信者付出代价，使守信者得益。

第 七 章

广东法治文化建构的经验与成效

广东社会经济发展进程中不断出现的新问题使其必须坚持“先行先试”的做法，这是由国家赋予其改革开放前沿阵地的特点决定的。广东在解放思想、敢为人先、开拓创新方面始终走在全国前列，这也是确保其改革开放30多年来经济高速增长、社会相对稳定的内在动因。广东曾提出“要把法治建设放在与经济发展同等重要的位置上”，这也使得广东能从法治层面突破体制机制障碍，增创法治优势，从而酝酿新的制度模式，形成可供参考借鉴的改革经验。

第一节　创新治理方式的文化分析

“民惟邦本”是中国自古以来的执政理念。在广东省委领导下的法治创新做法始终坚持“以人为本”，倡导阳光法治、法治惠民。法治的创新要立足于人的全面自由发展，充分尊重和保障人民群众的各项权利。让人民群众生活得更有尊严是广东法治创新的核心思想。这既是社会经济发展过程中不断面临新问题的应对之道，也符合中国传统文化的精神和价值，更符合普通老百姓内心朴素想法的仁政善举。

一　推行网格化管理，提升社会治理能力

广东按照党的十八大和十八届三中、四中全会精神及中央综治办的部署要求，在认真总结深圳市社区网格化管理经验基础上，积极推行全省城市社区网格化建设工作。深圳市社区网格化管理实现了全覆盖，广州、珠海、中山、湛江、韶关、清远等市社区网格化建设也取得了明显成效。主要做法包括：①

其一，精心组织，加强领导。社区网格化管理是提升社会治理能力的重要举措。广东省委、省政府把推进城市社区网格化管理作为创建“平安广东”十大工程53个项目中的一个重要项目。省综治委制定了全省城区网格化建设方案，精心细致部署。各地党委、政府和综合治理部门把社区网格化建设作为平安广东的重点工作来抓，认真研究制订实施方案，明确分工，细化责任，抓好落实。

其二，因地制宜，注重实效。在推进社区网格化管理的过程中，坚持实事求是、注重实效的原则，既严格坚持工作标准，又充分考虑珠三角和粤东西北的具体实际，不搞一刀切。如在社区网格划分上、社区网格管理员职责任务上和网格管理员力量配备上、社区网格管理信息化建设上，都坚持从实际出发，因地制宜，重在实效。

其三，突出重点，狠抓落实。在推进社区网格化管理工作中，广东紧紧抓住以下重点工作：（1）合理划分社区基础网格，以行政区划为基础，按照辖区土地面积、建筑物和房屋数量及类型、实有人口数量等情况，将城市社区划分为若干个基础网格，作为实施社区管理的基本单元；（2）组建社区网格管理机构，以县、镇综治信访维稳中心或流动人口和出租屋综合管理机构为基础，组建网格管理机构，实行“一套机构、两块牌子”合

① 中共广东省委政法委：《广东法治社会建设有关情况》。

署办公，县级网格管理机构负责建章立制、人员招考、督促考核等，镇街网格管理机构负责日常工作的运行和管理；（3）整合网格管理队伍，根据社区网格化管理的实际需要配备网格管理员，每个网格至少配备网格协管员、网格管理员和网格督导员，管理任务重的珠三角地区实行“一格多员”；（4）明确网格管理责任，网格员的主要职责是动态采集网格内实有人口、法人（机构）、房屋等基础信息，各类矛盾纠纷和隐患问题等事件信息，调处或提请有关部门调处社会矛盾纠纷，为社区居民提供便民服务等；（5）建设社区综合信息采集系统，依托现有流动人口和出租屋综合管理信息系统或政务信息系统，建设资源共享的社区综合信息采集系统。

其四，加强保障，严格考核。要求各地将社区网格化建设和管理经费纳入财政预算，切实给予保障。省、市、县综治委均将社区网格化建设和管理工作列入年度社会管理综合治理及平安创建考核的重要内容，加强检查督导，严格考核奖惩，确保建设成效。

网格化管理的思维方式，在传统社会也多有体现，里甲制与保甲制在形式上都类似于今天的网格化管理。传统社会的里甲制与保甲制主要是在乡村按照一定规模（简单来说就是十户为一甲、十甲为一里的形式），针对税收以及治安等问题进行分区分片管理。在每个里或者保中，有里长、保长、甲长的存在，他们为这个基层单元的治理负责，主要任务就是钱粮征收与平息纠纷。这种制度使得政府在基层社会所花费的治理成本大大减轻。今天广东的网格化管理意在解决城市快速发展过程中产生的人口过快增长以及人口流动性过大所产生的问题，与传统社会中针对权力基础薄弱分散的乡村治理问题不同。但是，我们仍然可以看出这种分区划片的管理方式的有效性，无论是在传统社会中主要针对乡村地区的保甲、里甲式管理，还是今天针对城市社区的网格化管理，都大大分散和化解了政府在基层社会治理中的成本和压力。里长、甲长与今天的格长（或称网格员）一样，都是普通群众而非政府官员，却都在基层治理上起到了积极作用。对传统社会中的“网格化管理”所积累的丰富经验的研究还不够深入，未被今天的管理者所充分了解。如对传统治理模式与思维进行关注研究，这种管理模式无论在纵向上还是横向上，都将有很大的拓展空间。

二 源头治理流动人口众多引发的社会问题

珠江三角洲地区是广东省社会经济最为发达的地区，尤其如深圳、东莞、中山等新兴工业城市吸纳外来务工人员的能力很强。流动人口众多不仅给城市带来服务、管理方面的诸多困难，也使其成为矛盾纠纷和刑事案件的多发地带。

近年来，深圳市积极探索实施楼长制出租屋管理模式。出租屋“楼长”即每栋出租屋的管理责任人，也是与公安、综管部门紧密联系、交换信息的联络员。“楼长”接受社区民警、出租屋综管员的管理和指导，主要负责核查、登记租住人员身份信息，督促、协助租住人员申办居住证，掌握出租屋进出人员和房屋使用情况，及时发现隐患并督促整改或报告有关职能部门。推广实行“楼长”制，可以充分利用社会力量加强流动人口出租屋管理，大大减轻社区民警、出租屋综管员工作压力，从而形成社区民警、出租屋综管员、楼长“三位一体”的出租屋治安防控战斗单元。①

东莞市积极推动社工社区驻点服务和志愿者服务相结合的“社工+志愿者”模式，使社工和志愿者扎根社区。通过积极走访社区，根据社区新莞人的实际需求提供针对性服务，推广“新候鸟计划”，开展四三〇学堂、亲子活动、课外活动等项目内容，为小区新莞人子女搭建一个公共活动的空间，促进小区新莞人子女德育教育、个人成长方面的健康发展。实践证明，最大限度上使新莞人融入社区的做法，有助于社会安定、经济发展。

东莞市中堂镇通过“联”字诀，针对外来人口众多管理困难等情况采

① 广东省公安厅：《省公安厅开展“法治建设在广东”专题调研有关情况》。

取有力措施，实行了“警民联防”、“警企联动”、“警屋联建”等创新机制。一是警民联防，发动群众创平安。由“四老一积”群众组成义务巡防员队伍，通过巡防，先后发现和化解各类治安隐患216宗；由社会各界群众组成义务信息员队伍，先后提供各类线索335条，仅重点整治地区就收到警情线索122条余；从新莞人、弱势群体中发展热心人士组成警务监督员队伍，累计收到建议47条。二是警企联动，一警多能保平安。由辅警兼任企业、学校的保安队第一队长，通过巡防，累计化解消防等各类治安隐患186处；推进信息化、智能化辅警队伍建设，在现有基础上，将追加投入2100万元建设138个高清视频监控点和6个治安卡口；目前，借助各类监控设备的“天眼”作用，累计破获刑事案件156宗，抓获违法犯罪嫌疑人132名。三是警屋联建，五管齐下促平安。制定了《中堂镇出租屋分级管理实施细则》，积极推行一屋一“楼长”、“星级评定”、“楼长”责任制、联席会议制度及“楼长”考核监督机制等五项机制。通过“星级评定”及落实“楼长”责任制，有效强化了涉屋治安。①

对于城市新移民来说，如何尽快融入新的城市不仅关乎个人生活，也关乎所在城市的和谐稳定。中国传统文化中的基层社区、乡里社会都是熟人社会。在熟人社会之中，管理成本较低，道德自律能够发挥较大的作用，社会相对和谐稳定。广东一些地方通过“楼长”制将城市新移民联系起来，尽量打造一个熟人社会的做法符合传统文化中建设基层社会的构想。如果能够通过发挥“楼长”的作用，进而充分利用社区公共空间的作用，积极开展居民的交流活动，对于建立和谐良好的邻里关系、防范化解矛盾纠纷具有十分重要的意义。当一个新移民对这座城市有了归属感并与周围邻居建立了良好的互信关系，那么，社会管理自然会事半功倍。

---

① 广东省东莞市中堂镇：《四字诀 心连心 创平安——中堂镇全民创安体系试点工作情况》。

三 创新体制、改进方式，提升政法综合治理工作水平

综合治理相对于各部门分类治理而言，其实各有利弊。中国历来有“刑罚世轻世重”之说，强调应随不同时期的特殊情况而采取不同的治理手段。在一个社会经济快速发展、矛盾问题不断涌现的时期，如果相关政策清晰，配套制度完善，采取综合治理的手段可以集中精力，在突发、频发问题面前，更有效率地维护社会稳定。健全“一个平台”，完善“四个机制”，是广东提升政法综合治理工作水平的重要抓手，具体做法如下：①

健全基层社会治理综合平台。进一步完善基层综治、信访、维稳三级工作平台，整合资源，拓展功能，着力打造集社会服务、社会管理、平安建设、信访维稳等功能于一身的社会治理服务中心（站）。在镇街，依托镇街综治信访维稳中心，整合综治、派出所、司法所、信访、禁毒、反邪教、妇联、共青团、公共安全监管等部门，以及劳动保障、计生服务、党员服务、民政、流动人口管理、林业、国土等各类公共服务资源，成立社会治理服务中心，着力搭建社会矛盾化解平台、社会管理服务平台、社情民意联络平台。在村居，依托综治信访维稳工作站，整合治保会、调解会、警务室、协调员、护村队等力量，建立群众接待室、社会矛盾调解室、社会管理服务工作站，不断提高社区公共服务管理水平。

完善情绪疏导和舆情分析机制。加强舆论引导，主动设置议题，把群众关心的事情与党和政府想说的话有机结合起来，主动释放信息，引导社会各界对问题进行理性思考；健全舆情信息共享机制，密切关注境内外媒体报道情况、网上和社会舆情，加强综合分析研判。健全重大敏感事件舆情应对机制，及时主动发布权威信息，压缩负面舆论和炒作的空间；健全媒体沟通协调机制，实现媒体监督与司法机关依法独立公正行使职权的良

① 中共广东省委政法委：《广东法治社会建设有关情况》。

性互动。

完善矛盾纠纷排查化解机制。按照《广东省社会矛盾纠纷排查调处工作办法》等制度规范，进一步完善首办责任制、联合接访制、领导包案制等责任制度，构建人民调解、行政调解、司法调解相衔接的大调解工作机制，完善省、市、县矛盾纠纷调处工作协调会议制度和情况月报制度，形成了日常排查、重点排查、专项排查和“五个一”（一个问题、一名领导、一个小组、一个方案、一个期限）调处以及形势研判、督导检查等长效工作机制。

完善社会稳定风险评估机制。进一步完善省、市、县三级社会稳定风险评估机制，围绕征地拆迁、劳资纠纷、环境污染、非法集资等重点领域，开展社会稳定风险评估工作。把社会稳定风险评估作为重大工程项目立项和重大政策出台的前置程序，完善等级预警、责任追究和监督制约机制，真正发挥其防范和化解风险的作用。

完善社会治安立体防控机制。按照社会化、网络化、信息化的要求，加快建立和完善社会治安防控体系建设。注重防控的系统性、整体性、协同性，重点完善街面巡逻防控网、社区村庄防控网、单位行业场所防控网、区域警务协作网、技术视频防控网、虚拟社会防控网等“六张网”，构建全方位、立体化的防控体系。加快推进《广东省社会治安视频监控系统建设三年规划（2012—2014 年）》建设，构建全覆盖、全天候的治安视频监控系统。进一步完善“大情报”平台，不断提升主动预警和防范打击违法犯罪的能力。大力发展由地方政府统一出资招聘、公安机关直接管理使用的专职治安巡防队伍，整合内部保安队伍、治安联防队、交通协管员、流动人口协管员和平安志愿者等群防群治力量，广泛开展群防群治，不断完善点线面结合、技防人防结合的立体化治安防控网络。

◈第二节　通过普法宣传与学法培训的双向互动推广法治文化

一　覆盖面广：面向社会公众的普法宣传

广东一直注重开展“全民守法，平安广东”法制宣传工作，积极在全社会弘扬社会主义法治精神，传播法律知识，培养法律意识，营造法治氛围。广东将法制宣传作为一项育民服务工程。以“全民学法尊法守法用法意识和法律素质进一步提高，养成法治的思维方式和行为习惯，在全社会形成尊法守法、学法用法、依法办事、依法维权的法治化局面”为目标，普法服务全面进驻各级公共法律服务平台和网格，覆盖全省所有区域和所有目标人群，坚持把法制宣传教育作为推进依法治国的基础性工作，坚持法制教育与法治实践相结合，加强重点对象学法用法，深化依法治理，创新普法方式和载体，弘扬法治文化，努力提高全民法律意识和素质以及全社会法治化管理水平。

广东的法制宣传工作有一系列配套制度作为保障，通过贯彻《广东省法制宣传教育条例》，促进“六五”普法规划实施，通过健全“法治广东”宣传教育联席会议制度，整合资源、上下联动，构建“法治广东”宣传教育大格局。广东的法制宣传教育工作有专管领导、专责机构，有骨干队伍、工作计划，有法制课堂（或法制夜校）、法律图书室（角）、法制宣传栏。在宣传教育工作中，突出做好领导干部、公务员、青少年学生、企业管理人员和外来务工人员、村（居）民等重点对象的普法工作，点面结合，分类指导，宣传活动经常化、多样化，多途径提高全民社会主义法治理念和法律素质，促进自觉守法和依法办事。为保证法制宣传的效果，抓好法制教育内容、课时、师资培训和考试考核的落实，推进“法律进校园”；推进基层以案说法建设；推进500人以上规模企业普法做到“五有”（有机构、有队伍、有活动、有培训、有阵地）；加强企业和异地务工人员的普法工作，对外来工岗前学法培训率达95%；加强法治文化、普法品牌建设。

广东法制宣传的形式和做法不拘泥于固有模式，除了设立电视法制栏目、编印普法书籍、建设公共场所宣传平台、法制文艺演出进社区等常规做法之外，还积极创新拓展法制宣传教育活动的形式与阵地。例如，创办“法治广东宣传教育周”、“法治广东论坛”，组织“百名法学家百场报告会”，将法制宣传的时间拉长，扩大宣传的影响；加强高等学校法学专业建设，深化法治理论研究，为法制宣传提供坚实的学术基础；建立各类青少年学生法制教育基地，中心镇以上中小学校聘请法制副校长，既可以从娃娃抓起，培养法治意识，又能够以学生为中心，带动整个家庭法治意识的提高；充分运用公共文化服务设施阵地开展群众性法治文化活动，鼓励公益法治广告、漫画等法治作品创作与宣传，让人民群众在休闲中受到法治文化熏陶。这些做法在全国“六五”普法中期检查中，被全国督检组充分肯定，在社会上也深受好评，反响热烈。

在普法宣传活动中，广东十分注意农村工作。首先，建立健全村“两委”干部学法用法制度，每季度至少组织一次集中学法，使村级组织能积极配合有关部门在农村有效开展法律援助、法律咨询等法律服务。村干部和群众学法、守法、用法活动同时有效开展，农村人口法律素质不断提高，农村法治化管理水平稳步提升。其次，送法下乡活动有序开展，普法工作不留盲点。各地创新贴近群众的普法形式，把普法的重心移到基层，把普法的力量放在基层，开展了各具特色的“送法下乡”活动。其中“一村（社区）一法律顾问”、“一户一法律指南”、“一县（区）一法制宣传车”等基层普法尝试深受群众欢迎。省内48个村获评“全国民主法治示范村”，

155个村和122个社区分获全省“民主法治示范村”和“示范社区”称号。①

在农村法制宣传工作中，广东注意搭建灵活多样的宣传平台。例如，2010年佛山市顺德区陈村镇开辟《法治陈村》电视普法节目，通过政府购买服务的方式，从第三方角度报道“11·25”仙涌群体性事件、“7·23”暴力袭警案件、“大都村民围堵力源事件”，及时主动引导正面舆论，澄清事实真相。通过《法治陈村》节目中的专业律师以案说法、公布庭审结果等形式，在各重点维稳村（居）开展点对点宣传，倡导理智信访，树立法律权威，至今已播出100多期。2012年7月解除上级信访工作重点管理后，将《法治陈村》与“绿色陈村”政务微博、顺德城市网法治频道及村报法治专栏等整合成特色普法品牌，宣传涵盖电视、社交网络、纸质媒体，受群众热烈关注和好评，将法治理念融入群众生产生活。②

当然，在普法宣传工作中还存在着一些不足。例如，各级法宣部门对全国人大制定颁布的法律条文宣传普及工作十分到位，而对地方性法规、规章的宣传力度较弱，特别是在一部新的地方性法规、规章出台前以及实施阶段，未能投入足够的资源大力造势，广为宣传，导致市民群众、媒体对地方性法规不了解或知之甚少。长期以来，地方性法规、规章的宣传工作，主要由相对的政府职能部门（即具体执法单位）自行推广，声若游丝的现象在所难免。这种做法使真正具有地方针对性的地方性法规、地方政府规章的施行效果一般，各级机关依据法规、规章展开相关工作会有困难。

二 重点明确：面向公务员群体的学法培训

广东在贯彻落实“六五”普法规划过程中，通过多种形式，抓好领导

① 广东省司法厅：《广东省司法厅关于“法治建设在广东”专题调研的情况报告》（粤司〔2014〕110号）。

② 陈村镇依法治镇工作领导小组办公室：《建立“六大机制”依法化解矛盾》。

干部学法、用法工作。通过各地建设警示教育基地，开展警示教育 6127 场次；[①] 多部门联合下发《关于加强公务员学法用法工作的贯彻意见》，在“广东学习论坛”举办学法论坛；组织地级以上市一把手撰写法治体会文章，开展领导干部、公务员学法考试。2013 年，“百名法学家百场报告会”活动以各级党委理论学习中心组和各级党校、高校为重点，创新形式载体，突出宪法和法律实施、社会管理创新及法治文化建设等内容的宣讲，内容包括法治国家、法治政府、法治社会，宪法法律实施与保障，社会主义民主政治建设，领导干部如何应用法治思维和法治方式处理改革、发展、稳定中的各种矛盾，深化市场经济改革的法治保障等十个主题。

以与普通群众联系较为密切的公安系统为例，其学法培训教育活动开展得有声有色。广东省公安厅高度重视执法教育培训工作，2013 年制定下发了《关于加强我省公安机关法制教育培训工作的意见》。广东省各级公安机关紧贴执法实战，采取多种形式广泛开展全员性、多层次、专业化的执法教育培训，不断提高队伍执法素质和执法能力。一是坚持开展领导骨干大培训。省厅成立了基层所队长学校，五年来共举办 25 期培训班，培训学员 9800 多名。每期脱产培训 40 天，由厅党委成员和主要业务警种负责人讲授规范执法和队伍管理等重要内容。省厅举办了七期“广东公安法制讲坛”，先后邀请部法制局领导和专家学者授课；与西南政法大学联合举办了三期法制领导研修班，研讨公安执法前沿问题。二是集中开展专题性全员培训。省厅根据《执法细则》编制了 493 道试题在网上供民警开展自学自考，并组织全省民警开展轮训。亚运会、大运会开幕前，省厅将广州、深圳市局编写的亚运、大运《安保执法执勤手册》印发全省开展执法培训，规范安保执法行为。省厅先后举办三期修改后的《刑事诉讼法》专题培训班，举办四期修改后的《公安机关办理刑事案件程序规定》、《公安机关办

① 广东省司法厅：《广东省司法厅关于“法治建设在广东”专题调研的情况报告》（粤司〔2014〕110 号）。

理行政案件程序规定》专题培训班，保障新法新规的贯彻实施。①

各地公安机关还采取专家授课、案例评析、在线考试等多种形式开展执法培训，主动邀请检察院、法院的专家点评不捕不诉、无罪判决案件，剖析执法存在的问题，组织基层民警到法院旁听庭审，提高民警证据意识和程序意识。各级公安机关学习中山市局开创的“雁阵学法”经验，鼓励和支持民警参加国家司法考试，截至2013年9月，广东省共有680名民警通过国家司法考试，培养了一批高端公安法制人才，各级公安机关共有75.35万人次参加各类执法培训，4.9万人次参加庭审旁听，点评案例3000余宗，大大提高了民警的执法素质和执法水平。②

各级公安机关通过坚持不懈深入开展执法规范化建设，实现了“执法理念和执法素质全面提升，执法制度建设和创新能力全面提升，执法管理和监督水平全面提升，整治突出执法问题和预防重大执法过错能力全面提升，执法公信力和群众满意度不断提高”的阶段性目标。2013年底，公安部对广东省公安机关执法规范化建设阶段性成效进行了检查验收，对广东省公安机关较好完成了执法规范化建设的各项目标任务予以充分肯定。

第三节　动态中不断推进的法治文化建设

一　广东有序推进法治文化建设

通过五年计划做好普法宣传，通过法制教育推动法治社会建设，经过30多年的实践取得了一定的成就，使得法律和法治在普通群众心中占有一定位置，使群众逐渐知晓了国家法律法规并培养了守法和维权意识。与之

① 广东省公安厅：《省公安厅开展“法治建设在广东”专题调研有关情况》。

② 同上。

相对应的，对公务员群体（尤其是领导干部和基层执法人员）开展学法培训，让国家机关及其工作人员能够在决策、执行等具体行为中意识到公权力的界限与范围，使其在宪法和法律允许的范围内真正做到依法行政。在法治社会之中，有一对恰好相反的情形，对于普通群众来说，可以做法律没有禁止的任何行为；而对于国家机关及其工作人员来说，就只能在法律允许的范围内行事，所有行为必须于法有据。

法治文化建设是普法宣传教育活动的高级阶段，所谓“文化建设”并非简单等同于宣传教育、传播知识。文化是人们的一种生活方式，并且是一种具有价值选择的生活方式，是人们动态的生活。法治文化据字面理解就是法律真正融入了人们的生活，并在人们生活中自然而然地发挥着作用。因此，法治文化建设必然包含“有法可依、有法必依、执法必严、违法必究”等制度层面的要求，也包含着“用法治思维和法治手段化解矛盾”解决问题等价值层面的要求。法律制度是静止的，而法治文化的形成必须运用法治思维和法治手段在动态中完成对法律的运用，无论是立法、执法还是司法活动，都能够体现一个国家的法治状况，更能够体现一个国家的法治文化。

正如党的十五大报告指出的“到2010年形成有中国特色社会主义法律体系”的发展目标一样，党的十八大报告又通过执政党文件的形式正式提出“实现小康社会宏伟目标”的新要求，其中重要的一项任务就是“法治政府基本建成”，这是对我国法治国家建设阶段性任务和发展目标提出的具体要求。中国特色社会主义法律体系是法治文化建设的制度要求，而法治政府的建成则意味着法治文化建设的价值要求成为可能。如果说到中国国情，或者说中国的特殊性，即是政府以行政力量主导、塑造社会，那么在法治社会、法治文化建设的过程中，首先要完成法治政府的建设。当政府在法律允许的范围内行事成为惯例的形势下，人民群众自然就会尊法守法，全社会的法治文化建设才有完成的可能。

法治文化建设重在以法来“化”人。习近平总书记曾在如何做好新形势下政法工作问题的一个重要批示中提出了建设“法治中国”的新要求，党的十八届三中全会通过的《中共中央关于全面深化改革若干重大问题的决定》将“推进法治中国建设”确立为我国新时期法治建设的新目标和全面深化改革的重大内容，这都是意在用“法治”来教化包括国家机关工作人员在内的全体国民养成一种运用法治思维与法治方式解决问题的能力。对于政府主导型的中国来说，法治文化建设仍需发挥各级党委和政府的主导作用，“法治政府”建设尤为重要。李克强总理在十二届全国人大二次会议上的政府工作报告中指出，做好政府工作，必须加强自身改革建设；按照推进国家治理体系和治理能力现代化的要求，加快建设法治政府、创新政府、廉洁政府，增强政府执行力和公信力，努力为人民提供优质高效服务，要深入贯彻依法治国基本方略，把政府工作全面纳入法治轨道，用法治思维和法治方式履行职责；加强政府法制工作，改革行政执法体制；创新政府管理理念和方式，健全决策、执行、监督机制，推进政府向社会购买服务的改革；加强公务员队伍建设，全面提高公务员素质。

广东在此方面做了大量工作。2013 年 7 月，广东省政府召开了全省依法行政工作会议，省长出席会议并讲话。省政府法制办举办了全省法制局长培训班，对贯彻落实全省依法行政工作会议精神和开展全省依法行政考评做了具体部署。全省市、县（区）政府和省直各部门普遍建立了主要领导负总责、分管领导具体负责的依法行政工作机制。省政府着力加强对领导干部特别是“一把手”的依法行政知识培训，把领导干部带头学法作为政府的一项常态性工作来抓。

广东省还进一步规范行政决策程序，完善行政决策听取公众意见制度，推行重大行政决策合法性审查制度和重大行政决策实施情况后评价制度，并且深入推行行政执法责任制，推进行政执法体制改革，完善便民高效、制约有效的行政执法程序，提高了行政执法能力。①

法治思维和法治方式是法治中国建设的新方法，是检验法治文化建设的重要指标。在大力推行法制宣传教育培训的基础上，在处于中国特色社会主义发展的特殊时期，我们更需要法治思维和法治方式。中国一直以来的情形是在政府官员、商人、专家学者以及普通群众中，有相当一部分人对法律不够重视，个别领导干部法治观念较为淡薄，还习惯于战争年代的思维方法，动辄搞运动，凡事作为“战役”对待，事事搞专项斗争，不讲因果关系只追究结果责任，用这种方式面对、处理和解决现代社会的各种矛盾显得力不从心。

树立法治思维和运用法治方式，就是要从战争思维和斗争方法中解放出来，实现从管理向治理的转型。如果不能真正地树立起法律权威，倡导法治思维，学会以法治方式处理社会矛盾、保障改革和发展，那么法治中国的建设就无法有效地推进。如果从领导干部到普通群众都没有法治的概念，那么一个社会就不可能有什么法治文化。依靠某个人轰轰烈烈搞运动的行为方式已经成为历史了，只有规则之治，也就是法治，才能使这个社会稳定、健康发展，才能以不变应万变。否则，事事都要加编制、搞专项斗争，政府所付出的精力和成本会成倍增加，这些负担最终都要转嫁到人民群众头上，形成恶性循环。

例如，困扰各级机关多年的“信访不信法”现象仍然多发，就说明这种恶性循环的存在，更说明法治文化建设的重要性。一些信访人认为“不闹不解决、大闹大解决”，因此产生集体上访，甚至采取堵路、冲击党政机关、自残等过激行为上访；一些信访人无休止地反复上访，以求引起重视，热衷于到省进京越级上访；一些信访人一旦感到处理结果对自己不利，或自身愿望得不到满足，便通过法律程序以外的途径上访，寻求领导重视与

① 广东省人民政府法制办公室：《省法制办关于“广东法治社会建设”方面的汇总材料》。

批示。发生这些问题固然有司法权威未能很好地在全社会树立、司法公信力不强等因素，以致信访人对司法途径逐渐失去信心。除此之外，其实还是一些领导干部缺乏法治思维，以行政权力干预司法权力，在接待来访过程中没有依法做出批示或办理案件。实际情况往往是接访的领导级别越高、批示越明确，解决问题就越快、越到位，致使群众产生严重的“信上（级）不信下（级）”、“信大（官）不信小（官）”的认识。“领导大接访”的做法在体现亲民、化解大量矛盾纠纷的同时，也导致一些原本案息事了的信访案又卷土重来。

一些人不服法院终审判决，不依法定程序申诉转而上访，通过上访得到相关批示或许诺，从而可以获取利益补偿；还有一些人虽与信访部门签署罢访协议并获得补偿，但一段时间后又来缠访，继续要求补偿，也能得到领导批示解决。在法治政府建设过程中，这些都是不应该出现的现象。当有相关法律法规给予规范调整的事情发生时，政府应该带头维护法律的权威，遵守法律的规定；当一个明确的司法裁判生效后，政府不应该采取其他措施来影响、规避判决的执行，更不能通过其他手段来更改判决的结果。这些都是法治政府建设的应有之义，也只有这样，“信访不信法”的现象才能有所缓解。归根到底应是政府带着群众遵守法律，只有政府模范守法，才能要求群众遵纪守法。否则，“法治”无论对政府还是对群众，都只能是一厢情愿。

再如，综合治理的理念，确实可以在实际运作中缓解矛盾，更有效率地解决纠纷，但这种综合治理必须在法治的框架下进行。在整合资源、形成合力的同时，不能超越各部门原有的权限，而且综合治理的各种成熟经验做法应尽快形成具体制度，在法律中得以体现。即使在综合治理理念运用到实际工作之时，也不能有损法律尊严，突破法律的界限。例如，加强源头治理，可以认真梳理群众来信来访反映的各种问题，及时、分类引导群众通过正常渠道依法处理。对于要求合理合法、确实存在问题的来信来访，要在法治框架内切实加大解决力度，一旦进入司法程序，则必须严格按照法律规定办理，不能因为综合治理的理念而使其他部门破坏司法权威。特别是涉及对行政机关的来信来访，各级机关要有勇于认错和敢于纠错的决心，以实际行动来维护国家法律的权威。综合治理并非要削弱法律的作用，而恰恰应集中力量共同发挥法律的作用，这才是综合治理的题中应有之义。

二　文化传承：润物无声的秩序重构

今天中国的法治从形式上来说是学习西方，但实质上却是综合了近代以来中国自强发展各种经验得失而全新创造的法治体系。我们从中可以看到西方法治的影子，可以发现中华传统文化的烙印，可以找到陕甘宁边区的痕迹，更重要的是在此基础上，经过改革开放30余年的摸索而形成的特点。习近平总书记指出："一个国家选择什么样的治理体系，是由这个国家的历史传承、文化传统、经济社会发展水平决定的，是由这个国家的人民决定的。我国今天的国家治理体系，是在我国历史传统、文化传统、社会经济发展的基础上长期发展、渐进改进、内生性演化的结果。"① 当代中国具有自身特色的制度形成的过程，也与历史上中华民族与其他民族交往的过程一样，必然是以自身文化、价值作为判断的基础，通过选择吸收其他民族的优秀制度、文化基因，而创造属于中国自己的制度与文化。中华民族从来都不是一个缺乏创造力与创新性的民族。

中华民族在吸收、创造属于自己的新文化的过程中，并没有采取掠夺、侵略等野蛮暴力的手段，而是以极其平和、宽容、自然而然的方式，以海纳百川、从容不迫的气度，创造了历久而绵长的中华文化。中国近代以来

① 习近平：《在省部级主要领导干部学习贯彻十八届三中全会精神全面深化改革专题研讨班上的讲话》，《人民日报》2014年2月18日第1版。

学习西方法律制度的过程也是如此。在经历了短暂的抵触对抗之后，马上就转变为来者不拒的态度，通过“请进来”与“走出去”的方式，从理论界到实务界，都大量翻译、介绍、引进西方法律制度，以致相当长一段时间内讲法治就言必称英美、法德云云。时至今日，经过100多年的历史沉淀，我们看到了单纯依靠引进西方制度，建立“法治殖民地”的做法，并不能很好地解决中国自己的问题，人文社会科学领域的特殊性和所谓“中国国情”是存在的。广东以及全国其他地区的一些具体做法，看起来并不完全吻合我们所学习的“现代法治”，有些甚至截然相反，但却是在改革开放的背景下，在法治建设的环境中，在中国文化的影响下，所做出的符合理性、遵从经验、满足需要的选择。如何在法律与实践、法治与实效之间找到平衡，本来就是中国传统文化的一个永恒命题。

广东的很多做法，诸如构建法律服务体系，尤其是农村基层法律服务体系，为社会提供更多更好的律师、公证、法制宣传、法律援助、司法鉴定等法律服务；在抓好法律“进机关、进乡村、进社区、进学校、进企业、进单位”活动的基础上，“开展法律进家庭”活动；积极拓展法治宣传工作的覆盖面，重视对公务员队伍尤其是领导干部与一线执法人员的学法培训工作，增强法治宣传教育的效果等做法，本质上都是在进行法治文化建设。法治文化建设旨在潜移默化中不断培养提升全社会的尊法、学法、守法、用法意识，使法治观念深入人心，真正成为一种生活态度、一种社会观念。

法治的本质是规则之治，然而规则的制定与制定的规则在不同国家却各不相同。世界各国的法治现代化过程中，没有完全相同的模式，更没有完全相同的法律。陈寅恪先生曾言：“其真能于思想上自成系统，有所创获者，必须一方面吸收输入外来之学说，一方面不忘本来民族之地位。此二种相反而适相成之态度，乃道教之真精神，新儒家之旧途径，而二千年吾民族与他民族思想接触史之所昭示者也。”① 中国现代法治建设的过程与成就也同样显示了中国文化与外来文化交流史上所昭示的特点。中国被动地进入现代化进程已有100多年，我们发现了西方文明的优点并有意识地学习吸收，但这种学习与吸收的过程必须有自己的主观选择，主体性必须明确，我们没有成为第二个英美、第二个法德的可能。近代以来，无论我们如何奉西方法治为圭臬，在引进西方法律制度的时候，尤其在实践中，都会产生这样或那样的问题，某些时候甚至与西方“样本”差距显著，人们往往对此深为诟病。其实，法治并不是僵化的，法治一词本身所指即为法律运行的动态过程。当我们与我们学习的对象之间存在着诸如历史文化、风俗习惯、制度背景、社会信仰、生活状态、审美情趣等众多差异之时，我们怎么能幻想在如此迥异的社会中生长出的法治符合中国的情形和贴近中国老百姓的预期？

从广东经验可以看到，坚持以人为本的理念，倡导阳光法治、法治惠民，不断以国家机关为主导，通过服务、宣教将法律与法治逐步带到基层的做法，满足群众日常生活中对法律的需要；通过完善综合治理手段来预防、化解各类矛盾纠纷，符合群众对国家机关的预期。尤其是通过调解手段在矛盾恶化前提前介入解决邻里、家庭纠纷（大部分因老人赡养、夫妻矛盾、邻里琐事、利益冲突等引发），通过扩大受益范围、降低门槛、简化程序等方式让经济困难的群众打得起官司，通过纳入社会救助范围，依法救助因涉法涉诉案件导致生活严重困难群众，符合中国的法治国情与中国共产党的执政理念。在实际工作中坚持树立以人为本的理念，引导群众依法表达诉求、合法维护权益，构建符合中国传统文化的法治社会，并在其中进一步培育和构建社会主义核心价值观。

在积极建设法治政府、法治社会的进程中，广东解放思想、敢为人先、开拓创新的做法，实际上都有其发挥作用的土壤根基。我们从一些发挥良

① 陈寅恪：《冯友兰中国哲学史下册审查报告》。

好作用的经验总结中，看到的是其符合中国传统文化的印记。“仁者，己欲立而立人，己欲达而达人”、“己所不欲，勿施于人”、“德不孤，必有邻”，“仁者爱人”、“与人为善”、“出入相友，守望相助”、“老吾老以及人之老，幼吾幼以及人之幼”、“扶贫济困”等传统理念对中国人的影响是深刻的，普通群众都知晓并能够按照这些道理去为人处事，因此，处理人际关系历来为中国人所看重。中国人的日常生活与行为方式常常围绕着人际关系展开，而且人们特别注重自己在周围亲戚、朋友、同事心目中的印象与评价。国家机关在处理解决矛盾纠纷时，特别重视这一特点，并积极采取措施维护好群众关系，往往容易收到好的效果。这一点与强调个人利益至上的西方法治有比较大的区别，因此，广东所着力的基层建设在法治建设进程中显得尤为重要。我们在法治建设以及整个国家的现代化进程中，应该正视中华民族的文化与所谓“现代”的西方文化不同，不能将其作为绊脚石或者糟粕而摒弃废除。这些特点恰恰可以帮助我们厘清解决问题的思路，构建有自己民族特色的法治。

中国文化的影响力还在于普通中国人对待每一件事情的心理预期。广东的一些经验可以取得较好的效果，在于其符合了群众对待这件事情的心理预期。在构建法治社会、大力提倡法治文化的时代，这应是中国文化带给我们的理论自信。人类社会中的文化多样性对于人们面对未来的现代化建设而言，都是宝贵资源。选择什么样的解决问题的方式也不应局限在到“英美如何做”、“法德如何做”等西方文化中去寻找。符合中国文化、符合中国人看待事物的价值、能让群众满意的做法，就是我们现时代构建法治中国的基石，能够体现中国自己的法治文化，没有必要舍近求远。中国人的情感、理念与价值观更多的是通过文化的基因被继承了下来。这才是活的、优秀的中国传统文化，不仅能够与现代社会相适应，更能够维护现代化进程中的社会秩序，比起收藏在禁宫别苑里的文物、陈列在广袤国土上的遗产、印刻在经典古籍中的文字，其更能够向外界展示中华文化的魅力。

中国文化强调"民惟邦本"、"大道之行也，天下为公"、"天下兴亡，匹夫有责"，每一个中国人都熟知个人与国家的关系密不可分。但是，将个人与国家的命运紧密相连并非是全体中国人都能够自然而然做到的事情。商鞅所言"法之不行，自上犯之"，即告诉我们上行下效这一朴素道理。因此，良好的社会风气需要国家机关及其工作人员的引领。法治政府、法治社会与法治文化是相辅相成的关系。推进国家治理体系和治理能力现代化，提高行政效率与模范遵守法制，只是手段而并非长远目标。更为重要的是通过这些手段以养成全社会遵法守法的法治理念。这种法治文化的形成，动态上要求人民群众能够接受让其遵守的法律制度。依靠国家机关及其工作人员在实际行为中发挥引领作用固然重要，但是否符合人民群众心理预期与价值判断的文化因素则更为重要。因此，法治政府、法治社会与法治文化三者的相辅相成关系，是文化上的接受和自觉的关系。

法治文化相对于中国传统文化来说，是一种新的文化，代表了中华民族目前所处的历史阶段和时代需求。然而，这种新文化的生根发芽必须立足于中国传统文化才能得以实现。中国传统文化讲仁爱、重民本、守诚信、崇正义、尚和合、求大同，已经成为中华民族的基因，根植在中国人内心，潜移默化影响着中国人的思想方式和行为方式。像这样的思想和理念，不论过去还是现在，都有其永不褪色的价值。其不仅不与法治文化相悖，反而是法治文化的促成因素。如果抛弃传统、丢掉根本，割断自己的精神命脉，不仅无助于法治文化的培养，甚至是对法治社会、法治国家建设的破坏，因中国文化所崇尚遵循的核心价值恰恰是秩序的和谐稳定。人与人之间没有冲突、相互礼让、和睦相处，难道不是我们建设法治社会所憧憬的目标吗？

中国传统文化将"生"作为上天之"大德"，因此有所谓"刑本不得已而用之"、"刑罚之设，原期无刑"。即使是不得已而为之，也需要注意

“法得其平，刑当其罪”。虽然现代法律早已超越了“刑”的范围，但我们仍然可以从中领悟法律之于法治的地位。法律的健全固然可以体现法治化的程度，但我们也早已知道法律永远不可能跟得上现实的发展。因此，法治的发展方向不应该停留在立法层面所追求的法律与社会乱象之间的严丝合缝，更不是简单地看西方有什么法律，我们就立什么法律。跟在他人后面亦步亦趋，照葫芦画瓢，不可能解决中国自身的问题。中国文化源远流长，积淀着中华民族深层的精神追求，这些思想和理念随着时间推移和时代变迁而不断与时俱进，有其自身的连续性和稳定性，为中华民族生生不息、发展壮大提供了丰富滋养。这些都根植于中国人独特的精神世界，体现在百姓日用而不自觉的价值观念。如何在法治文化建设中充分发掘、吸收这些传统固有资源，是建设具有中国特色的法治文化过程中的重要问题。

不忘根本才能开辟未来，善于继承才能更好创新。今天所提倡的“社会主义核心价值观”就充分体现了对中国优秀传统文化的传承和升华。中国传统文化崇尚“仁政”，不迷信强权与暴力，强调人与生命的珍贵，儒家传统以“不忍人之心”来发启人的善端，这些被认为是解决社会问题的根本。“好生之德”与“不忍人之心”看似空洞教条，但若要从根本上解决问题，还是要使中国传统文化的这些核心价值深入人心。因此，中国自古以来的政权都特别重视“教化”，也就是从“人心”的层面来彻底解决问题。虽然，现代社会“用制度管住人”的出发点是好的，但其局限也有目共睹。我们从广东的经验看出了一些“教化”的端倪与可能，这些根植于“人心”的文化努力在法治的道路上还将继续前行。

后 记

广东省是中国改革开放的先行者，是法治改革的试验田。广东省是中国社科院法治国情调研基地，为了总结广东的法治建设经验，我们每年都会去广东省调研几次，以求对广东省的法治建设有更深的理解。这本书是中国社会科学院法学研究所法治国情调研组与广东省依法治省工作小组合作形成的第三本书，本来应该在四中全会召开之前出版，因为调研时间紧张，一波三折，终究延迟到了 2015 年出版。这反而给了我们较长的时间，来细细品味广东省的法治建设经验与四中全会决定的吻合程度，以及今后努力和改进的方向。这本书是站在全国看广东，可能在分析现状和问题时会更加宏观和严厉。也由于是站在广东之外看广东，虽尽量做到全面覆盖，但由于受调研能够获取的资料限制，难免挂一漏万，忽略了一些宝贵的经验。

调研不只能使我们深入了解法治建设在广东的实践，也会平添许多体验。2014 年让我们印象最深的莫过于路途上的故事了。2014 年 8 月，课题组去中山市人大调研法治中山建设情况。10 点的飞机从北京出发，蓝天白云，天气晴好。天有不测风云，到广州市雷鸣电闪，飞机不能降落，我们都很着急，因为下午 3 点与中山市人大还有一个座谈。最后，飞机备降到了深圳。从广州到中山和从深圳到中山的距离似乎差不多，于是我们决定在深圳下飞机，再行去中山。因为飞机没有到达目的地，空姐们似乎不乐意我们中途下机，好说歹说，最后同意我们下机，但要签字画押，即此次飞行自行选择结束，航空公司不再负责云云。到深圳后，给中山市人大在广州接机的司机电话，说我们到深圳了，自行去中山，请师傅也回中山吧。在深圳机场看见有一个牌子写着快线，我们心里窃喜，以为是火车。火车的话很快就可以到中山了。于是愉快地买了去中山的车票，然后四处寻找火车不见，问人才知此快线乃大巴车，非轨道车。登上大巴，心里石头总算落地，顺便电话中山，我们上大巴了，只需在中山的大巴站接我们就行了。中山市人大的领导们正担着心呢，闻之大喜。两个小时后，大巴顺利驶入中山市车站。我们一行四人拖着行李下车，天气十分闷热，左顾右盼，不见来车，正奇怪着，看见一辆别克车慢腾腾驶来，正是接我们的车。赶紧上车吧，不料此车出了故障，一踩刹车便熄火。于是乎，到中山市人大的 5 分钟车程变得无比遥远，一路揪着心忍受着路人的白眼前进。下午 4 点半终于到了人大，各级领导干部正望眼欲穿地等待我们的消息。会议顺利进行。几天的调研结束后回北京时，为了避免出现接车时的尴尬情况，中山市人大特意换了一辆别克车送我们去机场。出发那天，匆匆结束了下午的会，4 点出发去广州白云机场，乘晚上 7 点的飞机。出发还挺顺利，高速路上突然发现汽车冒烟了，坏了，此处离机场至少还有 80 公里。无奈，我们卸下行李在高速上打车吧，我们的司机见车就挥手，希望能帮我们拦下一辆顺风车，真是叫天不应叫地不灵啊，哪里有车可打？天气无比闷热，我们四人垂头丧气，想着飞机肯定是赶不上了。也是天无绝人之路吧，我们的司机居然拦下了一辆空出租车！这辆车的空调坏了，师傅正赶着去修空调。讲了半天价钱，师傅同意先送我们去机场。于是我们赶紧挤上车。出租车的后备箱装不下几件行李，也盖不上。我们只好抱着行李，一路直奔机场，我还时不时扭头看后备箱，担心行李从后备箱滑落。什么叫好事多磨啊？当时是周五的下午 5 点钟，高速路无比的堵啊，车辆蜿蜒如蛇，不见首尾，我们如蜗牛般爬行，盼着飞机晚点、晚点，可平时一贯晚点的飞机，航班信息显示今天决不晚点。出租车司机在旁边幸灾乐祸地说，肯定赶不上了，你们改签吧。没辙，改吧。可是，所有航班都满了，只有第二天早上的票了，改吧。正在此时，道路突然通了，走吧。出租一路狂奔，直奔机场，终于在停止检票前 10 分钟到达并办上了票，连滚带爬地登了机，真是太惊险了。坐上飞机后，心里无比惬意，终于赶上了飞机，到了北京机场已经是晚上 11 点多。事情还没有完。取行李的时候，传送带坏了，行李迟迟出不来，最后来了一个人用手抛行李出来，什么事都赶上了。于是，我告诉同行的同事，你们取行李吧，有人接我，我先走了。在出口将行李车交给来接的人，去了停车场。机场高速非常畅通，想着一下午的经历还颇有些惊心动魄。到家门口下车，我说开后备箱把行李取出来，接我的司机瞪着大眼，看着我，“什么行李?”我说，“我的行李箱啊。”“还有行李啊?”“没行李我推行李车做什么?”“坏了，行李箱还在行李车上，压根儿没有装车!”行李最终还是丢了，没有丢在广东，丢在了北京首都国际机场 2 号航站楼……后来，10 月的时候在上海偶遇中山的冯主任，跟他讲了这段经历，他讶异不已，不相信还有这样的事。我问，中山的车是怎么回事?冯主任说，没有问题啊，现在那两辆车都很正常……顿时失语。

广东省依法治省领导小组是我们的合作单位，其办公室设在省人大。合作以来，省人大的各位领导都以务实的精神给我们留下了深刻的印象，如欧广源主任，又如黄龙云主任。合作之初，广东省的人大主任还是欧广源先生，至今人大主任已经是黄龙云先生了。与欧主任相同的是，黄龙云主任也非常重视依法治省工作，上任伊始便与社科院及法学所领导恳谈，如何总结和推动广东的法治建设经验。就我个人而言，对主管依法治省领导小组的陈小川副主任还有一种特别的感受。认识小川主任时，对这位衣着朴素、短头发的女官员非常好奇，据说她是从基层干起来的，颇有能力。初见小川主任时，她不苟言笑，有点严肃，未见过人之处。可是，当我们接触多了以后，发现小川主任言谈之中不乏睿智和幽默，常使我们忍俊不禁。小川主任非常了解地方依法治理的背景和现实，谈起广东的情况滔滔不绝，学者因对基层情况了解不透、不多，因而常使我们有听其一席谈恍然大悟之感觉，对这位女性官员也油然生出几分敬意。小川主任对广东省依法治省办与法学研究所的合作非常支持，每年都会抽时间与法学所领导及课题组成员交流，力求使课题组的研究更加深入，更加符合广东的实际。选择与科研机构合作，尤其是与法学所合作，由第三方科研机构来总结分析广东省法治建设的实际，无疑是需要胆识的。广东省的各位领导，大力支持，小川主任更是在这方面亲力亲为，使我们的研究每年都能顺利推进，即便有时遇到不同意见，也总能通过相互协商妥善解决。这也是广东省与中国社会科学院合作取得的经验之一吧。

2014 年，国情调研在广东进入到第四个年头，随着广东经济社会的发展，课题组也与广东广大人民群众一样，感受到了广东目前面临的严峻挑战，如在保证经济增长、化解尖锐的社会矛盾、缩小贫富差距、提高广东省的综合竞争力等方面，需要广东省做出更大的努力。本书截稿的时候，正值广东中山、东莞等地发生千人以上的工人罢工事件，表面的原因是公积金制度的合理性问题，实际上是政府法治建设的问题，而更深层次的问题则是广大工人的权益问题。政府在依法治理的时候应当分清楚各种权益，以保护最大权益为行动目标，切勿“捡了芝麻，丢了西瓜”。广东如果能抓住社会治理、矛盾化解这个关乎社会稳定的牛鼻子，势必会更加彰显广东经验的价值，当然这不可能一蹴而就。发生矛盾、产生纠纷并不可怕，只要有一套应对的机制、解决的办法，达到合理的结果，保障公正的底线就可以理直气壮。

十八届四中全会提出要全面推进依法治国，法治成为中国社会的关键词，全国都为此行动起来，你追我赶，形成了法治建设的热潮。广东因其先行先试，在很多方面都走在了前列。然而在长江后浪推前浪的形势下，需要广东拿出更大的勇气，迈出更大的步伐，加大法治建设的创新力度，否则不进则退，很有可能被其他地区追上。实践中，其他地区的确也不乏创新的经验，如浙江省杭州市余杭区的法治指数，开法治量化测评之先河，虽然其指标体系存在这样那样的不足，但的确对推进法治进步具有重要的作用。

本书共分八个部分，包括导言和七章内容，全面总结了广东法治建设的经验、存在的问题和今后的挑战。本书由法学研究所主编，是在法学研究所、亚太战略研究院、美国研究所的研究人员和广东省人大、广东省依法治省工作办公室相关领导及工作人员共同努力下完成的。参与撰写的人员有田禾、陈欣新、吕艳滨、刘小妹、王小梅、周方冶（中国社会科学院亚太战略研究院）、魏楠枝（美国研究所）、李霞、栗燕杰、王帅一等，在此对其表示感谢。具体的写作分工如下：

导言：田禾

第一章：田禾、陈欣新、吕艳滨、陈志刚

第二章：刘小妹

第三章：李霞

第四章：栗燕杰

第五章：王小梅

第六章：魏南枝、周方冶、栗燕杰

第七章：王帅一

同时也向为调研提供积极支持的广东省人大黄龙云主任、陈小川副主任，时任省依法治省工作领导小组办公室常务副主任的张宇航主任、现任的陈岸明常务副主任以及黄文平副主任、周四龙副主任、陈用龙处长、广东各地的其他领导和工作人员表示感谢。此外，中国社会科学院王伟光院长、李培林副院长，法学研究所的陈甦书记、李林所长、莫纪宏副所长、穆林霞副所长为在广东的法治国情调研以及本书的立项给予了大量的支持，法学研究所的各位同仁也为法治国情调研室的工作提供了大量的帮助，在此一并表示感谢。

编者

2015 年 4 月